法哲學：自然法研究
——自然人如何成為道德及法律權利的主體

Natural Law in Current Legal Philosophy:

How Humans as Natural Beings Become Moral and
Rights-Bearing Subjects

陳妙芬 著

目 次

體例說明：本書引註文獻的格式，按照各語言的書寫法，例如，德文頁碼標示 S.（Seite, Seiten），法文頁碼標示 p.（page, pages）。

序言

「權利主體」的誕生
——法哲學的方法轉向

　　法哲學是對法律的思辨。法律有句名言「為權利而奮鬥！」幾乎學法律的人都聽過它，權利（right）的拉丁文字源 "ius" 有法律和權利的雙重含義，[1]為權利而奮鬥也有「為法律而奮鬥！」之意。[2]但誰有權利？怎麼證明？

1　英文 "right"（權利、正確）就是譯自拉丁文 "ius"，此字有權利及法律（自然法）雙重含義，也是英文 "justice"、"jurist"、"juridical"、"jurisprudence" 的字源，參考 Jules Coleman and Scott Shapiro（eds.）, *The Oxford Handbook of Jurisprudence and Philosophy of Law*（Oxford University Press, 2002）, p. 24。另外拉丁文 "lex" 指實證法或制定法，是英文 "legislator" 的字源。

2　「為權利而奮鬥」（或譯為「為權利而抗爭」），出自德國著名法哲學家耶林（Rudolf von Jhering）1872年在維也納的演講，德文 "Recht" 亦如拉丁文 "ius"，有權利和法律的雙重意涵，耶林分析在社會生活中，人通常都有「是非感」（「法感」）；參考 Arthur Kaufmann, *Rechtsphilosophie*, 2., überarbeitete Aufl.（München: Beck'sche Verlagsbuchhandlung, 1997）, 德漢對照本，亞圖・考夫曼原著，《法律哲學》，劉幸義等合譯（台北：五南出版，2000），第五章〈從實務方面思考法律的科學理論〉，吳從周譯，頁63；另詳見本書第一章導論說明，頁56-57。

　　權利的概念，分為道德權利（moral rights）和法律權利
（legal rights），[3]人的基本自由是道德權利，也是法律權利。過
去封建和極權時代，只有少數階級享有法律特權，但17到18世
紀卻出現了現代自然權利論，論證每個人在法律上有平等的權
利是本於「自然」（nature），自然人成為道德及法律上的「權
利主體」（rights-bearing subject），這轉變的出現，與17世紀以
後出現的現代「美學方法」有關。

　　科學與藝術的進展，從文藝復興時期以來慢慢建立「美學
現代性」，美學（aesthetics）[4]研究感官知識、感性在思考的運
用及判斷力（the power of judgment），「現代美學」之所以為

3　法律權利，指的是法律制度所保障的權利，所以也被稱為制度性權利
　　（institutional rights），廣義而言，亦包含政治權利；而道德權利，指的
　　是道德上普遍的自然權利，例如，人格權常被定義為道德權利。某些權利
　　有道德意義，是基於每個人「值得被看重及尊重」（worthy of esteem and
　　respect），參考Paul Ricoeur, *Le Juste*（Éditions Esprit, 1995）；*The Just*,
　　translated by David Pellauer（Chicago and London: The University of Chicago
　　Press, 2000），p. 1。

4　「美學」（aesthetics）這個詞源自希臘文αἴσθησις, *aísthēsis*（觀看、感覺、
　　知覺），中文使用「美學」這個詞，據傳最早曾出現在19世紀德國漢學家
　　及傳教士Ernst Faber（花之安，1839-1899）的筆記中，但並非專門翻譯。
　　就引入外文「美學」的譯法而言，首創者應是日本明治時代的自由派思想
　　家中江兆民（原名中江篤介，號兆民，1847-1901），他年輕時留學法國學
　　習哲學、歷史和文學，1874年返回日本後開辦法蘭西學舍（法文學塾），
　　1882年因發表譯注盧梭經典《民約譯解》（即《社會契約論》譯注），引
　　起很大迴響，被稱為東洋盧梭，他於1883到1884年間將法國哲學家Eugène
　　Véron（1825-1889）代表作"*Esthétique*"譯為《維氏美學》，推敲此譯法可
　　能參考書中內容，又因「美」一詞通俗易懂，所以譯為「美學」，此譯法
　　被習用至今；參考畢小輝，《中江兆民》（台北：三民出版社，1999）。
　　相關概念及用法，詳見本書第一章導論頁48，註21。

現代美學，其特色是在主體面向上努力建構出哲學理論。思想接力的創造，逐漸改變社會與觀念，直到被比擬為人文哥白尼革命的康德哲學所建立的「主體性」，因而被稱為現代「美學主體性」（aesthetic subjectivity），[5]此一概念具有規範性意涵（預設判斷能力及條件），並跟人性論有關，漸而影響人文社會科學方法。[6]因此「主體」概念不專屬於美學，而是為各種不同學科所用、並加以詮釋。

在實踐哲學的領域，如探討盧梭和康德時使用的「道德主體」一詞，意指（自然本性上）自由而有判斷能力的人，[7]或如

---

5 參考Daniel Dumouchel, *Kant et la Genèse de la Subjectivité Esthétique*（Paris: Librairie Philosophique J. Vrin, 1999）, p. 7。

6 關於現代美學對「真實」或「正確」的理解（如詮釋學所稱「理解的藝術」），如何影響人文社會科學方法，哲學詮釋學代表高達美（Hans-Georg Gadamer, 1900-2002）以法律詮釋學為例，參考Hans-Georg Gadamer, *Wahrheit und Methode. Grundzüge einer philosophischen Hermeneutik. Gesammelte Werke*, Band 1（1.Aufl., 1960）, 6. durchgesehene Aufl.（Tübingen: J. C. B. Mohr, 1990）, S. 330-346。

7 19世紀初，黑格爾對於自然法論提出其看法，關鍵之一是主體的概念，他認為「絕對倫理性」（absolute Sittlichkeit）和「相對倫理性」（relative Sittlichkeit）同時存在於每個個人的內在（自然，本質），但自然之絕對倫理性不會是分割的，因此在個人（am Einzelnen）所表現者是一種否定性（ein Negatives），自然法之為「普遍的絕對倫理性」（die allgemeine absolute Sittlichkeit），被理解為人民的純粹精神（der reine Geist eines Volkes）；詳見黑格爾早期的自然法論文，Georg Wilhelm Friedrich Hegel, "Über die wissenschaftlichen Behandlungsarten des Naturrechts, seine Stelle in der praktischen Philosophie, und sein Verhältnis zu den positiven Rechtswissenschaften"（zuerst erschienen im *Kritischen Journal der Philosophie*, 1802-1803）, *Philosophische Abhandlungen*, hrsg. von Karl Ludwig Michelet（Berlin: Verlag von Duncker und Humblot, 1832）, Werke, Band 1（S. 321-

晚近研究中延伸出「文化主體」的用語，均有其特定意義及脈絡。回顧19世紀至今人文社會科學方法轉變——有詮釋學轉向（hermeneutic turn）、語言學轉向（linguistic turn）、文化轉向（cultural turn）等說法，可以概括地說，皆與現代美學主體性在方法上的運用有關，[8]而在法哲學的運用，不僅造成方法論的改變，也關係到法哲學的理論走向。

法哲學及方法

法哲學，又叫做法理學（對應英文的philosophy of law, legal philosophy, or jurisprudence）。這門歷史悠久的學科，自19世紀後就因「自然權利」（natural rights）而展開長時間的論爭，延續到今天。簡言之，這是「自然法論」與「法實證主義」之間的辯論，兩方陣營針對自然權利的性質、作用及類型、對法律推理（legal reasoning）及解釋的影響，有愈趨專精和概念式的

423），S. 380, 396-400。顏厥安教授指出，黑格爾認為個人為權利抗爭，要爭取的是真實主體性（living subjectivity, lebendige Subjektivität），而非形式上的道德及法律主體，參考顏厥安，〈否定性與絕對倫理——由黑格爾之自然法論文談現代社會之危機〉，《國立政治大學哲學學報》，第5期（1999年1月，頁235-262），頁251、256-257。不少研究專家引述黑格爾，因而批評康德使用一種個人主義（或形式主義）的主體概念，但這恐怕出於某種簡化或誤解，因盧梭及康德所指的人，絕非指個別主體（或「現象人」，"homo phenomenon"、「自然體系內的人」、「物理性的感官動物」），而是普遍的「理性主體」（「本質人」，"homo noumenon"），參考劉幸義，《法律理念、自由與教育：法理學論文集3》（台北：翰蘆出版社，2017），頁327。

8　有關盧梭的自然權利論中「主體明證性」的重要意義，詳見本書第六章。

討論，這固然推進了專家與學院研究，但也因很多走向概念化與形式化，而漸失與社會及人的連結，權利主體及方法論轉變的內涵，逐漸被忽略。法哲學跟社會對話，那麼重探方法論，勢必不可省。

　　對法哲學（法理學）的定義有不同說法，[9]但很清楚的，法哲學是哲學的一個領域，而且為研究法律的實踐哲學（practical philosophy）。某個研究被視為「法哲學」（法理學），必是使用了「哲學方法」對法律做的研究，對於方法的重視，正是法哲學的一大特點。因此，常見教科書用「法哲學方法」來分辨不同的學派觀點，例如區分新康德主義、歷史主義、社會學法學、分析法學、法律詮釋學、現實主義法學、女性主義法學、法實證主義等。所有重要方法，都對應某個哲學基礎或預設，其中有的更對應為法律實務而產出的法學方法論。[10]

9　牛津大學通識讀本《法哲學：簡介》，作者Raymond Wacks對法哲學的定義極廣，詳見Wacks, *Philosophy of Law. A Very Short Introduction*, 2. rev. edition（Oxford University Press, 2014）。另有學者認為，僅限以法律為核心的話，20世紀英國法理學家哈特（H. L. A. Hart）是法哲學的創始者，參考Dan Priel, "H. L. A. Hart and the Invention of Legal Philosophy," *Osgoode Hall Law School Research Paper*, Vol. 7, No. 5（2011: 2-17）。「法哲學」對應於英文"philosophy of law"或"jurisprudence"（此字源自拉丁文"jurisprudentia"，指法律的知識或智慧，德文也用"Jurisprudenz"或"Rechtsphilosophie"指法哲學），Scott Shapiro認為法哲學包含法學和哲學兩部分，並強調法律概念是一個形上學問題，參考Shapiro, *Legality*（The Belknap Press of Harvard University Press, 2011）, pp. 1-2。

10　例如，主張歷史主義的歷史法學派，提出法律的體系化思考和解釋，現象學及哲學詮釋學發展出法律詮釋學，以及新康德主義發展出純粹法學及法位階論。

　　問題與方法（method）是分不開的。法哲學所問的「問題」帶有廣義的規範性質，最基本的問題——「法律是什麼？」為關於真實性問題（questions of truth），也就是實然的問題；「法律應該是什麼？」為關於法律的價值問題（questions of value），也就是應然的問題；「為什麼案件這樣判？」為關於法律規範性問題（questions of normativity），涉及判例及判準形成的問題。在哲學的分類中，這些基本問題與知識論、倫理學及美學有密切關係。[11]

　　在19世紀之前，法哲學方法尚未蓬勃發展，古典的形上學、倫理學和政治學方法還是主力，而形上學（metaphysics）是最早開始的，我們所知最早的法哲學大概是古希臘哲人赫拉克利圖斯（Heraclitus, ca. 520-460 B.C.E.）寫於莎草紙上的殘篇：「正義將不為人所知，若非其真實存在。」又說：「人們必須為法律而奮鬥，像保護自己的城牆一樣。」[12]所言極為深

---

11 以康德建立的主體哲學而言，體系上分為知識論、倫理學及美學三部分，分別對應三個文化領域：科學、道德及藝術，三者的共同基礎是他在《純粹理性批判》（亦稱第一批判）提出的「先驗感性論」（Transzendentale Ästhetik, transcendental aesthetics，或譯為「先驗美學」），參考Kant, *Kritik der Urteilskraft*, hrsg. v. Karl Vorländer, 5. Aufl.（Leipzig: Meiner, 1922），Einleitung des Herausgebers, S. IX。詳見本書第一章導論頁45，註8。

12 早在古希臘時期，赫拉克利圖斯已頗具聲名，他也是最早引進"Logos"（λόγος; *lógos*, the Word）一詞的哲人，依亞里斯多德的說法，赫拉克利圖斯代表自然哲學的開端，他所言萬物變化之中的自然不變之理（英文為logos; 中文直譯為「邏各斯」，此字為「邏輯」一詞的來源），影響深遠。上述這兩句引自Heraclitus of Ephesus, *Fragment*, 23: Clement, Stomateis, IV, 10, 1. "Δίκης ὄνομα οὐκ ἂν ᾔδεσαν, εἰ ταῦτα μὴ ἦν."（Díkis ónuma ouk án idesan, ei taûta m ên. "Men would not have known the name of justice if these

刻，卻難以捉摸，吸引後來哲學家鑽研探討「存在」、「真實」、「法律」與「正義」的形上學。

19世紀後方法學興盛，但形上學的問題與方法，仍以不同形式展現其影響力。最明顯的，就是傳承形上學的「法律」概念，此字源自古希臘文"nomos"，包含法律、理性、規範等意義，學者發現古希臘形上學使用「邏各斯」（λόγος, lógos; logos）、「自然」（φῦσῐς, phúsis, physis; nature）及「法律」（νόμος, nómos; law）[13]三個詞有某種貫通的意思，共指存在真實的法則，所以關於法律的思辨，無論其方法有何不同，大抵都被標示為理性的（nomothetike）[14]科學或哲學，自然法論代表了理性思辨的極致，它的成果就是深入現代生活的「法治」觀念。

受自然法論影響，19世紀在各國成文法運動中，建立了現代法治原則，確保民主憲政體制得以運作。法治的核心──人權與民主，成為公民教育或公民哲學的重點，同時也是最為人

---

things were not."）; *Fragment*, 44: Diogenes Laertius, Vies des philosophes, IX, 2. "... μάχεσθαι χρὴ τὸν δῆμον ὑπὲρ τοῦ νόμου ὅκωσπερ τείχεος."（... machesthai khr ton demon hupér toû nómou okosper teíkheos. "The people must fight for its law as for its walls."）。參考英譯引自John Burnet（1920）。

13 "nomos"有法律及規範等含義，複數為νόμοι（nómoi）。

14 "Nomothetike"，英文直譯為"nomothetic"，中文有「法則的」、「律則的」、「普遍理性的」等譯法。以研究方法來說，"nomothetic"指的是根據普遍律則的研究，通常為自然科學採用，人文學另有針對個別特性的（"idiographic"）研究法；這個區分出自新康德哲學家Wilhelm Windelband, *Geschichte und Naturwissenschaft*", Rede zum Antritt des Rektorats der Kaiser-Wilhelms-Universität Straßburg, gehalten am 1. Mai 1894。

熟知的法哲學內容。[15]如要深入當前議題，須有對自然法論演變、相關歷史與學理的基本認識，以分辨支持或反對的根據。

自然法研究的背景

在學術的領域，自然法研究有接合法律、政治、道德、社會及哲學領域的作用，用流行的學術用語來說，自然法研究是跨領域的，並不限於法哲學。以台灣來說，政治學界與宗教哲學對自然法的研究反而占多數，法學界則以法理學（或法理論）為主力。不同領域的研究者，所採取的方法與視角差異頗大，像是政治思想與宗教哲學傾向描述和歷史性的闡述，而法理學一般更重視概念與分析性研究。

本書主題有意強調，以法哲學為切入點，進行自然法研究，有其特殊的意義。法哲學方法有各種不同取向，同時指向核心問題為：真正的法律是什麼？搜尋常用學術百科全書對「法哲學」的定義，必然會提到「法律的本質」（the nature of law），例如：

（1）英國不列顛百科（Encyclopedia Britannica）：「法哲

15　例如，法國在高中的哲學課將主體列為首篇，引介盧梭與現代哲學，詳見中文譯本《法國高中生哲學讀本III：主體篇》，梁家瑜譯，沈清楷審閱（新北：大家出版社，2017），頁89、122。台灣高中教育近年亦引入公民科和哲學課，雖然高中「公民與社會」納入法哲學考題還相當簡略。同時近年學界也跨領域地提出「公民哲學」概念，例如中研院舉辦的「公民哲學論壇」。

學，又稱法理學（jurisprudence），哲學的一個領域，研究法律的本質，尤其是法律與人的價值、態度、實務和政治社群的關係。」[16]

（2）線上哲學百科（Internet Encyclopedia of Philosophy）：「法哲學，又稱法理學（legal philosophy），提供對於法律和法律制度的一般性哲學分析。研究範圍從法律與法律制度的本質等抽象性概念問題，乃至法律與道德的關係，以及各種法律制度的合理性等規範性問題。法哲學的主題，比起政治哲學與應用倫理學對相關主題的探討，有更抽象的傾向。」[17]

（3）史丹福哲學百科（Stanford Encyclopedia of Philosophy）在「法律本質」條目中指出「法哲學」的意義：「〔……〕法哲學研究一般性問題：法律是什麼？這個有關法律本質的一般

---

16 Brian Leiter and Michael Sevel, Encyclopedia Britannica: "**Philosophy of law**, also called **jurisprudence**, branch of philosophy that investigates the nature of law, especially in its relation to human values, attitudes, practices, and political communities." 參考網址 https://www.britannica.com/topic/philosophy-of-law（最近查閱日期2021年4月5日）。

17 Kenneth Einar Himma, Internet Encyclopedia of Philosophy: "**Philosophy of law** (or legal philosophy) is concerned with providing a general philosophical analysis of law and legal institutions. Issues in the field range from abstract conceptual questions about the nature of law and legal systems to normative questions about the relationship between law and morality and the justification for various legal institutions." 參考網址https://www.iep.utm.edu/law-phil/（最近查閱日期2021年4月5日）。

性問題，預設了法律是一種特殊的社會政治現象，它所具有的
普遍性特徵，可以藉由哲學分析加以說明。」[18]

　　如上述定義顯示，法哲學研究法律的本質、法律概念、
法律規範性等問題，按近年研究趨勢，法哲學方法又被大致分
為三類：分析法理學、規範法理學、批判的法理論（analytic
jurisprudence, normative jurisprudence, critical theories of law）。
依照這樣分類，凡是沒有預設特定價值立場、關注於法律概
念的分析詮釋，例如法實證主義與「自然法理論」（"Natural
Law Theory"）的分析策略雖不同，但兩者都被歸為分析法理學
（analytic, or analytical jurisprudence），而例如馬克思主義可被
歸為規範法理學（normative jurisprudence），晚近女性主義可被
歸為批判的法理論（critical theories of law）。[19]

18　Andrei Marmor and Alexander Sarch, "The Nature of Law," Stanford
　　Encyclopedia of Philosophy: "... **philosophy of law** is interested in the general
　　question: What is Law? This general question about the nature of law presupposes
　　that law is a unique social-political phenomenon, with more or less universal
　　characteristics that can be discerned trough philosophical analysis."參考網址
　　https://plato.stanford.edu/entries/lawphil-nature/（最近查閱日期2021年4月5
　　日）。

19　Kenneth Einar Himma, "Philosophy of Law," Internet Encyclopedia of
　　Philosophy，同註17。再參照自然法（"Natural Law"）的定義，顯示類似
　　的說明，參考網址https://www.iep.utm.edu/natlaw/（最近查閱日期2021年4
　　月5日）。Scott Shapiro指出分析法理學有兩個方向：分析法實證主義和自
　　然法論，而規範法理學（通常預設特定倫理學立場）探討許多議題，例如
　　法律是否保障勞動與工作權、墮胎應否合法化、為防止疫情擴散應否禁止
　　集會、國家應否歸還原住民族土地、推動轉型正義的合法性、政府徵收人
　　民土地的正當性、刑罰是否公平等等；在廣義的理解下，規範法理學也可

　　所有方法琳瑯滿目，很容易令人迷失。從文獻可見涉及法律概念、法律推理、法學方法、法律歷史及特定議題的著作甚多，但系統性的法哲學著作仍較稀少，因而出現一個特殊現象：議題導向居多，反倒使入門研究不易，或產生霧裡看花的感受。

　　綜觀目前少數系統性著作，幾乎全為外文，或為數人合著，中文讀者透過翻譯和介紹可涉獵諸多觀點，卻較難掌握基本方向。因此筆者不揣譾陋，本書希冀藉由作者個人學習經驗、結合不同語言文獻、研究背景以提供鳥瞰法哲學與自然法關聯的視角，同時為釐清法哲學問題的脈絡、引發讀者自主提問與思考的能力，本書選定以自然法研究為主軸，理由大致有三個：（一）就法律的概念而言，自然法的意義及轉變、它與實證法的關係，始終是認識法律的關鍵；（二）法治、正義與人權均源自自然法論，現代公民教育與法哲學不能缺少這塊知識與立論基礎；（三）就哲學方法而言，自然法研究的廣度與深度不限歐陸法系與英美法系，很適於跨語言的分析和詮釋，自然法研究在方法及議題上的選擇演變，有利讀者發現諸多問題的源頭，從問題導向合適的方法。

　　誠如20世紀著名法哲學家羅德布魯赫（Gustav Radbruch, 1878-1949）所言：「從最早發源直到19世紀初，所有的法哲學都是自然法學。當然，對自然法的理解，則有各種差異極大的

　　包含批判的法理論——強調對現實中的法律（特別針對法律的預設、知識型、價值等）進行描述與批判，參考Scott Shapiro（2011），p. 2。

方式。」[20]因此欲深入法哲學，自然法研究是最主要的線索。舉凡系統性的法哲學著作中，皆對自然法（或自然權利）有一定的分析看法，他們對自然法的理解方式，反映在學說之中，[21]舉例如下（以作者出版年代排序）：

(1)   Thomas Hobbes.《法的要素》(*The Element of Law*, 1640)；《利維坦》(*Leviathan*, 1651)

(2)   Jean-Jacques Rousseau.《社會契約論》(*Du contrat social ou principes du droit politique*, 1762)

(3)   Immanuel Kant.《法理論的形上學始源基礎》(*Metaphysische Anfangsgründe der Rechtslehre*, 1797)

(4)   Georg Wilhelm Friedrich Hegel.《法哲學綱要》(*Grundlinien der Philosophie des Rechts*, 1821)

(5)   John Austin.《法理學的範圍限定》(*The Province of Jurisprudence determined*, 1832)；《法理學講義：實證法的哲學》(*Lectures on Jurisprudence. The Philosophy of Positive Law*, 1869)

(6)   Rudolf Stammler.《正確法的理論》(*Die Lehre von dem Richtigen*

---

20 Gustav Radbruch, *Rechtsphilosophie*（1932）, Studienausgabe, 2., überarbeitete Aufl., hrsg. v. Ralf Dreier und Stanley L. Paulson（Heidelberg: C. F. Müller, 2003）, Kap. 3, S. 21.

21 檢視代表性法哲學著作，發現一個現象——舉凡完全反對自然法的，多採用「法理論」或其他書名標題，不使用「法哲學」書名，例如凱爾生的代表作，Hans Kelsen,《純粹法學》。柔性的法實證主義承認「最低限度的自然法」，以哈特著作作為代表，H. L. A. Hart, *The Concept of Law*, 1994, p. 191，或新康德主義法哲學如Rudolf Stammler,《正確法的理論》；羅德布魯赫,《法哲學》，這些亦被稱為「包容的非法實證主義」（"inclusive legal non-positivism"）。

Rechte, 1902）

（7）　　Emil Lask.《法哲學》（*Rechtsphilosophie*, 1905）

（8）　　Gustav Radbruch. 《法哲學》（*Rechtsphilosophie*, 1932〔1914〕）

（9）　　Hans Kelsen.《純粹法學》（*Reine Rechtslehre*, 1934）

（10）　H. L. A. Hart.《法律的概念》（*The Concept of Law*, 1961）

（11）　Edgar Bodenheimer.《法理學：法哲學與法學方法》（*Jurisprudence: The Philosophy and Method of the Law*, 1962）

（12）　Lon Fuller.《法律的道德》（*The Morality of Law*, 1969〔1964〕）

（13）　John Rawls.《正義論》（*The Theory of Justice*, 1999〔1971〕）

（14）　Joseph Raz.《法律的權威》（*The Authority of Law*, 2009〔1979〕）

（15）　John Finnis.《自然法與自然權利》（*Natural law and Natural Rights*, 1980）

（16）　Ronald Dworkin.《法律帝國》（*The Law's Empire*, 1986）

（17）　Jürgen Habermas. 《事實性與效力》（*Faktizität und Geltung*, 1992）

（18）　Robert Alexy.《法概念與效力》（*Begriff und Geltung des Rechts*, 1992）

（19）　Arthur Kaufmann.《法律哲學》（*Rechtsphilosophie*, 1997〔1994〕）

（20）　Scott Shapiro.《合法性》（*Legality*, 2011）

　　上面例舉的系統性著作，各有偏重的方法，若按照近年區分方法類別，那麼奧斯丁的《法理學的範圍限定》採分析實證主義，屬於分析法理學，他將自然法視為宗教與哲學研究的對象，主張法理學僅須關注實證法的研究；哈特的《法律的概

念》代表柔性的分析法實證主義，承認最低限度的自然法。[22]
哈伯馬斯的《事實性與效力》以言談倫理學建構民主法治國
的理論，或德沃金的《法律帝國》以政治道德原則建構整全法
理論，兩者可被歸為規範法理學，哈伯馬斯有康德倫理學為基
礎，後者延續德沃金的（偏向個人主義式）權利概念。[23]

　　更早的著作，如霍布斯和盧梭等社會契約論，均大量關注
自然法研究，從晚近方法的分類來看，它們均可被歸為分析法

22　哈特另一代表作《懲罰與責任》，詳盡分析精神疾患可作為除罪或免責
　　的理由，相關難題亦與思考主體能力有關，參考H. L. A. Hart, *Punishment
　　and Responsibility. Essays in the Philosophy of Law*（1968），2nd edition,
　　with an Introduction by John Gardner（Oxford University Press, 2008）; Hart,
　　"The Ascription of Responsibility and Rights," *Proceedings of the Aristotelian
　　Society*, New Series, Vol. 49（1948-1949），pp. 171-194。另比較德沃金對哈
　　特論點的評述，Ronald Dworkin, *Taking Rights Seriously*（London/New York:
　　Bloomsbury, 2013）（first published in 1977），pp. 21-22。

23　方法的分類並非絕對，但對於了解一項理論的性質和走向，頗有幫助。一
　　般而言，分析法理學（analytical jurisprudence）採分析及詮釋方法，以此
　　探討法律的概念和性質，法實證主義和自然法理論均屬之，儘管兩者的前
　　提預設不同，結論亦呈現對立。德沃金反對分析法實證主義，並主張對法
　　概念採「建構性的詮釋」，這部分具分析法理學的特徵，但他的理論不止
　　於此，包括論述特定法體系（美國憲法）的政治道德原則，有學者因此認
　　為德沃金的法理論並非一致性的，或者精確地說，德沃金的整體理論（整
　　全法理論）具規範法理學的特徵，由此觀察他與哈特等人辯論，或有不同
　　發現，參考比較Kenneth Einar Himma, "Philosophy of Law"，同註17；另
　　參考德沃金前後著作，Ronald Dworkin, *Taking Rights Seriously*（London/
　　New York: Bloomsbury, 2013）; Dworkin, *Life's Dominion. An Argument About
　　Abortion, Euthanasia, and Individual Freedom*（New York: Vintage Books,
　　2011），first published in 1993 by Alfred A. Knopf, New York；以及Brian Bix,
　　Jurisprudence. Theory and Context, 6. rev. edition（Sweet & Maxwell, 2012）。
　　有關德沃金與羅爾斯相似的權利概念，詳見本書第七章7.4探討。

理學，這似乎與一般對自然法論的印象大相逕庭，而本書致力於分析詮釋自然法論的演變，便是希望破除對自然法論的誤導或刻板印象。[24]

本書挑戰之一，就是分析霍布斯的自然主義，化繁為簡地舉出六個霍布斯命題及其難題，呈現霍布斯的整體企圖，以及當代學者對他的討論。同樣地，為了改變一般對盧梭的片面印象，本書採取卡西勒的辯證詮釋法，特別著力於分析盧梭論「自然」的兩層意義，以呈現他主張自然權利論的特色，使讀者更能了解盧梭為何重要。[25]這裡重點在當時創新的概念及詮釋──如「自由」、「自然人」、「自然權利」、「權利主體」、「理性」與「情感」等，這些概念出現在社會契約論及自然權利論中，它們不僅是書中名詞，歷經四百多年的社會實踐及哲學討論，已是人們耳熟能詳的語彙。

當然，這些關鍵語彙，並非僅有表面意義，它們被視為18世紀主體哲學的關鍵詞，用詮釋學的術語來說，這些概念兼具分析性與歷史性，在理解上需要注意分析它們的思想脈絡。如

---

24 對自然法的片面印象，在國外的討論中亦有類似問題，德沃金為此撰文釐清自己理論與自然法論不同，因他認為自然法論傾向自然主義，並表明他對自然法的簡化定義，未必反映自然法論的發展與變化，參考Ronald Dworkin, "'Natural' Law Revisited," *University of Florida Law Review*, Vol. 34, No. 2（1982: 165-188），p. 165。

25 關鍵在盧梭的「自然」概念，德國新康德學派的法哲學家Rudolf Stammler批評自然法理論、反對Grotius, Hobbes, Pufendorf等人（近代社會契約論者）預設的人性「自然」（Natur des Menschen）──自利及社會性等，但他卻贊同並稱盧梭具原創性──思考法的「自然」（Natur des Rechts），重新回到古希臘的法哲學問題，參考Rudolf Stammler, *Die Lehre von dem Richtigen Rechte*（Berlin: J. Guttentag Verlagsbuchhandlung, 1902），S. 97。

觀察上列具系統性的法哲學著作，可見歐陸法系與英美法系作者所使用的概念，因出自相似特定的歷史背景，而有幾乎一樣的理解方式。如20世紀通行極廣的法哲學著作——博登海默的《法理學：法哲學與法學方法》，[26]他將內容分為兩大部分，第一部分處理法哲學的發展史，第二部分探討法律的性質。他在書中第二部分提到：

> 除非是在一個機器人的社會裡，否則這樣一種充滿了嚴重不公正規定的法律制度，政府將很難予以維持和實施。由於人們不會長期忍受，針對他們認為完全不合理和難以容忍的社會狀況，所以一個不具堅固正義基礎的法律秩序所依賴者，只能是一個岌岌可危的基礎。正如約翰·迪金森（John Dickinson）所說的，「我們所需要的不只是一個具有確定的一般性規則的制度，我們還需要該制度中的規則是以正義為基礎的，換言之，是以對人性的某些要求和能力的考慮為基礎的。否則這個制度就會不可行；而且由於它違反了根深柢固的判斷傾向和標準，所以它會不斷地

---

26 Edgar Bodenheimer, *Jurisprudence: The Philosophy and Method of the Law*, 2., rev. edition（Harvard University Press, 1974）；引文中文翻譯參考《法理學：法哲學與法學方法》，鄧正來譯，范建得校閱（台北：漢興出版社，1999），頁384。現行基礎法學科目「法理學」的用語，原為19世紀末日本學者翻譯，一直沿用至今，「法理學」一詞也有「法哲學」的意涵，儘管表面字義不同，但兩者實際上僅剩學科形式上的差異，法學界多將兩者並用，如上述博登海默的書名就是顯例，而其他非法學界使用「法哲學」一詞，由於法哲學研究的跨領域性質，本書亦採通用「法哲學」為標題，希望藉此吸引各領域的讀者、拓展跨學界的討論。

被人們所違反，進而它也不可能提供確定性，而這種確定
性正是該制度存在的理由。」古往今來的自然法傳統都傾
向於這樣一種立場，即一個完全喪失或基本上喪失正義的
規範制度，不配被稱為「法律」。[27]

　　在這段引文中，博登海默分析「法律」概念有兩大思考
線索——制度的歷史觀察，以及法秩序和正義的理念，強調自
然法傳統看待「法律」和「明確性」的立場，因為對於法律及
正義的理解，必然是在歷史中開展的。歷史或短或長，此時此
刻，看似一剎那，也具有時間性，按詮釋學所指的「理解」，
亦必然是在時間歷程中的一種自我理解。

　　相較於西方文化，在東方或亞洲繼受西方法治的地區，
特別是在中文的語境中，「法哲學」所指為何，其實並不十分
清楚，對於歐美法哲學論著為何總以歷史為鑑——尤其注重反
對或支持「自然法」理論的哲學史，因這些思想背景離我們自
身的歷史文化較遠，所以通常法學者將這部分視為異文化的參
考，在台灣呈現出來的現象有二種：一方面礙於語言和文化的
隔閡，多數讀者無從考證那些久遠的思想脈絡，另一方面又因
第一手考證研究的困難，加深了某些經由傳譯的片面或刻板印
象，例如常見有人說「人性尊嚴和人權根植於西方基督教的教
義」，或說「自然法是以人類為中心的」、「自然法傳統忽略
女性」、「自然法傳統忽略男性以外的性別主體」、「自然權
利只是個人的權利」等等。

27　引自Edgar Bodenheimer 1999（1974），頁384，經筆者略為修改。

　　上述幾種說法，並非完全沒有根據，但為了避免片面或偏頗，尚需要指出它們的不足之處，必須根據史料的證據和詮釋。

　　關於一般印象中，自然法（或自然權利）是基督教的觀念產物？這點從自然法的誕生，參考上述最早的赫拉克利圖斯的文字，就可判斷並非如此。從現代自然法論，尤其是盧梭的文字脈絡來看，也一樣是否定的。這並非否定盧梭或康德有基督教信仰背景，而是現代自然法在盧梭筆下，更側重於世俗性的闡述，對於盧梭的自然法思考，世俗性與宗教性並無違和感，原因是哲學中人性論的探討與基督宗教在論題探討上，本來就存在著激盪、辯證的可能。[28]

　　除了基督教之外，佛教中所談的佛法與自然法的比較，也是中文讀者感興趣的。依照我的理解，佛法比較接近古典自然法論說的「永恆法」，自然法畢竟是規則性的，與諸行無常、諸法無我、涅槃寂靜的三法印說，有相當大的差距，現代自然法是理性法，佛法則超出了這個理性法的範疇（佛法：如來說

---

[28] 近來國外對此研究，各國學者討論頗熱烈，參考Pierre Manent, *La loi naturelle et les droits de l'homme*. Essai de philosophie pratique（Presses Universitaires de France, 2018）；此書原稿為Pierre Manent於2017年在巴黎的系列演講（Étienne Gilson lectures at the Institut Catholique de Paris）；英譯本，Pierre Manent, *Natural Law and Human Rights. Toward a Recovery of Practical Reason*（Catholic Ideas for a Secular World），translated by Ralph C. Hancock, with Preface by Daniel J. Mahoney, and Foreword by Pierre Manent（University of Notre Dame Press, 2020）。相關書評參考，Nathanael Blake, "How to Recover Our Lost Understanding of Natural Law," *The Federalist*（March 20, 2020），at https://thefederalist.com/2020/03/20/how-to-recover-our-lost-understanding-of-natural-law/。

善法，了見佛性之法），見佛性不名眾生，不見佛性是名眾生，所以說自然法仍是眾生的法門。[29]

其次，關於自然權利是否僅是個人權利？就權利性質而言，自然權利確是個人的權利，但這不是個人主義式的權利，考察盧梭對肯認與自由的分析，特別強調人與人之間的相互主體性，顯然這不是個人主義，而更接近後來社會民主主義，羅爾斯的《正義論》亦是一種社會平等的自由主義，並非狹義的個人主義。拉茲對法治與轉型正義的討論，更明顯從社會共同生活的角度，來分析自然權利在轉型正義理論的定位。

現代美學方法的運用

從法哲學角度，重探自然法研究的方法論、引入現代美學的主體概念，另有積極的意義。如上述方法分類，「自然法理論」（"Natural Law Theories"）被歸為分析法理學（analytical jurisprudence），因為自然法論為針對法律推理的分析與詮釋。18世紀後的現代自然法論，精確地說，叫做自然權利論，它由人性論的精密分析，發展出結合意識、行為、權利與責任能力的主體性概念。主體性的探討，在方法上可回溯至笛卡兒式的懷疑，然後在盧梭與康德美學中發展而成，接著被延伸用於晚近新自然法研究，如性別主體與精神喪失者的責任能力等議題，均與主體的內涵及能動性（agency）有關。

---

29 村上春樹的長篇小說《刺殺騎士團長》（台北：時報文化出版，2017），
　也處理類似主題。

　　因此，本書引導讀者關注方法，強調現代自然法研究在方
法論的改變，主要源自現代「美學方法」的影響，將過去形上
學及倫理學探討的（客觀）自然法，轉換為與主體感性經驗連
結的（主觀）權利，這裡方法轉向的內涵，至今研究多溯及指
向康德研究「判斷力」（Urteilskraft, the power of judgment）
的著作，康德認為一個稱得上普遍有效的「好」（「善」）或
「美」的判斷，歸諸於人有共通的認知與感受能力——包括對
於「目的」（合乎目的性的理性原則，對應盧梭所稱的「理
念」）[30]的認知，並同時強調感受（Gefühle, feelings）是主觀
的，只能借主體經驗加以詮釋——所謂主體，亦是在其經驗及
判斷的過程中（in the act of judging）才體現的。[31]簡言之，思考
之運用感性，可分為分析與詮釋兩個面向，一方面分析人們對
法律的認知與共通感受，另一方面藉主體經驗以詮釋自由與權
利的關係。[32]底下簡要說明方法運用。

---

30 新康德哲學家卡西勒在〈康德與盧梭〉一文指出，康德發展出深刻細膩
的理性（Vernunft）概念，就是受盧梭談的理念（idée）影響，就自然法
研究而言，當時兩人都熱情地追問法律的理念（Rechtsidee），參考Ernst
Cassirer, "Kant und Rousseau"（1939）, in: Ernst Cassirer, *Über Rousseau*, hrsg.
von Guido Kreis, 1. Auflage（Berlin: Suhrkamp Verlag, 2012）, S. 143-144；亦
詳見本書第四、五、六章的分析。

31 閱讀康德的德文原著頗有難度，尤其對美學主體性的分析，底下這本由德
國專家寫的英文著作，提供簡潔而有系統性的研究，參考Christian Helmut
Wenzel, *An Introduction to Kant's Aesthetics. Core Concepts and Problems*
（Blackwell Publishing, 2005）。

32 受康德美學及新康德學派影響，20世紀初的新康德法哲學家如Rudolf
Stammler, Emil Lask, Gustav Radbruch等人，將法律理解為文化現象、或
人的價值表達，探討法律的理念、價值形成、實證法的分析與詮釋，方

　　美學方法是分析性的（analytical），運用感性的反思性的
判斷，強調從人「自身出發」解答複雜問題，例如有人質疑
「自然法」並非實證法、沒有國家強制力為後盾，所以不算是
法律？對此各式說法不一，但可確定的是：自哈特分析「法律
強制力」涉及「內在觀點」（參與者觀點）而使法律有別於搶
匪的暴力強制、並承認「最低限度的自然法」，此後法律強制
力就不再被視為單純外力，何以如此？關鍵因素是哈特立論依
據人的普遍感受，其真實性可由每人自發地（spontaneously）
檢驗，對此討論必涉及分析感性經驗（如承受強制與壓力的程
度）。[33]

法論演變背景詳見Karl Larenz, *Methodenlehre der Rechtswissenschaft*, 6.,
neubearbeitete Auflage（Berlin/Heidelberg/New York: Springer, 1991），S. 96-
99。

[33] 有關哈特所說的「自然的必然性」（"natural necessity"），衍生出不同的
理解，這裡哈特指的「自然」為任何道德及法律體系存在的自然條件（或
自然事實），以此證立自然法的最低限度內容，莊世同教授分析哈特使用
的「自然事實論證」（the natural fact argument）及「道德可謬性論證」
（the moral fallibility argument），並對其論證提出質疑，認為哈特犯了他
自己批判古典自然法的自然主義謬誤（naturalistic fallacy），詳見莊世同，
〈法律、道德與自然必然性：論哈特的自然法最低限度內容〉，《政治與
社會哲學評論》，第64期（2018年3月，頁1-47），頁5-10、14。不過，
若仔細探究「自然」一詞的不同意涵，分析哈特使用的概念（如「自然事
實」）及其如何成為判斷法效力的最低標準，可發現他稱人類行為的適當
目的──為生存及自我保存，是一種簡單的偶然事實（the simple contingent
fact），不同於古典自然法論所說的自然規律性（regularity），詳見H. L.
A. Hart, *The Concept of Law*. Third Edition, with a Postscript edited by Penelope
A. Bulloch and Joseph Raz. And with an Introduction and Notes by Leslie Green
（Oxford University Press, 2012），pp. 172, 181, 193。參考比較莊世同，同
上。對於哈特與霍布斯的相似性（自然主義），以及形上學的補充，參考

美 學 方 法 不 只 分 析 感 性 ， 她 同 時 也 是 詮 釋 性 的
（hermeneutical）。新康德美學的自然法研究，除了表現於卡
西勒的盧梭詮釋，它對「自由」的主體性詮釋，亦影響1970年
代後的新世代自然法研究，顯著的表現就是「公民不服從」和
「抵抗權」的概念與推論。在羅爾斯的正義論證、德萊爾與阿
列克西的法治與自然權利論證中，這兩個概念有一個共同預
設——個人對自身行動符合「良心」與「基本權」所做的「合
憲性判斷」。此一延續人的主體性中關於人性論、感性論到反
思性整個過程，所提供法哲學的討論線索，也有助理解晚近新
興議題中，如動物權、環境權、胚胎與基因的權利地位、同性

Roger A. Shiner, "Hart and Hobbes," *William and Mary Law Review*, Vol. 22, No.
2（Winter, 1980: 201-226），pp. 203, 210-211; 按Roger A. Shiner引述Sheldon
S. Wolin（1960）分析指出："Hart's doctrine of the minimum content of natural
law can be compared with Hobbes' theory by the examination of three aspects:
its content, its role, and what I shall call **its metaphysical depth**.（…）there
are fundamental differences between the Hobbesian and the Hartian views of
legal obligation. The foundation of legal obligation for Hobbes is still ultimately
free choice based on self-interest, whereas no such thorough individualism can
be found in Hart.（…）As Wolin says, Hobbes's concern with the individual's
natural desires is not that these desires are evil or that they need the discipline of
reason; it is merely that they are self-defeating. Free indulgence of them produces
a state of war, and thus misery, not happiness. **Hobbes' emphasis on society as
an automaton, an artificial machine, is deliberately intended to contradict
the mediaeval image of society as a body, an organic whole**."（Shiner 1980:
211-213）這段引文中的粗體為筆者所加。Shiner因此認為，哈特欠缺的是
霍布斯式的形上學，這個觀點與筆者相近，關於霍布斯的自然主義法形上
學，詳見本書第三章的分析。

與跨性別的差異政治等相關論題。[34]

　　有關權利主體的詮釋，呈現出新世代的自然法研究特色，除了公民不服從與抵抗權研究，還有延伸研究，運用於探討性別主體性、精神喪失者的意識、罪罰及責任能力等議題。在自然法與現代哲學的思想背景下，亦可見法實證主義所受影響，例如關於責任能力，英國法理學家哈特（H. L. A. Hart, 1907-1992）在《懲罰與責任》（*Punishment and Responsibility*, 1968）書中研究「權利」、「責任」及「法律行為」的意義，展示法律跟語言哲學的關係，他支持精神疾患可作為除罪或免責的理由，亦與思考主體能力有關。[35]

　　現在法律中界定權利與責任的歸屬，使用「權利人」與「行為人」的用語，即近似（或相當於）哲學使用的「主體」（subject）。[36]「權利主體」被納入法體系、成為制定法的

34　參考蔡維音，〈「擬似權利主體」之法律意涵──重新建構人類基因之法律定位〉，《成大法學》，第2期（2001年12月，頁41-74）。由於欠缺自由的反思能力，主體概念目前不太可能適用於基因或胚胎，擬似的意義有待討論商榷。

35　參考H. L. A. Hart, *Punishment and Responsibility. Essays in the Philosophy of Law*（1968），2. edition, with an Introduction by John Gardner（Oxford University Press, 2008）；哈特在此書中修正了他早期文章觀點，比較Hart, "The Ascription of Responsibility and Rights," *Proceedings of the Aristotelian Society*, New Series, Vol. 49（1948-1949），pp. 171-194，哈特接受了P. T. Geach和G. Pitcher對此文的批評、提出後續研究。另比較德沃金對哈特書中論點的評述，Dworkin 2013（1977），*Taking Rights Seriously*, pp. 21-22。

36　舉例而言，行政罰法第3條規定「本法所稱行為人，係指實施違反行政法上義務行為之自然人、法人、設有代表人或管理人之非法人團體、中央或地方機關或其他組織。」這裡所稱的行為人，一般在行政法學上也叫做「責任主體」。

用語，例如教育基本法第二條第一項：「人民為教育權之主體。」文化基本法第三條：「人民為文化與文化權利之主體，享有創作、表意、參與之自由及自主性。」近年科技發展衍生新的議題，例如人類基因與胚胎的權利性質與歸屬，有學者提出「擬似權利主體」概念。37

　　若僅分析現行實證法內容，無法呈現類似法律用語的意涵，仍有必要了解分析權利主體的哲學脈絡，例如閱讀哈特上述研究，雖未直接引述自然權利論，但他的分析仍觸及相關命題。「權利主體」一詞，涵蓋民法、刑法、行政法與憲法等所有法領域的基本預設，而且它不是抽象的假設，而是用於具體問題的──例如用於財產權、物權、締結契約、侵權行為、行為能力、責任能力、法律原則等。

　　德國分析哲學家尼達呂梅林（Julian Nida-Rümelin, 1954- ）針對哈特的論點，提出進一步分析，他得出的結論是：

> 　　思慮和斟酌理由的能力，使得我們成為理性、自由和負責的存在。我們是在人的意義上對理由進行斟酌的。在對理由的斟酌過程中，我們人格同一性的（理性）內核也得

---

37 對於行政罰上受罰的對象，行政法教科書亦稱此為「行政罰上之責任與責任主體」。另一例子，是近年台灣關於如何立法規範宗教法人的爭議，參考鄧衍森，〈自然法傳承中具台灣經驗之「宗教」與「自由」〉，《台灣法學雜誌》，第366期（2019年4月，頁105-108）。另參考司法院大法官釋字第460, 485, 490, 550, 567, 573, 603, 631, 689, 708, 712, 748, 756, 766號等解釋。

到了表達。38

　　簡單地說，人的主體性有兩個特徵——感知的意識能力（知道自己做的判斷），以及行動（知道自己為何採取一定的作為）。以日常語言來說，主體就是「有辨識能力的人」，辨識能力包括區分主觀與客觀，39而且能力可以後天發展或訓練，並沒有固定不變的標準（例如年齡）。主體性的表現，於藝術創作和社會行為是一樣的，人因此才有對自身作品或行為負責

38　Julian Nida-Rümelin，〈哲學與法中的責任〉，第24屆世界哲學大會論文摘選（北京，2018）。尼達呂梅林這篇論文的觀點與哈特相近，但更著重分析「行動」與「責任」的密切關係。

39　這裡提到主體有區辨主觀與客觀的能力，運用如康德所區分的「知覺判斷」（主觀）與「經驗判斷」（客觀）：「房間溫暖，糖是甜的，苦艾令人生厭，這些都只是主觀有效的判斷。我絕對不要求，我一直都會有此感覺，或其他任何人都應該像我一樣有同樣感受。這些僅僅表達了兩種感覺對於同一主體——即我自己——的關係，而且只有在我這次知覺狀態下，因此不應該對對象有效。這類的判斷我稱為『知覺判斷』（Wahrnehmungsurteile）。『經驗判斷』（Erfahrungsurteile）則完全是另一種情況。經驗在某些狀況下告訴我的事，也必須在任何時候都如此告訴我，並且告訴每個人，同時有效性不局限於主體或是主體當時的狀態。也因此，我宣稱所有這類的判斷都是客觀有效的，例如，當我說『空氣是流動的』，這個判斷起初只是個知覺判斷，我會把我感官中的兩種感覺關聯起來。假如我希望稱它為經驗判斷，那麼，我便要求，這個關聯得依從能使之成為普遍有效的條件而發生。」（康德，〈一切作為學問而出現的未來形上學之序論〉，1783）；這段引自《法國高中生哲學讀本III：主體篇》（2017），頁80。這些概念語詞，並非艱深不可及，也是基礎教育的一部分。延伸研究參考M. Ratcliffe, "Husserl and Nagel on Subjectivity and the Limits of Physical Objectivity," *Continental Philosophy Review*, Vol. 35（2002），pp. 353-377。

的能力。[40]

本書寫作背景

　　近期各國政府為防止新型病毒Covid-19疫情擴散，廣泛地禁止或限制人民集會、自由行動、自由經濟與生產行為等，甚至嚴格限制探望瀕於死亡的親人，這些政策涉及緊急命令與措施，在歐美引發包括Giorgio Agamben（阿崗本）、Julian Nida-Rümelin（尼達呂梅林）等哲學家討論，提醒人們必須注意它們的發展，不可漫無限制地常態化而侵害人權、違反人性、造成社會危機。

　　這類討論對我們來說，似乎還頗遙遠。欠缺自然法思想背景的此地，法治繼受歐陸法制，並無久遠的法哲學思辨歷史，重探自然法研究與方法論的改變，或有助進一步研究與思考。

---

40 當然，想像力並非天生，後天的經驗培養非常重要，因此康德強調「範例」（Beispiel）是法律人培養判斷力的學步車。法國小說家Jean Giraudoux的劇作《特洛伊戰爭不會到來》中有句名言：“Le droit est la plus puissante des écoles de l'imagination. Jamais poète n'a interprété la nature aussi librement qu'un juriste la réalité.” - *La guerre de Troie n'aura pas lieu*（1935），Acte II, scène V（「法律是最能訓練想像力的場域。沒有任何詩人在解釋自然時，能像法律人那麼自由地解釋現實世界。」）常見英文翻譯與原文略有出入：“There is no better way to exercise the imagination than the study of the law. No artist ever interpreted nature as freely as a lawyer interprets the truth.”這句略帶嘲諷意味的話，顯示解釋法律所需判斷力，不是憑空想像；參考Jean Giraudoux, *La guerre de Troie n'aura pas lieu*（Larousse, 1994）。相關評論參考楊崇森，〈英美嘲弄法律人的諺語與笑話給法律人之省思〉，《軍法專刊》，卷58，第1期（2012年2月，頁151-169），頁156、163。

　　這本書內容從最初思考，直到完成，總計歷經15年，全書各章節均為未曾正式發表及出版的文字。自然法，又稱「哲學的法」，本書從法哲學的視野，分成三個部分，探討自然法的起源和轉折（第一至三章）、現代自然權利論（第四至六章），再帶入19世紀至當代的論辯（第七至九章），讓讀者能夠掌握當今的法哲學主題，重理圍繞自然法與實證法的問題糾結，寫作結構一氣呵成以提供宏觀和微細考察。研究及書寫的工程還有很多不足之處，有待未來努力。這裡略述筆者研究情況，或有助其他相關研究參考。

　　自然法的研究，因是當代及國際上法哲學交流討論的基礎，對於二戰以後的法哲學（法理學）而言，探討自然法與實證法的關係，以及由此引發的一連串關於法律與道德的「分離命題」或「聯結命題」、法律權利及道德權利之分、法治和「安置命題」等議題，影響理論和行動實踐至鉅。中文學界對於自然法的研究，則相對稀少，甚少有專書或專論處理，對於自然法研究的陌生或忽視，主因可能是受限於語言，而多少受文獻轉述及間接引述影響。在缺乏兼有歷史性及分析性的系統性研究的情況下，難免導致某種對自然法及自然法論的刻板印象。這樣的情況，不單只是學術討論愈加困難，也影響司法及教育。筆者作為法哲學的學術工作者，體認投入寫作中文專書，可彌補在這方面的迫切需要。

　　一開始，2002年德國法哲學家Robert Alexy教授用心策劃一場國際學術研討會，原希望以此祝賀指導教授Ralf Dreier 70歲生日，但德萊爾教授不喜並婉拒這類活動，因此活動就針對德萊爾教授的法哲學體系，邀集十餘篇各國學者提出論文，當時筆

者受邀參加及發表〈論事物本質的概念——從德萊爾的概念分析，以至芙特的規範證立〉一文，[41]這是筆者處理自然法基本概念的起始。筆者在德國讀碩士和博士都受教德萊爾教授，在教授指導下完成研究哲學及法律詮釋學的碩論、以及研究憲法共識及象徵哲學的博論，在求學期間，德萊爾教授的法哲學課程十分扎實，而事物本質就是他的一項早期重要研究，回憶諸多與老師的討論，在偶然不經意中種下接續研究的種子。

　　不久之後，2007年國際法律及社會哲學組織（IVR）在波蘭舉辦研討會，這裡是社會民主的思想家和革命家Rosa Luxemburg的故鄉，當時筆者發表初步研究羅莎‧盧森堡的論文，探討她對社會民主由下而上的信念、以及主張人民應有罷免權的論述，[42]還有2008年完成與萬毓澤合譯Andrew Sayer的《階級的道德意義》一書，無形中開拓了對自然主義及道德心理學的理解廣度。此後，中央研究院於2008及2013年舉辦的霍布斯和盧梭紀念研討會，對後續研究有莫大助益，當時參加這兩場盛會的研討會論文，經過後續不斷學習及增修，才較為成熟，發展為本書第三章至第六章的內容，以此為核心，再發展出第七章及第八章，以處理現代法治與法實證主義的挑戰，希

41　Miaofen Chen, "Zum Begriff der Natur der Sache. Von Ralf Dreiers Begriffsanalyse zu Philippa Foots Normbegründung," in *Integratives Verstehen. Zur Rechtsphilosophie Ralf Dreiers*, hrsg. v. Robert Alexy（Mohr Siebeck, 2005）, S. 62-80.

42　Miaofen Chen, "From Class to Freedom: Rosa Luxemburg on Revolutionary Spontaneity and Socialist Democracy," *Archiv für Rechts- und Sozialphilosophie*（ARSP）, Vol. 101. No. 1（January, 2015）, pp. 75-86.

冀釐清當代論辯的源頭和方向，最後加上導論、序言及第九章結論。

致謝

　　本書初稿完成後，曾於2020年東吳大學第五回法理學研討會、台灣哲學學會2019年學術研討會、臺北大學劉幸義教授的法理學專題課程中，將部分成果摘要發表，在此特別感謝兩場研討會評論人鍾芳樺教授和陳弘儒教授，以及劉幸義教授和與會學者同學們的寶貴意見。

　　這段學習經驗有太多要感謝的人，這裡只能略提，臺大法律學院同事及前輩的鼓勵、去年到東吳法律系兼課經驗，讓我受益良多。這本書撰寫期間，謝謝曾與我討論書名及內容的黃榮堅教授、黃茂榮教授及楊崇森教授，同時也要謝謝兩位同學林佳儀和蔣偉成幫我自德國寄書、帶書，還有許多擔任教學助理、科技部（前國科會）和臺大人口與性別研究中心（婦女與性別研究組）助理的同學們，非常謝謝能夠一起學習成長，這裡雖無法一一提及各位的名字，但毫不減損我對你們的感謝和欣賞，期待互勉及再聚。此外，Joseph Raz（拉茲）教授訪問慕尼黑、北京和台北的幾次演講及會後親切回應筆者提問，還有《政治與社會哲學評論》創社的許多師友、以及已故中研院蔡英文教授，在不同階段提供寶貴研究線索，筆者深深感謝。當我研究盧梭陷入迷霧時，2014年因緣際會，國際呂格爾詮釋學

研討會在台北舉辦，[43]當時認識法國哲學家Olivier Abel，此後阿貝爾教授幾次訪台，親切耐心地與我討論盧梭研究、指引法文文獻，也要特別致謝。

在研究法哲學的過程中，Ralf Dreier（德萊爾）教授對我的教導和啟發，一直是最深刻的，他對事物本質及抵抗權的研究深入又獨到，而且為重新編輯出版Gustav Radbruch的《法哲學》做了重要的努力，我想德萊爾和Radbruch在做人及做學問，都是範例。哲學系指導教授Julian Nida-Rümelin在分析哲學、實踐哲學及美學的貢獻，也是結合知識和實踐的範例，同時還有學長黃耀宗及同學Thilo Tetzlaff在求學過程中的持續討論交流，對我學習語言文化有極大幫助。去年疫情期間留在台灣、與我一起合作雙語哲學廣播Podcast「Clearing the Air哲學十分鐘」的Brian Bruya教授，對本書引用霍布斯的古典英文，以及對本書的書名英文譯法，提供了及時的翻譯修改建議，在此也要特別感謝。疼愛我的父親在我出國讀書前驟逝，媽媽承擔了家中重擔，父母養育弟妹和我讓我們成為自立和自由的人，有親愛家人和摯友的鼓勵支持，法哲學的自然法研究只是目前我所能給予的禮物，相信學術來自人性，謝謝一路陪伴支持我的師友，你們對我的信心，有時更甚於我自己，讓我勇氣倍增。這本書從投稿審查到定稿，必須感謝所有匿名審查人的寶貴意見及聯經學術專書編委會和編輯部。當然必有疏漏的地方，期待各方專家和讀者不吝指正。

---

43 研討會的部分成果已出版，參考黃筱慧主編，《追隨呂格爾閱讀》（台北：東吳大學哲學系呂格爾研究中心，2018）。

　　書中的許多長的註腳，是必要脈絡補充，提供研究者駐足參考，但若非需要深入研究，或希望閱讀更加流暢，可以暫時略過這些註腳，或按興趣跳躍章節。

　　康德曾言，「範例」是一個人（包括醫生、法律人等等）培養判斷力的學步車，我知道也發現了許多難得的範例，這是多麼可貴又愉快的事。無論環境如何艱難，在每個關頭，眼前總會浮現求知若渴的每一雙眼神，純真閃爍如星光，給予了寫作者溫柔堅定的力量。但願文字深入淺出，人人都可探索自然法及法哲學，無論喜歡或排斥任何論點，重點是想像力和判斷力，展卷有樂趣及收穫。

第一部分

自然法的起源及轉折

第一章

導論

法哲學的問題：什麼是真正的法律？自然法是否存在？

靠著理性與想像力的作用，哲學的「自然法」指出人性渴望藝術的美、公平的善、自然的真。

聞法色變，很多人都有這樣的經驗，法律本來是「善與公正的藝術」（"Ius est ars boni et aequi." - Publius J. Celsus, D.1.1.1pr-1），[1]為何經驗卻不是如此？

人們對法律的恐懼或不信任，在繼受西方歐陸法制的亞洲社會，由於欠缺自然法思想背景，更是明顯。歸根究柢，國家法律時而帶有威權性格，以及常出現令人感到不公不義的結果，本來愈弱小的人，愈需要法律的保護，但事實卻常背道而

1　古羅馬法學家凱爾蘇斯（Publius Juventius Celsus, 67-130）說出上面那句話時，正是羅馬共和國的盛期，他僅留下幾篇羅馬法註釋，我們對他所知有限，據說他還是個話語無趣的法學家和政治家，但他這句名言廣泛流傳至今。引文出自《查士丁尼法典：學說匯編》卷1開頭收錄Ulpian間接引述，英譯全文參考Charles Henry Monro, Translator. *Digest of Justinian*（NY: Buffalo & Erie County Public Library, 1904-1909）, First Book, p. 3。

馳。的確，人訂的法律有許多缺陷，自古至今，人為法與自然
法的衝突，就是戲劇和文學經典的題材，例如大家熟知的古希
臘悲劇《安提岡妮》、莎士比亞的名作《威尼斯商人》，或如
台灣作家賴和的感人小說《一桿稱仔》。[2]

　　儘管「自然法」就存在我們身邊，如同空氣和水，然而，
除了法哲學專家之外，不僅許多學者及學生對「自然法」這個
詞還相當陌生，社會大眾多數更從未聽過這個詞。而有趣的
是，在實地偶然的談話中，我發現只要提及二戰至今，關於德
國納粹政權制定的法律（制定法）普遍被認定為惡法，因而引
發納粹「惡法亦法」或「惡法非法」的辯論，對照現今切身的
司法正義問題，瞬間每個人都能想像「超制定法之法」存在的
可能性，而立即了解原來這就叫做「自然法」。

　　自然法，最初起於哲學的想像力，為了探討法律的本質，
追問什麼才是真正的法律？有無自然法的存在？為此，幾乎歷
史上每個哲學大家都認真探索，因為自然法的原理起源於思
辨，牢牢地吸引求真的心靈，由此誕生了法律的哲學（法哲
學），或稱法理學。法哲學探討什麼是真正的法律，進而追問
實現良善與正義的可能條件。

　　自然法的概念與論證，散見於兩千多年來各個不同時代的

2　19世紀初德國哲學家黑格爾在《法哲學綱要：或自然法與國家學大綱》
　　（原名《自然法與國家學：法哲學講義》）書中，引用莎士比亞名作《威
　　尼斯商人》講述契約法與誠信原則的關係；詳見G. W. F. Hegel, *Grundlinien
　　der Philosophie des Rechts*（*oder Naturrecht und Staatswissenschaft im
　　Grundrisse*）（1821），1. Aufl.（Frankfurt/M.: Suhrkamp Verlag, 1986），
　　Einleitung, § 3, S. 39-40。

形上學、倫理學、神學、人類學、政治學及法學等文獻，有關
自然法的精細分析，首見於中世紀經院哲學家阿奎那（Thomas
Aquinas, 1225-1274）的《神學大全》（*Summa Theologiae*），
近代英國哲學家洛克（John Locke, 1632-1704）雖有不少自然法
研究手稿，但均為後人編輯出版。[3]此外，德國法學家普芬朵夫
（Samuel von Pufendorf, 1632-1694）的《論自然法與萬民法》
（*De jure naturae et gentium*, 1672），以及海涅克烏斯（Johann
Gottlieb Heineccius, 1681-1741）的《自然法及萬民法的原理》
（*Elementa iuris et gentium*, 1738），為少數探討自然法原理的法
學著作。就文獻史料來說，第一部完整的自然法專著，直到18
世紀才出現在歐洲的大學教授著作與講義之中。

　　1755年德國哥廷根大學教授阿亨瓦爾（Gottfried Achenwall,
1719-1772）發表《自然法》（*Ius Naturae*, 1755-56）共兩
冊，此書以拉丁文寫成，這是18世紀最早通行的自然法專
著，德國哲學家康德一生講授自然法課程時，就使用此書
（1763年再版本）為教材達20年之久。康德的學生費爾阿本
（Gottfried Feyerabend）所記錄的康德1784年上課筆記，即是
著名的康德《自然法：費爾阿本筆記》（*Naturrecht-Feyerabend*,
1784）。[4]另一受康德提攜的晚輩費希特（Johann Gottlieb Fichte,

3　有關阿奎那和洛克的自然法論背景及內容，詳見本書第二章2.2及第四章
　　4.1。

4　康德於1784年夏季講授阿亨瓦爾的自然法論（Naturrecht nach Achenwall），
　　由G. Feyerabend所記錄的筆記留下康德唯一堪稱完整的自然法論述，有關
　　此筆記背景及內容，參考Philipp-Alexander Hirsch, *Kants Einleitung in die
　　Rechtslehre von 1784*（Göttingen: Universitätsverlag, 2012），S. 11-12, 68。

1762-1814）於1796年發表《自然法的基礎》（*Grundlage des Naturrechts*, 1796），[5]此書詮釋自盧梭提出的自然權利論，成就斐然，謝林（Friedrich Wilhelm Joseph Schelling, 1775-1854）還曾就費希特此書發表論文《自然法的新演繹》（*"Neue Deduktion des Naturrechts"*, 1797），可見當時自然法論的新方向。此後十九世紀初黑格爾（Georg Wilhelm Friedrich Hegel, 1770-1831）發表研究自然法的期刊論文、[6]以及《法哲學綱要：或自然法與國家學大綱》（*Grundlinien der Philosophie des Rechts oder Naturrecht und Staatswissenschaft im Grundrisse*, 1821），將自然法視為「真實絕對的倫理」（"die reale absolute Sittlichkeit"）的展現，[7]在他之後各家的自然法論著，持續發展自盧梭、康德以至法實證主義興起前的自然法理論，它們各有擅長，但都有一共通之處，就是試圖把人的自由與權利，從舊時的宗教權威與封建王權中解放出來。

5　費希特的《自然法的基礎》（*Grundlage des Naturrechts*），又有譯為《自然權利的基礎》（例如此書英譯本為*Foundations of Natural Right*），這除了反映德語"Recht"的多重意義之外，也指出此書探討的重點；詳見本書第六章6.2頁237，註23。

6　Georg Wilhelm Friedrich Hegel, "Über die wissenschaftlichen Behandlungsarten des Naturrechts, seine Stelle in der praktischen Philosophie, und sein Verhältnis zu den positiven Rechtswissenschaften"（zuerst erschienen im *Kritischen Journal der Philosophie*, 1802-1803）, *Philosophische Abhandlungen*, hrsg. von Karl Ludwig Michelet（Berlin: Verlag von Duncker und Humblot, 1832）, Werke, Band 1（S. 321-423）.

7　參考顏厥安，〈否定性與絕對倫理——由黑格爾之自然法論文談現代社會之危機〉，《國立政治大學哲學學報》，第5期（1999年1月，頁235-262），頁251。

　　因此，相較於訴諸權威，「自然法論」平易近人，強調無分宗教或出身，人有個別與共通能力，它是哲學性的倫理學和美學基本教材，引導人去思考什麼是正義、是非、公平、人性、價值、權利和法理。探索自然法的方法，可琢磨人們與生俱來的「想像力」和美學判斷力，[8]從經驗中重新思考人為的法

8　「美學」（aesthetics）是研究感官知識的一門學問，因此又被稱為「感官論」或「感性論」，又因她與藝術的想像力與創造力密切相關，也有人將她與「藝術哲學」混為一談，或將她局限於藝術哲學的範圍。本書使用「美學」的用語及定義，不限於狹義的藝術領域，根據現代美學創始者Alexander Gottlieb Baumgarten（1714-1762）的定義，「美學，是感官知識的學問」（"Aesthetica est scientia cognitionis sensitivae."），而且美學範圍涵蓋「人文學的理論、底層的認識論、美的思考藝術、類比推理的藝術」（"theoria liberalium artium, gnoseologia inferior, ars pulcre cogitandi, ars analogi rationis"）；參考Baumgarten, *Aesthetica*（1750/1758），Frankfurt/Oder, 1750-1758, Prolegomena, §1。繼Baumgarten之後，康德在代表作《純粹理性批判》（初版1781, 亦稱第一批判）提出「先驗感性論」（Transzendentale Ästhetik），他指出當時只有德語使用「美學」（"Ästhetik"）一詞，並認為首創此字的Baumgarten的美學理論有不足之處，參考Immanuel Kant, *Kritik der reinen Vernunft*, hrsg. v. Raymund Schmidt, 3. Aufl.（Hamburg: Meiner, 1990），Erster Teil, A21/B35註解。此後康德完成《實踐理性批判》（初版1788, 亦稱第二批判），直到1790年完成構思已久的《判斷力批判》（第三批判），此時他原先傾向心理學的觀點（反對Baumgarten）有所改變，也因此使美學與前兩部批判著作的關係更明確，參考Kant, *Kritik der Urteilskraft*, hrsg. v. Karl Vorländer, 5. Aufl.（Leipzig: Meiner, 1922），Einleitung des Herausgebers, S. X-XI。《判斷力批判》建立了康德美學及影響，雖然康德與Baumgarten觀點仍有差異，但同樣認為美學以感性經驗為基礎，就現代美學而言，美學可被簡要定義為「關於判斷力的學問」，康德曾舉法官的判斷力為例，說明判斷力的養成需要各種範例（Beispiele, examples），範例就像嬰孩的學步車一樣，幫助缺乏自然的判斷天賦的人，學習將法律規則與（主體的）感性經驗連結，參考Kant, *Kritik der reinen Vernunft* 1990（1781），A134/B173。

律是否背離了法理？法、理、情有何關係？例如特殊和疑難的個案，[9]需要細膩的觀察、抽絲剝繭以釐清事實，還要提出適當的法律解釋、形成推論以達到衡平正義。簡言之，探究法理，意在追求「正確」的法律，正確的標準不外乎——使人相信法律知識為真、符合基本的道德善、具備完整的論理形式。[10]假使沒有正確的法律觀念，可想而知，社會和個人甚至環境生態的治理，終將陷入無法無天——只有表面法治、實則強凌弱的狀態。[11]

1.1. 自然法與實證法

自然法是否存在？這也是最早的哲學問題。古代人善以對話的言談辯證方法，探索形而上的自然法；中世紀的神學家和

9　使用案例演練，一直是法學方法的重點，這點在歐陸法系和英美法系皆無不同。法理學的虛構案例經典為Lon L. Fuller, "The Case of the Speluncean Explorers," *Harvard Law Review*, Vol. 62, No. 4（Feb., 1949: 616-645）。延伸參考Peter Suber, *The Case of the Speluncean Explorers: Nine New Opinions*（Routledge, 1998）。

10　關於法律效力與正確性命題，參考比較Robert Alexy, "Legal Certainty and Correctness," *Ratio Juris*, Vol. 28, No. 4（December 2015: 441-51）。

11　英文有句格言："To learning and law there's no greater foe than they that nothing know."「對於知識和法律，無知之人是最大的敵人。」這句出自*Greene's Groatsworth of Wit*（1592），各國法律及文化背景不相同，但流傳的格言仍可讓我們引為警惕，深省如何使法律符合正義的要求，如何提升法律人的良知與道德，並縮短「當為」（Sollen）和「存在」（Sein）的距離。參考楊崇森，〈英美嘲弄法律人的諺語與笑話給法律人之省思〉，《軍法專刊》，卷58，第1期（2012年2月，頁151-169），頁156、168-169；這句格言翻譯，經筆者略微改動。

哲學家善以理性分析方法，論證自然法、神法和人為法之間的關係，而近代受自然科學發展的影響，哲學家融合理性和經驗的推論方法，探索人為的法律與自然法的關係。每個時代提出不同的自然法論，在方法上確實各有擅長，但是在深入研究之後，可以發現自然法論有其發展脈絡，隨著時代所採的方法雖有不同，對自然法的理解也有差異，但卻有一些共通之處，足以讓我們辨識出自然法的本質樣貌。自然法研究能一直吸引著思想家，大概就是因為自然法的真、善與美的價值，即使在最險惡的時局，仍能支撐世人的信念。

　　人間立法者，制定了多如牛毛的法律，在民主尚未誕生前，這些人的立法準則不是來自民意，那又是根據什麼？按法律的定義，恣意的命令不能自名為法，專制的立法者自稱「朕即法律」的宣示，僅具有實力或實效（efficacy），並不具有效力（validity），因此，推翻專制暴政的正當性，從來都是來自一個主張——法律必須具有效力。

　　認識法律，最重要的一件事，就是區分「實效」和「效力」。[12] 人訂的法律，或民主或專制，均要求人民必須遵守，

---

12 法律的「實效」和「效力」是否一致，一直是法哲學的重要議題，因為這組概念區分涉及法律的意義和解釋。在古希臘柏拉圖哲學中，最早出現對這組概念區分的思辨，如柏拉圖早期獨語錄《蘇格拉底的辯詞》，以及描述蘇格拉底受審和臨終前的兩篇對話錄《克里多篇》及《菲多篇》，這三個作品構成著名的柏拉圖法理思辨三部曲；德國著名法哲學家羅德布魯赫（Gustav Radbruch）在代表作《法哲學》中，亦引用柏拉圖《克里多篇》中蘇格拉底的一段話：「要是國家的審判沒有效力，而是可任由個人判定為無效、視為無物的話，你認為國家還能夠存在、而不是被消滅嗎？」——引自Gustav Radbruch, *Rechtsphilosophie*（1932），§ 25（論審判

這是為了達到實際統治的效果，稱為實效，就如治軍的命令均
要求士兵遵守，或如搶匪下令銀行櫃員交出金錢，這些命令由
於具備強制力（甚至身心壓力），所以能收到「被服從的實際
效果」。然而，我們並不會認為這些命令必然就是「法律」，
原因就在於它們欠缺了某種「符合法律的實質」，讓人對其
是否真的（truly）「合法」和「正當」有疑，這就是關於「效
力」的問題。依思考的邏輯，法律的效力既然跟實效有別，那
效力不會是純粹事實性或經驗性的，思考超出事實與經驗之
外的理由——例如要以何種理由來證成（justify）某個爭議性
的法律（像是同性結合專法）為有效？而能被認可為社會生
活的行動準則（所謂規範）？用稍微艱澀的術語來說，法哲
學家之所以探討效力問題，所針對的就是法律的「規範性」
（normativity），[13]這涉及抽象的後設思考，正是哲學的著力之
處。

　　法律的「後設」思考（meta-thinking），意指把實際的法律
當作觀察對象，我們就可以仔細地觀察它、檢驗它，法哲學家
對此甚至做到滴水不漏，從道德形上學、法價值論到語言分析
等研究，都在思考法律效力（法律規範性）的問題——包括法
律和道德的差別、合憲性和基本權利理論、[14]法律中的權力和性

程序），8. Aufl., hrsg. v. Erik Wolf und Hans-Peter Schneider（Stuttgart: K. F.
　　Koehler Verlag, 1973），S. 276。

13　羅德布魯赫引述Georg Jellinek的話說，「法律效力的問題，就是『實然的規
　　範性』問題。」——Gustav Radbruch, *Rechtsphilosophie* 1973（1932），§ 10
　　（論法律效力），a.a.O., S. 170。

14　依照法律的效力理論，憲法的位階高於法律，法律必須合乎憲法（合憲

別、法律位階和法律推理。從思考到實踐，每當人訂的法律出了大問題，法哲學家更鍥而不捨地舉出「超制定法之法」——或稱自然法，以論理引導法律實務，自然法因此也被稱為「哲學的法」。[15]

　　「超制定法之法」——自然法，究竟指的是什麼？「自然」的範圍如此之廣，包含客觀的自然世界——所謂大自然，大自然的法則當然非人為可定，因此大自然的法則亦稱「自然律」，自然律是一種「超制定法之法」，這是毫無疑義的。那麼，除此之外，還有其他的「超制定法之法」——哲學的自然法？

　　提出上述問題的哲學家，是最早研究人類社會的自然法的一群，他們也是初生的法哲學家。從觀察人性開始，法哲學家發現人們對法律的感受很直接，人普遍有是非感、正義感——無論天生或出自教養，人的這種感官知覺，用哲學的話語來說，就是理性與感性結合的「自然天性」。在原始社會，或哲學所假設的自然狀態中，人們原就擁有是非感和正義感，並以此認知自然法，於是法哲學家又以「法感」來指稱認知法律的

性）。保障人民基本權利又是民主法治國憲法的基本原則，因此，一項法律若侵犯或剝奪基本權利，就有違憲的疑慮，必須經由釋憲來釐清此一法律是否有效。民主法治國的法效力論，最初源於現代社會契約論，基本權利的原理亦源自現代自然權利論，詳見底下第七章的分析。

15　相較於神法，世界上可能存在著不訴諸神、亦不訴諸實效的法律，即所謂自然法，因由後設思考而來，而被稱為「哲學的法」。按黑格爾的用語 "das Naturrecht oder das philosophische Recht"，明顯將「自然法」視為哲學的法，詳見Hegel, *Grundlinien der Philosophie des Rechts* 1986（1821）, Einleitung, § 3, S. 35。

感官條件。[16]在自然法論的發展中，法感甚至逐漸演變為法學的判斷力的基礎。

1.2. 法感與判斷力

　　法感與判斷力，正是自然法論的兩個核心概念。尤其從17到18世紀，以霍布斯、盧梭與康德為代表，提出自然法論的哲學論證，可以簡要的表述如下（簡稱T命題）：

　　　（T）「自然人」的法感中，能夠演繹或延伸出一種「道

---

16 這裡「法感」指的是源於判斷力的感性活動、感性能力或良知感受等，例如對遵守誠實信用原則的正義感，對違背承諾的羞恥感，對他人攻擊或防禦的是非感，對自己犯罪行為的主觀「罪責感覺」（sense of guilt, Schuldgefühl）等，亦屬道德情感（moral sentiments）的一部分。有關法感對討論刑罰及課責的作用，例如「法確信」、轉型正義與極端惡法，以及阻卻違法、阻卻責任及禁止錯誤等判斷標準，詳見薛智仁，〈溯及既往禁止與轉型正義——以東德邊境守衛射殺案為例〉，《中研院法學期刊》，第25期（2019年9月，頁131-204），頁143-144；對「罪責感覺」的討論，參考Winfried Hassemer，〈區分阻卻違法與阻卻責任之法理（下）〉，陳志龍譯，《國立臺灣大學法學論叢》，卷26，第1期（1996年10月，頁117-153），pp. 120-126（原文出自W. Hassemer, "Rechtfertigung und Entschuldigung im Strafrecht. Thesen und Kommentare," Eser/Fletcher（Hrsg.），*Rechtfertigung und Entschuldigung I*（Freiburg 1987, S. 175ff.）。學者探討「法理」或「正確的法」與「法感」的可能連結，參考黃茂榮，〈論法理〉，《植根雜誌》，卷33，第8期（2017），頁281-320；學者指出，道德之難以言盡，使道德更像是一種「身體語言」，「法感」或與此有關，但法律學院並不怎麼重視哲學、心理學或社會學等基本通識課程，參考黃榮堅，《靈魂不歸法律管：給現代公民的第一堂法律思辨課》（台北：商周出版，2017），頁16、108。

德主體」的判斷力，使人在感官知覺之上，思考和理解法
律的本質及效力，此即獲取自然法知識的必經之途。

　　上述（T）命題所指自然法的認知途徑，先是由個人的感官
出發，再經由理性及判斷，最後獲得知識。自然法的推論，常
被歸為哲學人類學，更常被納入哲學的倫理學，但仔細推敲，
上述哲學論證，並未預設任何概念的共相或本質——沒有任何
關於人、人性或道德性質的預設，而僅指出個人的感官有認知
能力，至於自然法有何客觀不變的內容，並不是論證的重點。
換言之，（T）命題的重點，清楚地放在人與自然法的關係——
人如何在自身的感官知覺上，形成關於自然法的認知判斷，如
此論證在方法上是極為精巧的，採用了哲學中的「美學」，她
是研究感官知識的學問（scientia cognitionis sensitivae），[17]強
調知識（包括價值）是建立在主體與認知對象的關係中——簡
稱「美學關係」或「感性關係」（"aesthetic relation"）。[18]換言
之，只有當人與客體處於這層關係之中，人才有可能對客體做
出感知反應——即所謂「美學反應」（"aesthetic response"）[19]

17　A. G. Baumgarten, *Aesthetica*, 1750/58, ibid., Prolegomena, §1.
18　有關「美學關係」（感性關係）的概念及方法運用，涉及不同派別的美
　　學理論，說法及方向不一，已有少數運用於法學方法，如新康德的法哲
　　學代表作Gustav Radbruch, *Rechtsphilosophie*（1932）, Studienausgabe, 2.,
　　überarbeitete Aufl., hrsg. v. Ralf Dreier und Stanley L. Paulson（Heidelberg: C.
　　F. Müller Verlag, 2003）, Kap. 14；英美分析法學著重實務應用，參考Brian
　　Soucek, "Aesthetic Judgment in Law," *Alabama Law Review*, Vol. 69, Issue 2
　　（2017）, pp. 381-467。
19　分析美學使用"aesthetic response"一詞，廣泛用以指涉人對於客體的感知反

（如上述的「法感」），無論此對象是藝術或自然法。

　　早在英國哲學家托馬斯・霍布斯（Thomas Hobbes, 1588-1679）於1651年發表名著《利維坦》，[20]即可看到他的自然法論證，嫻熟地運用了18世紀以後哲學家所稱的「美學」（亦稱為「哲學的美學」），[21]他曾仔細考察人的感官知覺及反應能力（即後人所稱的「美學反應」，"aesthetic response"），將之運用於自然法論證，並且強調情感與認知能力的同等重要性。霍

應，如各種直接情緒（emotion），像是愉悅、厭惡、憤怒、恐懼等等，也包含經過反思的情感（passion, feeling），例如一般以熱情、快樂、欣賞、感動、美好、正直、可恥、醜陋、邪惡等等來表達反思性的情感，這類反思性或理性情感甚至涵蓋品味和判斷；當代分析美學代表Frank Noel Sibley（1923-1996）對此有細緻討論，參考比較Sibley, *Approach to Aesthetics: Collected Papers on Philosophical Aesthetics*, eds. John Benson, Betty Redfern, and Jeremy Roxbee Cox（Oxford University Press, 2001），p. 229。

20 Thomas Hobbes, *Leviathan or The Matter, Form and Power of a Common-Wealth Ecclesiastical and Civil*（1651），reprinted from the edition of 1651（Oxford: Clarendon Press/Oxford University Press, 1909）.

21 18世紀中A. G. Baumgarten提出現代美學概念時，就將美學理解為「哲學的美學」，因為美學是所有經驗知識的基礎，美學知識也是理性的，可運用於文學及藝術等理論，但她本身不對應於任一個別的文學或藝術理論，參考Baumgarten, *Aesthetic*a（1750/1758），Frankfurt/Oder, 1750-1758。回顧17世紀中霍布斯在代表作《利維坦》中，提出以理性論證自然法的存在，他所稱的「理性」（rationality）是對立於傳統信仰的神性而言的，儘管他使用「理性」一詞，但他所指的理性與人的感性有關，例如他質疑1500年代義大利文藝復興時期（通稱"cinquecento"）的宗教偶像化藝術，指出這是沿襲自傳統的虛構，並不符合對聖經的正確詮釋，霍布斯進而提出反偶像論（iconoclasm）主張，強調人的一切知覺想像皆受身體感官的影響；對此深入討論可參考Richard Woodfield, "Thomas Hobbes and the Formation of Aesthetics in England," *The British Journal of Aesthetics*, Vol. 20, Issue 2（Spring, 1980），pp. 146-152。

布斯指出自然法是人所欲求、並由理性創造的，要認識自然法之前，須先了解自然人處於戰爭狀態及其恐懼：

〔……〕在自然人身上，我們發現有引發爭執的三個根本原因。第一是競爭，第二是缺乏自信，第三是虛榮。第一個〔競爭〕為人事物相互爭奪，第二個〔缺乏自信〕為自保，第三個〔虛榮〕為了名聲。為了第一個，使用暴力，奪取別人的人身、妻子、兒女和牲畜，第二個再來要保護他們，第三個為了零碎小事，一個字，一個微笑，一個不同意見，或任何其他貶低的符號，不論是直接針對他們個人，或是〔間接〕在親屬、朋友、民族、職業或名稱中所反射出來的。這裡很清楚地，沒有公認的力量使所有人營生有所忌憚，在這段時間內，他們生活的狀態，就叫做戰爭。這個戰爭，是每個人對每個人的戰爭。所謂**戰爭**，不只是一場戰役，或是打鬥，而是一段延續的時間，在此期間，發動戰鬥的**意志**（Will）是所有人都清楚知道的：因此，**時間**（Time）的概念，必須被歸為戰爭的本質，就好像**時間**是天氣的本質一樣。[22]

按霍布斯的分析，在戰爭狀態中，每個人都是彼此的敵人，在沒有外力保護的情況下，自然人只能用自身的力量以求

22　Thomas Hobbes, *Leviathan or The Matter, Form and Power of a Common-Wealth Ecclesiastical and Civil* 1909（1651），ibid., chapter 13, p. 96; 這段引文中使用強調的字體，為原文以大寫字體所強調的部分。

自保，而且由於運用智慧和發明將使所有人皆獲利，在自利的
考量下，自然人也沒有理由去從事發明創造，因此既不會有工
廠，也不會有文化。沒有航海，也沒有交換的貨物，沒有開發
地球的知識，沒有藝術和文學，也沒有社會，更糟的是，在這
段持續的時間中，只有不間斷地害怕暴力死亡，而人的生活是
孤單、貧窮、封閉又殘暴的。23

在這樣的狀態中，唯有渴望生存及和平，自然人才可能自
願脫離戰爭狀態，依理性彼此締結和平約定，這就是自然法的
誕生，霍布斯如此描述：

> 引人傾向和平的熱情，來自對死亡的恐懼、對生活必
> 需品的渴望，以及期待建造必需品的工廠。而理性可認知
> 和平必要的條款，人們亦可能同意這些和平條款。這些條
> 款——也被稱為自然法（the Laws of Nature），就是我在底
> 下兩章中要特別談的。24

霍布斯指出，最基本的自然法（Fundamental Law of
Nature）就是尋求和平、遵守「和平約定」，其次是足以保護自
我的一切「自然權利」（the summe of the Right of Nature）。由
上述分析，我們可以看到霍布斯開啟的近代自然法論，強調自
然人和自然法的關係是建立於熱情和理性之中，並引入時間的
觀念，以一種人性角度看待這段關係的引生。他的分析中使用

---

23 Hobbes, *Leviathan* 1909（1651），p. 97.
24 Hobbes, *Leviathan* 1909（1651），p. 96.

美學的三個概念──感官、時間與理性，從美學進一步延伸對「理性自然法」的倫理學論證，以此完成了霍布斯式的自然法論。[25]

　　受到霍布斯的影響，後來的盧梭和康德，以美學分析感官、理性與判斷力，將美學與自然法論做了更緊密的結合。從霍布斯到今日自然法論，雖然各個論證之間有許多差異──例如對於自然人與法感的詮釋不同，但方法途徑，幾乎不脫霍布斯在《利維坦》中詳細列出的論證順序：

　　　（1）感官─自由─理性─判斷（自然人）→
　　　（2）自然法─自然權利（道德及權利主體）→
　　　（3）社會契約─憲法─制定法（公民）

　　上述論證順序，分別構成了現代自然法論的三步驟：第一步（1）談「自然人」與自然狀態，第二步（2）是重要論證轉折，提出道德主體（也是權利主體）的概念，最後第三步（3）以「主體」概念演繹及證明制定法的效力。如此，自然法論未必要直接證明──一切法律的效力均源於自然法，但卻間

---

25 霍布斯在《利維坦》第十五章中才提到，倫理學是研究自然法的科學，詳見Hobbes, *Leviathan* 1909（1651），p. 122。這裡他的意思似乎是指，倫理學將自然法做了系統性的分析論證，因而被稱為科學。事實上，依霍布斯對自然法的分析，如這裡我所引述的，可知自然法並非系統性知識的產物，在人性與時間中理性得以確立的，僅是和平約定和自然權利，至於之後所發展的自然法知識論和倫理學，似乎超出霍布斯式的論證，相關分析詳見底下第三章。

接證明了自然法是最初、也是人性本欲實現的正當法律，那麼
對照於惡質的制定法，哲學的「自然法」即是正當有效的「超
制定法之法」。自盧梭和康德建立現代的主體哲學，此後他們
筆下的自然法，因此亦被理解為「自然權利」，或稱「天賦人
權」。

1.3. 權利主體的誕生

　　受盧梭和康德的主體哲學影響，相較於古代、中世紀及
近代的自然法學，18世紀以後的現代自然法論有一特色，就
是個人權利意識的提高，最令人印象深刻及具代表性的一句
話，應該就是德國民法及法哲學家耶林（Rudolf von Jhering,
1818-1892）的名言——「為權利而奮鬥」（Der Kampf um's
Recht）。[26]

　　這句話出自1872年耶林受邀至維也納發表的演講，當時歐
洲正處於社會民主意識快速成長的時代，耶林當時所稱的「權
利」意指「自然權利」（Urrecht，或譯為「原始權利」）。他
引用西塞羅的說法——「無論成文或不成文法，都允許以力制
力（正當防衛）。」（"Vim vi repellere omnes leges omniaque
jura permittunt."[27]）正當防衛本身就是一種「自然權利」或「自
然法」。

　　在歐陸法制史中，法律、正義及權利三個概念是不可分割

26　Rudolf von Jhering, *Der Kampf um's Recht*（1872）, hrsg. v. Felix Ermacora
　　（Wien: Propyläen Verlag, 1992）.

27　Rudolf von Jhering 1992（1872）, S. 145.

的，其字源相同，都來自"ius"這個字，[28]因此耶林在德國民法
尚未成文法化，人格權、無體財產權及正當防衛等權利，都尚
未被國家法承認及保護之前，便以法律的情感（正義感）及法
律的性質，提出法律本質在於保護個人精神及物質上的權利，
而且權利不是從天而降，必須由人出於道德感，不畏利害衝突
去爭取。簡言之，權利是具體實踐的結果。因此，「為權利
而抗爭」亦提醒我們：「要在抗爭中發現你的權利！」（"Im
Kampfe sollst du dein Recht finden."）[29]

　　道德感是法感（亦稱為「法感情」）的核心，人因道德
感而有正義與權利意識，對此的哲學思考，早在古典自然法中
萌芽。但在18世紀前，現代的主體哲學仍未成熟，直到盧梭
（Jean-Jacques Rousseau, 1712-1778）與康德（Immanuel Kant,
1724-1804）才逐步建立現代自然法論最重要的基礎：從「自
然人」的概念中，發展出擁有權利意識的「道德主體（權利

28　在古拉丁文及各國語言，都可見「法律」（「權利」）及「正義」是同
　　一字源："ius"一字同時具有法律（自然法）及正義的雙重意義，德文"das
　　Recht"與法文"le droit"也是如此，這個語源學考據也是法國哲學家德希達
　　（Jacques Derrida）討論法律及其效力時的重要參考點。或許由於歐洲語
　　言有此特色，歐洲國家人民的「法意識」自然地也會受到語言的影響；
　　參考Jacques Derrida, "Force of Law. The 'Mystical Foundation of Authority',"
　　in: Drucilla Cornell, Michel Rosenfeld, and David Gray Carlson（eds.），
　　Deconstruction and the Possibility of Justice, translated by Mary Quaintance,
　　original lectures in the U.S., 1989-1990（New York/London: Routledge, 1992），
　　pp. 4-6.；中文用語參考陳妙芬，〈法律正義的意義──一個思想史的初步
　　嘗試〉，《當代基礎法學理論：林文雄教授祝壽論文集》（台北：學林文
　　化，2001），頁111-129。
29　Rudolf von Jhering 1992（1872），S. 59.

人）」的概念。最初這套推論，主要根據的是自然人的「純粹理性」直覺，雖然理性和直覺的假設，常被運用於知識和道德推論中，但這些假設僅有部分出於經驗、可被驗證，另一部分則訴諸形上學推論。在形上學沉寂的19世紀後半，直到20世紀中，在這漫長的一世紀裡，為了對抗反理性主義的潮流，後世的哲學家們，重新找尋詮釋現代自然法的方法，其中最著名的，就是新康德哲學家卡西勒（Ernst Cassirer, 1874-1945）的盧梭詮釋，深刻分析了「道德主體」概念如何變為現代自然法論的特徵。

　　回顧18世紀關於自然法的討論，當時最重要的問題是——如何證成「自然法」及其內容—「天賦人權」。盧梭被視為啟蒙時代哲學家的代表，關鍵在他所提出的自然法理論，以自然法所蘊含的人性、自由及平等的道德意涵為基礎，進一步論述社會民主制度的可能性及正當性。然而，盧梭的自然法理論似乎並不完備，有許多的矛盾、破綻或疑難，甚至也有不少研究盧梭的專家指出，盧梭本身的著作不具有連貫和一致性，因此例如Victor Basch就認為，像卡西勒對盧梭所做的辯證性的理解與詮釋，是一個「偉大的辯證之作」（"une espèce de chef d'œuvre de dialectique"）。

1.4. 當代的詮釋及論辯

　　卡西勒於1932年〈盧梭問題〉（"Das Problem Jean-Jacques Rousseau"）文中，嘗試從新康德主義的角度詮釋盧梭的自然法理論，被視為重要的盧梭詮釋文獻。他指出，盧梭所稱的「自

然」與「情感」，皆有第一層次與第二層次的意義，而「自然法」的內容，應是根據第二層次意義下的「自然」推論而成的。因此，卡西勒認為，盧梭的人性論與自然法並不相互矛盾或衝突，兩者其實是處於辯證的關係。[30]這個解釋，對結合人性論和自然法理論而言，至為重要，可以說是新康德主義藉盧梭觀點，重新提出論證「道德主體」的另一個可能性。

　　卡西勒的盧梭辯證詮釋，穿梭於盧梭著作文本（*Discours sur l'origine de l'inégalité, Contrat social...*），說明「自然人」與「道德主體」概念之間的生成、發展、延伸和轉變，卡西勒以精巧的詮釋學方法，一方面闡述「自然人」與「道德主體」兩個概念是歷史的觀念產物（例如有說「自然狀態已一去不回……」），另一方面分析它們是同一實質的不同面向（人的兩種「本質」）。歷史性和分析性的詮釋，似乎是南轅北轍，但卡西勒把兩種詮釋融合為一的辯證詮釋，運用了理論的想像

---

30 關於自然法論的「自然」概念，究竟指的是什麼？其實有不同的見解，例如黑格爾便曾指出，霍布斯論「自然法」及「自然權利」時所使用的「自然」概念並不一致：「『自然』一詞，有雙重的意義：在一方面，人的自然本性代表他的精神性、理性；但是他的自由狀態，指的卻是另一種情況，在其中人按照自身的衝動行事。在後面這個意義下，他的行事依循的乃是他的欲望和性向等，可是理性卻在於壓倒直接為自然者。」——參考引自錢永祥，〈從自然法到自由意志：黑格爾意志概念的背景與結構〉，《人文及社會科學集刊》，卷3，第1期（1990年11月，頁1-15），頁4。不過，若以卡西勒的分析來看，黑格爾當時並未從辯證角度來分析，因而未關注自然法與自然權利的概念同一性，忽略了其實人類本性（本性自然）才是另一個不同的自然概念——天性的「自然」屬於第一層意義，自然法或自然權利的「自然」則屬於第二層意義，卡西勒出於歷史性和分析性詮釋所區分的兩層意義，在盧梭的自然法論中相當清晰可見。

力，破除某些根深柢固的哲學思辨模式。人既無法憑其自然而營生，也難以成就完美無私的道德主體性，取其中間模糊不確定的狀態並容許真實面貌，才可能確保平等互助的原則不是純粹道德律令，而是與人性相通的價值。

由此可知，現代自然法與人性論密切相關。眾所周知，人性的假設並無一定的標準，至今也沒有共通的答案，即使新康德哲學家中，也存在極端不同的看法，甚至在歐陸及英美的法哲學界，因學派之見，介於經驗主義和理性主義兩極之間的辯論，難分軒輊。對於現代自然法論，最嚴肅的挑戰來自效益主義（Utilitarianism）哲學的陣營，邊沁（Jeremy Bentham, 1748-1832）批評自然法是「無意義的踩高蹺」，他的批判分析發揮廣大影響，至今仍被法實證主義者奉為圭臬，當代最著名法哲學家哈特（H. L. A. Hart, 1907-1992）和拉茲（Joseph Raz, 1939-）等人，都承繼了邊沁的看法，認為自然權利（包括基本人權）應被歸為道德權利，而非法律權利。

由於「自然權利」的概念常引起誤解，自二戰後迄今的法哲學論戰中，鮮見學者直接使用此一概念，取而代之的是「基本人權」或「基本自由」等概念，而且以正義和法治原則的論證，取代已往的自然權利論證，例如羅爾斯（John Rawls, 1921-2002）的正義論證（「正義即公平」、正義的規則性）、德萊爾（Ralf Dreier, 1931-2018）和阿列克西（Robert Alexy, 1945-）的「安置命題」和新自然法論（基本權利理論、抵抗權論證），以及其他支持自然權利的類似觀點（例如，延伸至跨國

人民、身心障礙者、動物權的討論），皆極具開創性的意義。[31]
受到二戰後自然法復興的影響，以1948年〈世界人權宣言〉開
展的一連串國際人權運動，均強調「法治」及「正義」的關
係，在理論上或有更新發展，但仍俯拾可見理性自然法論的思
想痕跡──普遍承認存在自然權利，並承認最低限度的自然法
為「超制定法之法」。雖然已往自然權利的論證，幾乎已被正
義論證和法治論證所取代，[32]不過要正確理解其中疑難和不同解
方，仍必須了解整個自然法論的歷史及理論脈絡。

　　本書接近完稿之際，適逢〈世界人權宣言〉70週年，以
及台灣和全球各地追求轉型正義的歷史時刻，希望能以一本力
求完整的自然法研究，釐清重要的基本觀念，透過自然法研究
的哲學思辨，對法治和正義的討論有所助益。由於自然法研究
的歷史久遠，體系方法亦十分龐大複雜，本書尚有許多不足之
處，冀望未來引發更多對主題的關注及討論，作為後續研究及
增補的動力。

　　法哲學專業的讀者對本書結構，自能一目了然，而非專

31　詳見本書第七章及第八章的討論。我們或許可將1970年後的發展稱為新
　　世代的自然法論，這大約是以羅爾斯於1971年發表《正義論》（*A Theory
　　of Justice*, 1971, revised edition 1999）為新起點，受羅爾斯影響的努絲邦
　　（Martha C. Nussbaum, 1947-　）在《正義最前線》（*Frontiers of Justice*,
　　2007）書中的補充理論，納入了有關跨國人民、身心障礙者及動物權利等
　　的討論，本書第七章7.4僅簡要提及。將人性與自然法延伸至生靈萬物的觀
　　點，也出現在非基督宗教的文化背景，例如自然法與佛法哲學的探討，或
　　者自然法與原住民族觀點等，目前相關比較研究似尚待開展，而毋庸置疑
　　地，對於自然法研究的哲學與脈絡有所了解，可釐清誤解或避免簡化，亦
　　有助於比較研究。
32　關於正義論證與法治論證，詳見本書第七章及第八章的探討。

業的讀者，也可從本書章節安排，循序認識過去到今日的自然
法論。本書第二章將先回顧古代、中世紀及近代自然法論，接
著在第三章探討17世紀自然主義法形上學興起的背景，以霍布
斯提出自然權利與國家學為代表，然後在第四、五、六章詳盡
探討現代自然法論，尤其是卡西勒對盧梭的辯證詮釋，說明盧
梭哲學中自然人與道德主體的一致性，以及盧梭學說對康德及
後世的影響，第七章分析自然法論的當代詮釋，以及有關自然
權利的論證，第八章進一步探討自然權利在法治國的實現可能
性，引入當代關於公民不服從、抵抗權及轉型正義的課題，最
後在第九章提出研究心得總結。

1.5. 關鍵詞的說明

由於自然法研究有些基本概念，經常因用語分歧而引起誤
解，底下先說明本書對常見用語的使用及定義，在各章節中將
再詳細闡述。

　　1.　**古代自然法**，專指古代希臘和羅馬時期的自然法概念，
「古代自然法」並不具有中世紀基督教神學的色彩，卻為之奠
立了哲學的基礎。

　　2.　**中世紀自然法**，指的是歐洲中世紀受基督宗教影響的
「神學自然法」，帶有新柏拉圖主義或新亞里斯多德主義的色
彩，它的核心概念是神與人共通的理性。

3.　**古典自然法**，中世紀盛期以托馬斯·阿奎那為代表的神學自然法，一般亦通稱為「古典自然法」，傳承並改良了柏拉圖、亞里斯多德、斯多亞學派及基督神學自然法論，特色是創立了法源位階理論，至今仍是詮釋自然法高於實證法的經典。

4.　**近代自然法**，指的是16世紀至18世紀中的自然法論，以近代國家法和自然法的關係為核心，此時神學影響已式微，取而代之的是人類理性主義和自由主義的自然法論。

5.　**現代自然法**（理性自然法），專指18世紀中啟蒙時代的自然法論，以盧梭的法哲學為核心，此時自然法和自然權利的概念都有了新的內涵，批判理性取代了近代的形式理性，康德延續盧梭理念建立的主體性哲學，奠定了道德主體即是權利主體的現代自然法論（現代自然權利論）。

6.　**自然狀態**，意指人類社會尚未文明化的生存狀態。霍布斯和盧梭都提出了對自然狀態的代表性的描述，霍布斯所描述的自然狀態，盧梭認為可以贊同其中部分觀點。

7.　**自然人**，意指今日我們所能設想的，處於自然狀態的人。盧梭所稱的「自然人」（l'homme de la nature）是與「人為人」（l'homme de l'homme）相對的概念，「自然人」仍保有良知與理性，不因習慣或人為想法而改變。

8.　**自然權利**，意指自然狀態中的人所擁有的權利，即自然

人的權利。

9. **理性**，意指人天生的智性能力。

10. **自由意志**，意指人經由理性實現的決定，在現代主體性哲學中，「自由意志」也是一種自然的靈魂。

11. **道德主體**，意指擁有自然理性，並能依自由意志行事的人。

12. **權利主體**，意指依自由意志行事，因而擁有自然權利的人。

13. **辯證詮釋**，專指以辯證法對文本脈絡進行詮釋，例如德國新康德哲學家卡西勒著名的「盧梭辯證詮釋」。

14. **自然（第一層意義）**，指人的「自由天性」，出現在卡西勒的盧梭辯證詮釋中，專指假設「自然狀態」中存在的自然人性。

15. **自然（第二層意義）**，指人的「自然理性」，出現在卡西勒的盧梭辯證詮釋中，專指「文明狀態」中人依據自由天性（第一層意義的自然）而衍生的自然理性，也是認知自然法的能力。

16. **實效**，指（法律）事實上被遵守的效果。

17. **效力**，指（法律）依正當理由應該被遵守的要求。

　　上面17個關鍵詞，都是自然法研究的入門詞彙，應有助於一般讀者及法學者掌握基本概念，從基本概念再深入各個時期的自然法論，循序漸進，可以一覽古代至當代的自然法論，一窺自然法與人性相通的道理，進一步認識法律的人文價值。前面導論所提及的認識自然法的方法，不外乎開啟人對於自然法的想像和推理，從而建立人與自然法的美學關係（感性關係）。

　　自然法是否存在？人如何認識自然法？在本書寫作過程中，我一直深信法律的哲學是批判性思考，這時代談自然法論好比戰後的新藝術，[33]只要我們重拾想像力和理解力，每一個正確良善的法律論證，同樣如藝術作品具有思想雕塑的社會價值，因而值得流傳和欣賞，藉此帶動法律與正義的對話，普及且深入於社會生活。

33　19世紀末到20世紀初期，美學產生一種「新藝術」（L'Art nouveau）的概念，強調藝術與生活的結合，例如早期代表性人物William Morris（1834-1896）主張藝術屬於大眾，影響日後工藝美術及設計，日常工藝品也能表現自然美感與真實，是新藝術運動的成果之一，也帶動美學與社會運動，二戰後著名的德國行為藝術家Joseph Beuys（1921-1986）有句名言：「思想就是雕塑。」（"Denken ist Plastik."），將藝術概念延伸為「社會雕塑」（"soziale Plastik"），隨著新藝術及批判的行為藝術運動至今，藝術概念和美學有不少變化，也影響著社會的改變。

第二章

從古代到近代的自然法

2.1. 古代自然法論

在哲學尚未誕生前，自然法還不為人知。研究自然法歷史的專家李奧・史陀勞斯（Leo Strauss, 1899-1973）指出，在古代的宗教信仰中，隱含對哲學的否定、忽視「自然」的存在。自然的概念，源自最初哲學家探索「存在」的問題，屬於形上學或存有論的知識。[1]

「自然」（φύσις, phúsis; physis; nature）的概念，大約在西元前第5、6世紀即常出現在古希臘智者（Sophists）的形上學思

---

[1] 根據Leo Strauss研究，西方基督教舊約聖經之時，還不知「自然」："The idea of natural right must be unknown as long as the idea of nature is unknown. The discovery of nature is the work of philosophy. Where there is no philosophy, there is no knowledge of natural right as such. The Old Testament, whose basic premise may be said to be the implicit rejection of philosophy, does not know 'nature'...." Leo Strauss, *Natural Right and History*（The University of Chicago Press, 1953）, p. 81。關於哲學與權利的歷史，參考Olivier Abel, Les origines et l'espérance des Droits de l'homme, en deux parties in *Autres Temps*, n° 11 et 12, Janv. et Mars 1986-1987。

辨中，當時他們已注意區分「自然」的兩種不同意義：（1）
眾多事物的自然聚合（自然的物質概念），以及（2）某一事
物的自然特性（自然的形式概念）。[2]前者指的是非人造的、具
物理性質的自然事物集合，類似今日一般使用「大自然」所指
的——客觀存在的自然界；後者指的是萬物生成及變幻過程中
「不變的」性質，若能找到這個不變性質確實「存在」（ὄν, *ón*;
being），可使我們分辨事物的類型與屬性，進而形成概念、分
辨事物的真實性。哲學一開始關注和探究的「自然」，指的就
是第二種形式意義的自然，所以哲學研究的自然法，並非物理
學研究的自然律，在語言使用上必須注意兩者的區分，以免混
淆。

關於事物的不變性質（又稱「事物本質」）為何，自古哲
學見解分歧。古代原子論（atomists）哲學家大致認為——個別
事物可被觀察的形象和組成元素（原子），就是個別事物的本
質。[3]但後來柏拉圖（Plato, 428/427-348/347 B.C.E.）和亞里斯多
德（Aristotle, 384-322 B.C.E.）推翻這個看法，指出探究個別事
物存在的「目的」（τέλος, *télos*; end），才能發現事物的本質，
考究古代關於自然法的概念，最初就是來自於此。[4]從我們今

2　參考Ralf Dreier, *Zum Begriff der "Natur der Sache"*, Diss. Betreuer Hans J.
　　Wolff, hrsg. v. Rechts-und Staatswissenschaftlichen Fakultät der Westfälischen
　　Wilhelms-Universität in Münster（Berlin: Walter de Gruyter, 1965），S. 6。

3　古希臘原子論代表包括創始者Leucippus（ca. 500-440 B.C.E.）及他的學生
　　Democritus（ca. 460-370 B.C.E.）等，亞里斯多德將Democritus列為前蘇格
　　拉底時期的自然哲學家之一，參考Aristotle, *Metaphysic*, xiii.4; *Physics*, ii.2,
　　de Partib. Anim., i.1。

4　參考Ralf Dreier（1965），S. 7-8。

日通用的「存在」和「本質」等用語，依稀可見古希臘目的論
（teleology）哲學經由拉丁文翻譯，仍然影響語言和理解。

考察「存在」（existence）這個詞，也有源自拉丁文動詞
"ex-istere"（或寫為"ex-sistere"）的意義，即跳出來、站出來
之意。事物變化不可預期，對此困惑或感動使人能暫時抽離現
況、專注於觀察事物，藉由感官「注意力」（或稱「美學注意
力」），事物彷彿躍於眼前，成為我們認識它或判斷事理的
基礎。自古法存有論（ontology of law）就在探討法律的「存
在」，她是一門關於法的形上學知識的悠久學問。[5]

5　「存有論」（ontology），一詞出現於17世紀初拉丁文"ontologia"，或譯
　　為存在論、本體論，此字源自希臘文ὄντος（ontos, being of something）和
　　λόγος（logos; speech, reason, discourse etc.）。「存有論」為研究實體、變
　　化與本質等問題的學問，亞里斯多德曾說「第一哲學」（後世稱之為「形
　　上學」）為「研究存在之所以為存在及其根本屬性的學問」（Metaphysics,
　　1003 a 21），就一般研究取向，「存有論」與「形上學」（metaphysics）
　　常被混用。18世紀康德將「存有論」轉向為先驗主體認識可能性的探討，
　　以有別於形上學系統中分別處理「心靈、世界、上帝」的「心理學、宇
　　宙論、理性神學」（《純粹理性批判》A841/B869ff.），「形上學」一詞
　　的用法就不再限於亞里斯多德的定義，而被擴大到其他學科之中，例如
　　康德的《法理論的形上學源始基礎》（Kant, Metaphysische Anfangsgründe
　　der Rechtslehre）。胡賽爾在研究邏輯、存有論與形上學的重要著作《邏輯
　　研究》（Logische Untersuchungen, Band 2, Teil 1, III, 1913）中，區分「形
　　式的存有論」（formale Ontologie, formal ontology）與「個別的存有論」
　　（regionale Ontologien, local ontologies），後因海德格研究影響，現今哲學
　　用語將存有論（大致相當胡賽爾說的「形式的存有論」）界定為廣義形上
　　學（metaphysics）的一部分；參考Thomas Hofweber, "Logic and Ontology,"
　　Stanford Encyclopedia of Philosophy, at https://plato.stanford.edu/entries/logic-
　　ontology/。法哲學針對法律存在及性質等後設研究，既有關法律存在的形
　　式與屬性，又包含法律領域的特殊問題（例如類推及原則等），因此「法

　　如新康德法哲學家羅德布魯赫（Gustav Radbruch, 1878-1949）所言，法學是豐富又複雜的文化科學。法學在理論和實務上，不僅要處理矛盾與衝突的法規範，而且要提供補充法律漏洞的學理及技術，至今一些重要的法存有論研究成果——指出了法律的存有、本質、目的、意義等等，它們的出發點都是力求突破表面的法律現象，去思考和批判法律給人的既定印象或成見，讓我們有能力檢視法學知識的共通預設，並且能夠了解各學說或學派的差異。簡言之，法存有論探討法律的真實性，解開法律概念之謎。

　　法存有論因與形而上的思辨有關，使許多人望而卻步，但其實大家熟悉的「惡法亦法」或「惡法非法」的爭辯，就是最常見的存有論問題。[6]歷史上每個極權政治的法律，在政權崩潰後被判定為「惡法」，[7]但惡法曾經存在，也不可能從此消失，

形上學」（metaphysics of law）及「法存有論」（ontology of law）指涉重疊，常見混用。19世紀法實證主義興起後，法形上學沉寂約兩世紀，直到近幾年開始受到重視，因為其實任何法理論都蘊含形上學預設，只是在康德及黑格爾之後，多只是片段的嘗試。晚近有關法存有論的研究，參考Stephen Matthew Feldman, "The New Metaphysics: The Interpretive Turn in Jurisprudence," *Iowa Law Review*, vol. 76（1991）; Torben Spaak, "Robert Alexy and the Dual Nature of Law"（March 7, 2019）, available at SSRN:https://ssrn.com/abstract=3348272 or http://dx.doi.org/10.2139/ssrn.3348272。

6　即使是強調概念分析的法理論，例如英美法理學界發展的「概念法學」（conceptual jurisprudence），在方法上也探討形上學預設，關於較新的研究討論可參考Kenneth Einar Himma, "Conceptual Jurisprudence: An Introduction to Conceptual Analysis and Methodology in Legal Theory," *Journal for Constitutional Theory and Philosophy of Law*, Vol. 26（2015）, pp. 65-92。

7　關於「惡法」應如何判定的問題，從法律的本質和目的可以得出一般性的思考，在個案中透過推論、形成價值判斷，進而做成解釋及論證。

惡法難道不是法律？法律有真偽之分嗎？這些有關法律的真實性的問題，總在法治敗壞時突然顯得重要。就像一部電腦當機，一旦法律壞了、不靈光了，我們才意識到它的存在整體有多複雜和重要。

　　法律的強制力，使「存在」的問題更顯迫切，我們不得不思考──使法律運作的動力是強者意志及暴力？還是某種原因或目的？自古法學家就為如何「發現」法律的奧祕而困擾，從現實中法律紛爭，轉而向形上學尋找法的本質或起因。[8]事物現象雜多，法律內容經常變化，社會生活型態隨科技進步早已大幅改變，但法律的理念卻似乎恆常不變。我們所指的「法律」到底是什麼？「本質」如何還原？如何被認知？[9]

　　「本質」這個詞源自希臘文"οὐσία"（*ousia*），[10]此字有

8　這裡要注意的是，「存在」（existence, being）一詞的意義隨著時代和學派不同，有不同的指涉和意涵，不可一概而論，在近年分析哲學的辯論中，甚至有將「存在」定義為「可合理證明者」（"justifiable"），例如針對「人權」是否「真實存在」的辯論，有關討論脈絡及主張，詳見Robert Alexy, "Law, Morality, and the Existence of Human Rights," *Ratio Juris*, Vol. 25, No. 1（March 2012: 2-14）。

9　近年熱門的法哲學辯論，亦圍繞著法存有論的問題，背景分析詳見德國法哲學家Robert Alexy, "On the Concept and the Nature of Law," *Ratio Juris*, Vol. 21, No. 3（September 2008: 281-99）; Robert Alexy, "The Dual Nature of Law," *Ratio Juris*, Vol. 23, No. 2（June 2010: 167-82）。

10　拉丁文將"οὐσία"譯為"substantia"或"essentia"，根據拉丁文的英文翻譯為"substance"或"essence"，不過，如海德格指出，拉丁文譯法與希臘文原意不完全相符，因為"οὐσία"是「存在」的名詞，源自動詞"εἰμί"（*eimi*）的現在分詞，"εἰμί"意指"to be", "I am"，所以"οὐσία"指的是恆常不變的存在本質，而「實體」或「實質」（substantia, essentia）僅是存在的部分特徵而已；參考Martin Heidegger, *Sein und Zeit*, 11. unveränderte Aufl.（Tübingen: Max

「原因」、「目的」、「實質」和「實體」等意義，意指世間萬物「存在」（being）的源起，包括「人」自身。按亞里斯多德在《形上學》（τὰ μετὰ τὰ φυσικά; *ta metá ta physiká; Metaphysica*）中的存在論分析，所有「存在者」（beings）皆由質料（ὕλη; hylē; [11]matter）和形式（εἶδος; eîdos; morphḗ; form, essence）兩者構成；也就是說，每一個存在者都有其「質料」——存在原因（causa materialis），但質料需要有一不變的「形式」，才能化為個別的存在者，所以形式決定了存在。亞里斯多德以金屬材料為例，當一座銅像被打掉重新製成另一銅製品，銅的材料因形式改變，而變成另一存在者，原來的銅像就此消失了，可見一旦形式改變，就發生存在的變化。[12]

　　「本質」（οὐσία; ousía; being; Sein, Wesen, Substanz）即形式（form; morphḗ），或更精確地說：本質，就是形式所能達到的存在「目的」。法律本質即它自身的「形式」，把握了「形式」就能達到正確的法。簡言之，「正確」、「良善」或「美」等價值就在形式當中，有待形成或「發現」。這裡所說

Niemeyer Verlag, 1967），§ 19, S. 90。

11　西塞羅將希臘文"hylē"譯為拉丁文"materia"，原文"hylē"還有「木頭」、「木材」或「建材」之意，中文一般譯為「質料」；西塞羅原文參考M. Tullii Ciceronis, *Academicorum Posteriorum*, revised and explained by James S. Reid（London: Macmillan and Co., 1874），Liber Primus, 26-28；相關考證參考John Dillon, *The Heirs of Plato: A Study of the Old Academy*（*347-274 BC*）（Oxford: Clarendon Press, 2003），p. 168。

12　此處參考德譯本Aristoteles, *Metaphysik. Schriften zur Ersten Philosophie*, übersetzt und herausgegeben von Franz F. Schwarz（Stuttgart: Reclam, 1993），1029a1-b11；英文對照參考*Aristotle's Metaphysics*, translated by W. D. Ross（Oxford: Clarendon Press, 1924）。

的「形式」，因中文翻譯不能精準表達原意，常會引起誤解。形式，並不是指外表或包裝，如亞里斯多德在《形上學》中所說的「形式」，也不完全等同柏拉圖的「理型」（eidos, morphé; Idee）概念。從上面所舉的銅像的例子，可知亞里斯多德認為雕像的形式，就是一個獨特的存在者（個體），銅的質料是使雕像可被完成的原因，完成此一個體的不變的形態（那一座雕像），就是所謂形式——或直接稱為「個體形式」（Einzelform, form as individuation）。

　　「形式」是存在的本質（Wesen, essence），亞里斯多德在《形上學》卷6提出尋找存在的原則及原因，然後進到卷7的分析，有如下定義性的描述：

> 我們尋找事物存在的原則及原因，顯然地，就是針對事物之為存在者（ein Seiendes, the things that are qua being）。〔……〕用這個詞〔存在者〕有很有不同說法及意義，但在這麼多說法中，很清楚地，有個第一重要的意義用法，就是當我們在說什麼存在（das Was, what）時，意指什麼是它的本質（Wesen, substance）。〔……〕本質，也是多義的，它亦有實質（das Substrat, the substratum）之意。實質，會用來說明所有其他的事物，但它〔實質〕自己卻沒法被言說，我們要確定實質為何，因為通常說一個事物的本質（Wesen, its substance）就是指第一實質（das erste Substrat, which underlies a thing primarily）。〔……〕實質，又分為質料（Stoff, matter）、外形（Gestalt, shape），以及這兩者的結合〔……〕。比如質料是礦石，外形是

形式的外在成型（die äussere Figur seiner Form, the pattern of its form），質料與外形結合就成一個雕像。（Aristotle, *Metaphysik*, 1025b3, 1028a10-1029a5）[13]

所以說，本質（Wesen）就是指第一實質（或譯第一實體，[14]das erste Substrat, the primary substance）。亞里斯多德接著在《形上學》卷7中，說明存在的本質就是形式：

〔……〕經常自然物就如此產生；此外其他一切事物都是經由人的「製造物」（"Bewirkungen", "makings"），它們經由藝術、天分或思想而被創造出來。跟自然物一樣，人造物的出現有時是自發的，有時則靠偶然運氣。好比明明一樣的自然物，但有的不從種子生出，有的則是由種子所生。要討論所有這些事物，我們必須稍後再進行，先就藝術所製造的事物來說，藝術品的形式（Form, form）即

13　此處及下一段引文翻譯，筆者參考德譯本Aristoteles（1993），Metaphysik. Schriften zur Ersten Philosophie, ibid.；以及英文對照參考*Aristotle's Metaphysics*, translated by W. D. Ross（1924）。

14　學者多將實質（Substrat, substance）譯為實體，此處將實質與實體並列，方便讀者回到原文理解，底下討論用於法律「本質」時，亦會引述及使用常見譯法「第一實體」，詳見底下頁82-83。此外，法學方法中"analogia-entis"理論，直譯為「存在的類比」理論，中文亦有譯為「實體──類推──學說」，此處實體的意涵較特別，詳見Arthur Kaufmann, *Analogie und "Natur der Sache". Zugleich ein Beitrag zur Lehre vom Typus*, 2. Aufl.（Heidelberg: R. v. Decker & C. F. Müller, 1982），德漢對照本──亞圖・考夫曼原著，《類推與「事物本質」：兼論類型理論》，吳從周譯，顏厥安審校（台北：學林文化，1999），頁44-49。

在藝術家的靈魂裡（in der Seele, in the soul of the artist）
（我所說的形式，指的是每一個體的本質（Was-es-ist-dies-
zu-sein jedes Einzelnen, the essence of each thing），也就是
它的第一本質（das erste Wesen, its primary substance）。
（Aristotle, *Metaphysik*, 1032a10-1032b1）

　　按亞里斯多德的分析，質料總是不斷變化分解（質料與
形式互不分離），可是個體形式不會改變，我們透過「個體形
式」才能認識萬物存在的本質，例如從雕像的形式——無論由
何種質料構成，我們才認識了各種叫做雕像的東西，即便是抽
象的數學知識，也是由認識單一跟多個數字開始，我們才懂
了「數」的普遍概念（universals）。當然，這麼說固然很有
道理，但眼尖的讀者會發現一個問題：從個體形式，到認識普
遍形式，兩者的關聯似乎缺乏論證，難道亞里斯多德只是訴諸
直覺？他的推論有何根據？如何證明？簡言之，由個體到普遍
的形式（或稱共相），這個存有論證明的疑問，發展成後世常
見的形上學懷疑論——例如西塞羅（Cicero, 106-43 B.C.E.）便
對形上學抱持懷疑立場，因為要清楚指證「存在」於個體之外
（或個體之上）的普遍形式，除非抱持柏拉圖式的宇宙觀——
認為存在著超乎個體之上的普遍形式（Idee, 即普遍概念或理
型），否則幾乎是不可能的任務。為了與柏拉圖式的普遍概念
或理型區別，上述亞里斯多德所指的個體形式，又被直接稱為
「本質形式」（Wesensform），[15]藉此凸顯個體形式就是真實存

---

15 德國著名法哲學家Ralf Dreier將亞里斯多德的形式概念，譯為德文的

在者的本質。

　　儘管從古至今，對於存在與本質的問題，懷疑論和經驗論哲學的影響日增，有關存在的形上學歷經一千多年，也幾乎未改變古希臘柏拉圖和亞里斯多德的研究架構，甚至隨著科學日新月異，形上學日漸失去其吸引力，[16]直到18世紀盧梭和康德的時代，才開始有重要改變，這些變化影響現代的自然法論，從形式推理到內容，開始經歷由認識及存有論到主體性哲學的轉折。在進入現代自然法論之前，我們有必要了解古代、中世紀到近代的法哲學發展脈絡，以便對這關鍵性的轉折有更清晰的理解。由於時代久遠漫長，考據文獻浩瀚，底下分析擇取主要線索，以便有助於進一步研究。

　　首先，在自然法學傳統中，古希臘哲學家柏拉圖的對話錄《米諾斯篇》（*Minos*）最早提出法律的定義，[17]他以古希臘

"Wesensform"（「本質形式」），詳見Dreier, *Zum Begriff der "Natur der Sache"*, 1965, S. 7。

16　古代及中世紀的形上學，到了19世紀因實證主義哲學及社會科學的影響，開始將重點轉移至語言及經驗，用以比喻法律的詞彙也大有改變。1832年英國法學家奧斯丁以「一般性規則」及「主權者的命令」描述法律的性質，他的命令理論是現代法理論的代表。此外，歷史法學派以「民族內在精神」來形容法律的特性，加上二戰以後凱爾生成功塑造了以「基本規範」及「法律位階」描述法體系的純粹法學，以及新一代自然法學主張發現「正確的法」，這些語言的象徵和隱喻，更加凸顯法律所擁有的客觀性和獨特性。

17　柏拉圖文獻專家考據《米諾斯篇》（*Minos*），對於它是否為柏拉圖本人所作頗有爭議，但這並不影響它被承認是一部完整且有價值的作品，Leo Strauss甚至認為這部對話錄的真實性足夠，並為它寫了評論；參考W. R. M. Lamb, Introduction to the *Minos*. In Plato, *Charmides, Alcibiades, Hipparchus, The Lovers, Theages, Minos, Epinomis*, Loeb Classical Library（Cambridge,

克里特國王及立法者米諾斯為名的這部對話錄，敘述蘇格拉底
（Socrates, 469-399 B.C.E.）與一位學生討論法律定義，藉由比
喻的想像力，反省一般常識中對法律的誤解，逐步探討法律的
本質，再以米諾斯所立下的法律為範例，進而提出法律與「存
在」的關係。對話的開展如下。[18]

> 蘇格拉底：「我們所理解的法律是什麼？」
>
> 學生：「你是問哪一種法律呢？」
>
> 蘇格拉底：「怎麼？難道講到法律，有什麼可以區分
> 一種法律跟另一種法律？倒是想一想，我在問你什麼。我
> 所問的，就好比問你黃金是什麼。如果我問黃金是什麼？
> 而你也反問我是指哪一種黃金，我會覺得你這問題並不正
> 確。因為沒有什麼可以區別一種黃金和另一種黃金，或區
> 別一種石頭和另一種石頭，至少在它是黃金或石頭之時。
> 同樣的，法律彼此也沒有差別，所有法律都是一樣的；因
> 為每一個法律之為法律並無不同，沒有哪一個法律比另一
> 個法律擁有更多或更少法律性質。我就是在問，那非常一
> 般性的法律是什麼。你有答案就請說。」

MA: Harvard University Press, 1927）, p. 386; Leo Strauss, "On the *Minos*". In *Liberalism Ancient and Modern*（Chicago/London: The University of Chicago Press, 1968）, pp. 65-75。

18　這段對話引自Platon, "Minos", 313a-315a, Werke Band 8/2, übersetzt v. Klaus Schöpsdau und Hieronymus Müller, hrsg. v. Gunther Eigler, Wissenschaftliche Buchgesellschaft, Darmstadt, 1990（2., unveränderte Auflage von der Ausgabe Darmstadt 1977）, S. 523-29;引文由筆者翻譯，並參考書中的希臘文及德語翻譯對照。

學生：「那麼，親愛的蘇格拉底，法律不就是那些被確立下來的東西？」

蘇格拉底：「按你的意見，那麼語言就是說出來的東西，或者視覺就是被看見的事物，而聽覺就是被聽見的聲音？是不是語言或視覺或聽覺，跟那些被說出的、被看的及被聽見的事物有所不同？法律也與被確立的東西不同？是這樣嗎？或你另有想法？」

學生：「現在我倒覺得，兩者是不同的。」

蘇格拉底：「所以，法律不是被確立下來的東西。」

學生：「我覺得不是。」

蘇格拉底：「那法律是什麼？我們可以這樣看。若有人追問我們剛才所談：『你們說藉由視覺，可以看見事物，那這裡面什麼是視覺呢？』我們會回答他說：『那是經由眼睛而接觸事物的感官知覺。』要是他再繼續問：『怎麼能夠？聽覺使聲音被聽見？那什麼是聽覺？』我們將回答他，就是經由耳朵接觸聲音的感官知覺。同樣若他問我們，經由法律，而能使某事物被確立下來，那這所指的法律是什麼？它是一種感官知覺，或是一種啟發，如同我們經由知識而學習，而知識就是一種啟發，抑或它是一種發現，例如我們經由醫療去發現健康或疾病那樣，抑或它是眾神的意圖，如同智者透過靈術所見那樣。因為透過藝術，使我們發現事物？不是嗎？」

學生：「當然。」

蘇格拉底：「在所說的這些當中，究竟什麼是最接近法律的？」

學生：「我認為法律是決議和執行。否則還有什麼可以描述法律？你問非常一般性的法律是什麼，我認為它就是國家的決議。」

蘇格拉底：「你所說的，是關於法律的政治看法。」

學生：「沒錯。」

蘇格拉底：「也許你是對的。但可能我們用底下的方式，會得到更好的理解。你會稱某些人是智者？」

學生：「當然。」

蘇格拉底：「智者就是根據其智慧，才叫智者？」

學生：「是的。」

蘇格拉底：「而正義之人，就是根據他們的正義，所以才叫正義之人？」

學生：「也是。」

蘇格拉底：「那法律，不也是根據法律才被確立？」

學生：「對。」

蘇格拉底：「那非法，就是因其違反法律，而叫做非法？」

學生：「是。」

蘇格拉底：「合法就是正義的？」

學生：「對。」

蘇格拉底：「非法就是不正義？」

學生：「不正義。」

蘇格拉底：「正義和法律不就是最美的？」

學生：「是。」

蘇格拉底：「非法和不正義就是最醜陋的？」

學生：「對。」

蘇格拉底：「合法與正義使國家能維持，如所有國家那樣，而非法及不正義將摧毀國家並使它覆亡？」

學生：「對。」

蘇格拉底：「我們將法律想成美的，並把法律當成好的去追求。」

學生：「不然呢？」

蘇格拉底：「我們會把法律理解為國家的決議？」

學生：「我們會這樣做。」

蘇格拉底：「但現在？國家的決議有些是好的，有些則是壞的？」

學生：「事實如此。」

蘇格拉底：「但至少法律不可能是壞的。」

學生：「當然不會。」

蘇格拉底：「所以只說法律就是國家的決議，這答案並不正確。」

學生：「至少依我看，是不正確。」

蘇格拉底：「所以，壞的決議也是法律，這麼說是錯誤的。」

學生：「的確。」

蘇格拉底：「有一種想法也可稱做法律，只要它不是錯誤的想法，法律是一種正確的想法，而非法就是不正確的想法。」

學生：「對。」

蘇格拉底：「那什麼是正確的想法？難道它不是真實

的？」

　　學生：「對。」

　　蘇格拉底：「真實的想法，不就是發現存在的？」

　　學生：「的確是。」

　　蘇格拉底：「法律就是去發現存在。」

　　細讀這段引文中，蘇格拉底和學生的對話一來一往，從一般通俗的看法——認為法律就是法條、國家的決議命令，蘇格拉底繼續追問——什麼是我們心中的法？難道不是有個分辨對與錯的標準，才使法條或命令被認定為法律？藉由這段對話開展，引人探討法律的本質，從「我們所理解的法律是什麼？」開始，最後指出法律就是一種「正確的想法」，要發現正確的事物，就是「發現存在」（"Entdecken dessen, was ist"）[19]（Plato, *Minos*, 315a）。

　　這裡所指的「存在」，意指可知為真實或正確之事，蘇格拉底舉石頭或黃金的性質為例，指出分辨石頭或黃金的本質為何，方使人能辨別某物為石頭或黃金是否為「真實的」陳述，而一項真實的陳述也是「正確」的，反之則是不正確、錯誤的。換句話說，要知道某物是否為真（為石頭或黃金），基本的判斷標準在於其「事物本質」。同理可知，無論身處何地，人們對法律的認識，亦必基於「法律本質」，以此分辨國家的某個決議及命令是否為法律。簡言之，法律的存在問題，涉及此處蘇格拉底所說的——「法律是一種正確的想法，而非法就

19　德文翻譯引自Platon（1977），"Minos", 315a, Werke Band 8/2, a.a.O., S. 529。

是不正確的想法。」

　　由上述《米諾斯篇》引文可見，蘇格拉底以「美」、「好」（善）、「正義」來形容對法律的正確想法，他還接著闡述人們看到不義的法律所感受的醜陋與壞（惡），就如同看待錯誤的醫術、園藝或廚藝等的感受一樣，反之，唯有由真正的醫生訂的醫法，以及由園藝專家或廚師訂的專業法則，才能具有普遍效力並取信於民。[20]將法律制定比喻為智者的技藝，而且是治理城邦以實現美、善與正義的技藝，這個主題貫穿了此部對話錄，雖然柏拉圖亦曾在《理想國》（Politeia）中論及正義的看法，但並未推論正義與法律的關係。[21]繼《米諾斯篇》首次以法律本質為主題之後，柏拉圖又於生前最後一部對話錄《法律篇》（Nomoi）中，延續此一主題，進一步提出法律與權力的關係，他用玩偶與線的比喻，說明理性的立法，就是在價值中尋求平衡的正義。[22]

　　如上述幾篇對話錄中一再提及──正義不是一成不變的規則，必須在對立的價值之間尋求平衡，但究竟「正義」能否為人類所實現？正義的理念（普遍形式，理型）是否脫離現實？理性的立法即便落實，是否只能滿足人們一時的正義感？正義若流於感官或感受，將很難成為普遍有效的標準，更遑論成為

20　參考Platon（1977），"Minos", 315e, 317b, Werke Band 8/2, S. 531, 539.

21　參考Platon, "Politeia", Werke Band 8/1, übersetzt v. Klaus Schöpsdau und Hieronymus Müller, hrsg. v. Gunther Eigler, a.a.O. 。

22　參考柏拉圖／Plato著，《理想國篇：譯注與詮釋》，徐學庸（譯注）（新北：臺灣商務印書館，2009），〈第三章：理想城邦及其批判〉（第二部分導讀詮釋），頁515-527。

立法的原則。這些或類似的疑問，如我們所見，反覆出現在
對話錄中，但理論上的辯證與解答，畢竟與實踐仍有極大的距
離。

　　在後來亞里斯多德的《尼各馬可倫理學》（*The Nicomachean Ethics*）[23]中，我們看到更多關於正義的分析，他提出的正義概念——衡平正義及分配正義，也是流傳最廣的思考模型，用來說明法律「目的」即在發現個案中的公平正義。亞里斯多德一方面同意柏拉圖所言，普遍的法律（a universal law）就是正義的，但另一方面，他也承認還有個別和特殊的法律（the particular laws），這些是各地人民所遵循的。[24]這裡他區分普遍與特殊的法律，在概念上必須溯及前述《形上學》存有論，特別是他分析「本質」（ousía）和自然（physis; nature）的區別，與柏拉圖有顯著差異。[25]

　　亞里斯多德分析沿自柏拉圖的看法——本質是「存在」的原因，但柏拉圖以完美的理型（完美形式，或目的）作為本質

23　Aristotle, *The Nicomachean Ethics*, translated by F. H. Peters, 10. Edition（London: Kegan Paul, Trench, Trübner, 1906）.

24　參考Aristotle（1906）, *The Nicomachean Ethics*, translated by F. H. Peters, ibid., 5.7, 1134b; Aristotle's *Rhetoric*, Seminar in Political Philosophy: Aristotle's *Rhetoric*, translated by Leo Strauss, ed. Ronna Burger（The University of Chicago, 1964）, 1.13, 1373b。相關研究參考Richard A. Horsley, "The Law of Nature in Philo and Cicero," *The Harvard Theological Review*, Vol. 71, No. 1/2（Jan.-Apr., 1978）, p. 39。

25　參考Ralf Dreier（1965）, S. 12。希臘文"ousía"意指「本質」，但此字有時也被譯為「存有」——指的是可知事物，關於此字翻譯用法的差異，參考比較Plato, 徐學庸譯注，《理想國篇：譯注與詮釋》（新北：臺灣商務印書館，2009），頁305，註73。

與自然的合一，而亞里斯多德卻不這樣認為，他分析本質原因有四類——質材、動力、形式與目的，並且認為——形式（亦稱為「本質形式」）可以為人類所創造，人類秉性（habitus）[26]含有認知事物本質的能力，並能在現實中分辨事物的類型。因此，亞里斯多德在討論城邦與正義等問題時，特別關注城邦中的個人為「統一和有機的整體」（organic unities），如學者引述他在《範疇論》（The Categories）中所言：[27]

> 只有個別事物，諸如張三、桌子、椅子等，可被稱為「第一實體」，類概念（genus）及種概念（species）被稱為「第二實體」（2a34-3a6）；因此一個家庭的統一，因家庭是一種概念，是次要的統一種類，只有張三（一個個別事物）的統一才是首要的統一種類。家庭中的任何一個成員離開家庭，依然能夠展現其能力（dunameis）；然而一個個人的一部分，如一隻手臂，被砍下來便無法保有它的能力。簡言之，亞里斯多德不把家庭與城邦的統一視為有

---

26 亞里斯多德使用希臘文"ἕξις"（hexis），中世紀經院哲學譯為拉丁文"habitus"，英文直譯為"habit"，有"disposition"之意，指存在的「狀態」，一般也譯為「習性」或「習慣」，這裡譯為「秉性」，根據亞里斯多德在《範疇論》的分析，這是指原有但可改變的狀態。參考Nicolas Faucher, Magali Roques（eds.），*The Ontology, Psychology and Axiology of Habits*（*Habitus*）*in Medieval Philosophy*（Springer, 2019）。

27 這段文字為Mayhew引述亞里斯多德在《範疇論》中所言，此處翻譯引自柏拉圖／Plato著，《理想國篇：譯注與詮釋》，徐學庸（譯注）（新北：臺灣商務印書館，2009），〈第三章：理想城邦及其批判〉（第二部分導讀詮釋），頁518。原文出處參考Aristotle, *The Categories*, translated by E. M. Edghill（The Project Gutenberg EBook, 2008），I, 5, 2a34-3a6。

機的統一（organic unities）。（I, 5, 2a34-3a6）

　　這段引述指出，個人形成一個統一的有機體，每個人因此具有本質上獨立的存在，稱之為「第一實體」（"ousia prote"; the primary substance），而個人與家人、或與公民、甚或與人類共有的某些性質（physis; nature; 本性自然），則是我們藉以認識個人其他性質的「第二實體」（"ousia deutera"; the secondary substance）。在《範疇論》中，亞里斯多德列舉一個人、一匹馬、花草樹木等個別事物，並稱他們（牠們／它們）為複數的「第一實體」（the primary substances），[28]意指不會改變的個體存在與本質，當種類之物（例如家庭或國家社群等）變化或重組時，個體不會隨之改變，而以這些不變的個體為元素，才可能組合成現實中各式各樣的實質之物，即所謂「第二實體」，第二實體並非獨立且真正的存在（ousia prote）。亞里斯多德強調，相較於國家等第二實體，個人是第一實體，個人在其秉性之中發展能力，朝向個別的存在或目的。

　　套用上述區分，柏拉圖所理解的正義為完美理型，正義的理型是可被想像的觀念或理念，它屬於精神性的存在（第二實體），但並非獨立存在的第一實體，[29]相較於個別特殊的法律，柏拉圖主張普遍的法律才是正義的，但若無個別的法律，

28　Aristotle（2008），*The Categories*, translated by E. M. Edghill, ibid., I, 5, 2a13-2b8。

29　有關亞里斯多德是否如此強調「第一實體」，學者仍有爭議，詳見Sheldon Cohen, "Aristotle's Doctrine of the Material Substrate," *The Philosophical Review*, Vol. 93, No. 2（Apr., 1984: 171-194），pp. 171-172。

正義將無從實現。亞里斯多德因此認為，當人們制定個別和特殊的法律，人的秉性不僅含有對正義的渴望，也有認知正義的能力，這使得人為的法律可能符合普遍的自然法，亦即可能實現正義。底下探討中世紀的自然法論時，我們也將看到經院哲學家承接了柏拉圖和亞里斯多德的哲學，尤其重新理解和運用亞里斯多德的形上學和倫理學，如聖托馬斯・阿奎那（Thomas Aquinas, 1225-1274）[30]的研究指出——正義不僅來自理性，也來自人類的本能欲望，自然法在「理性之光」中終得以呈現。[31]

　　柏拉圖和亞里斯多德所影響的，包括自古希臘後期到中世紀初盛行的斯多亞學派（Στοά; Stoa），[32]季諾（Zeno of Citium, 336-264 B.C.E.）是此一學派的創立者，他曾寫過關於理想國和法律等著作，但幾乎只留下片段零散的引句或諺語，例如為人熟知的季諾名言：「比起不用理性，使用理性可使事物更美好；沒有比宇宙更美好的，所以宇宙亦必使用理性。」[33]以今日

---

30 阿奎那的生卒年考據不一，此處參考Étienne Gilson, *Le Thomisme. Introduction au système de S. Thomas d'Aquin*, 2. Edition（Paris: Vrin, 1922），p. 9（此書後來修訂增補的版本，書名改為*Le Thomisme. Introduction à la philosophie de saint Thomas d'Aquin*, 詳見註49說明）。

31 詳見底下第二章2.2，頁99-100。

32 從柏拉圖、亞里斯多德到之後各個時代的形上學及經驗論等哲學，均涉及對「事物本質」（德文術語通稱"NdS"）概念的看法，Ralf Dreier對此提出重要研究，詳見R. Dreier（1965），*Zum Begriff der "Natur der Sache"*, a.a.O.；較新討論分析詳見陳妙芬（Miaofen Chen），"Zum Begriff der Natur der Sache. Von Ralf Dreiers Begriffsanalyse zu Philippa Foots Normbegründung," in *Integratives Verstehen. Zur Rechtsphilosophie Ralf Dreiers*, hrsg. v. Robert Alexy（Mohr Siebeck, 2005），S. 62-80。

33 季諾此言為西塞羅所引用，詳見Marcus Tullius Ciceronis, *De Natura Deorum*

我們所知，古代羅馬法學所承繼的斯多亞哲學，較多是屬於季諾之後的發展，也就是一般所稱的中期斯多亞哲學，例如著名的古羅馬政治家及法學家西塞羅（Marcus Tullius Cicero, 106-43 B.C.E.）受此影響頗多，這點充分顯示在他對法律的定義：法律是「合乎至高理性的法則」（"lex est ratio summa"）。[34]

在西塞羅之後，晚期斯多亞哲學代表辛尼卡（Lucius Annaeus Seneca, ca. AD 1-65）的著作廣為流傳，雖然最後慘遭暴君尼祿迫害而終，但辛尼卡的自然哲學不僅融入羅馬法學，甚至近代國際法和自然法學者也加以引用。[35]在第6世紀編纂完成的《查士丁尼法典》（又名《羅馬法大全》，*Corpus Iuris Civilis*）第一部分〈法學階梯〉（Institutiones），可見完整的古羅馬法體系的面貌，其中納入自然法的概念，並且包含源於自然法的原理與原則。

這些羅馬法內容原出自古羅馬法學家蓋尤斯（Gaius）的名著《法學階梯》（*Institutiones*，大約AD 160）及*Ulpiani regulae*（大約AD 400左右的法學著述彙編，以法學家Ulpian的著述為

（Cambridge, Mass.: Harvard University Press, 1955-1958），ii, 8 and iii, 9。

34 原文出自"Igitur doctissimis uiris proficisci placuit a lege, haud scio an recte, si modo, ut idem definiunt, **lex est ratio summa**, insita in natura, quae iubet ea quae facienda sunt, prohibetque contraria. Eadem ratio, cum est in hominis mente confirmata et perfecta, lex est." ─ Marcus Tullius Ciceronis, *De Legibus*, I, 18; in M. Tulli Ciceronis, *De re publica. De legibus. Cato maior de senectute. Laelius de amicitia*, ed. Jonathan G. F. Powell（Oxford, 2006）。文中的粗體為筆者所加。

35 Hugo Grotius在《論戰爭與和平的權利》（*Hugonis Grotii Jus belli et pacis*）中頻繁引用Seneca的自然法論，例如參考Grotius, *Hugonis Grotii Jus belli et pacis*（Zentralbibliothek Zürich, 1689），lib. 2, 1, 3。

主），[36]他們分析古羅馬法涵蓋三種法律：依適用對象的不同，分別有市民法（ius civile）、萬民法（ius gentium）及自然法（ius naturale）。市民法為適用於羅馬公民的法律，萬民法為適用於羅馬帝國統治下各地人民的共通法律，而自然法則是普遍有效的法律——又稱為正義的法律。

　　從流傳的古羅馬文獻可以看出，古代羅馬人已經具有高度發展的法學知識，而關於自然法的見解，則以西塞羅（Cicero）、辛尼卡（Seneca）和奧雷（Marcus Aurelius, AD 121-180）[37]為代表。如上所述，古羅馬法學主要接受了中期斯多亞學派思想，而中期斯多亞學派又受柏拉圖和亞里斯多德學說影響最大，因此簡要地說，羅馬法學中的斯多亞思想核心，大致可歸結為底下四點：（一）目的論的自然概念，（二）追求有道德、合乎自然的生活理想，（三）主張人有第一和第二本質，以及（四）普世的法律和社會哲學。

　　以上四點是相互關聯的，第一點是將自然視為合乎目的，

---

36 按19世紀羅馬法專家薩維尼的研究指出，羅馬法體系理論主要得力於蓋尤斯（Gaius），這節底下引用羅馬法中的自然法等概念，也設定為源自蓋尤斯之筆，參考Friedrich Carl von Savigny, *System des heutigen Römischen Rechts*, 8 Bände（Berlin: Veit, 1840），Band 1, S. 420。

37 奧雷就是古羅馬帝國的奧理略大帝，他是一位斯多亞哲學家皇帝，代表中期斯多亞哲學思想，他以希臘文寫成的文章被後人集結為《沉思錄》（Τὰ εἰς ἑαυτόν, *Ta eis heautón*; *Meditations*; *De se ipsum libri*），對後世影響頗深，此書記載了他對自然法的看法，與後來中世紀的阿奎那有類似之處，參考Marcus Aurelius, *Meditations*, translated and introduced by Gregory Hays（New York: The Modern Library, 2002），Book III（11），VI（30, 45）；另參考Bebhinn Donnelly, *A Natural Law Approach to Normativity*（Routledge, 2016），p. 95。

意指朝向最高理性的完善目的，第二點是把「朝向自然目的」
視為一種倫理生活，第三點則是把人的倫理生活定義為第二本
質（或可稱「本質目的」），[38]這一層意義的自然概念分析是斯
多亞倫理學的一大特點，最後第四點就是將這個自然哲學用於
法律和社會理論。[39]

　　古羅馬法學中呈現的普世法學思想，其特點就在於提出自
然法概念，或更精確地說，在於明確地區分自然法和市民法，
使用自然法（ius naturale）概念指稱「永遠正義和完善的法」
（"quod semper aequum ac bonum est"），而市民法（ius civile）
指的是「在所有或大多數人類社會中有益的法」（"quod omnibus

---

38 有關人的第二本質，在古希臘哲學裡的說法為"homologoumenôs（tê
　physei）zên"，簡稱"h.z."；拉丁文譯為"secundum naturam vivere"，意指
　「與自然目的一致的」生活，相關研究解說可參考Christoph Horn und
　Christof Rapp（Hrsg.），Wörterbuch der *antiken Philosophie*, 2., überarbeitete
　Auflage（München: Verlag C. H. Beck, 2008），S. 193-194。斯多亞哲學的自
　然或本質概念，因此也可分為兩層意義來加以分析，但這與盧梭哲學中的
　兩層意義的自然，卻完全不同，參考比較本書第五章5.1、5.2的探討。

39 奧雷（奧理略大帝）指出「合乎正義的行為，就是看待事物如其所是」，
　他在《沉思錄》中提到"（Book 4）22. Not to be driven this way and that,
　but always to behave with justice and see things as they are. 23. To the world:
　Your harmony is mine. Whatever time you choose is the right time. Not late, not
　early. To nature: What the turn of your seasons bring me falls like ripe fruit. All
　things are born from you, exist in you, return to you. The poet says 'dear city of
　Cecrops...' Can't you bring yourself to say 'of Zeus'? 24. 'If you seek tranquillity,
　do less.' Or（more accurately）do what's essential —— what the *logos* of a
　social being requires, and in the requisite way. Which brings a double satisfaction:
　to do less, better." 引自Marcus Aurelius, *Meditations*, ibid., Book IV（22-24），
　強調斜體字為原文所有。

aut pluribus in quaque civitate utile est"），此處市民法所指的利益
（有益的法），與自然法的正義並不相同，兩者之別顯而易見。
此外，羅馬法學中還提出「萬民法」（ius gentium）概念，這指
的是「所有人類依其自然理性共有的法」，[40]看似為一種介於自
然法與市民法之間的法律，不過學者對此有些爭議。

　　由於羅馬法學僅在用語上區分「萬民法」（ius gentium）
和「自然法」（ius naturale），萬民法適用於所有人類，而自
然法則是所有生物共有的法，這個區分留給後世研究羅馬法一
個疑難：自然法與萬民法的關係究竟為何？考究《查士丁尼法
典》中〈法學階梯〉的一段話，雖然語句簡要，但似可推敲及
證明當時法學家所指的萬民法，可能相當於（或至少出於）自
然法：

　　〔……〕萬民法〔ius gentium〕是所有人類共通的法。
　　因為基於交易的需要，以及人類生活的必要，所有各族
　　人民都會形成某些慣例：發動戰爭、將俘虜及奴隸留
　　置，而這些慣例是違背自然法的。因為根據自然法〔ius
　　naturale〕，所有人是生而自由的。從這個萬民法〔ex hoc
　　iure gentium〕，也產生了幾乎所有的契約，如買賣、租
　　賃、租佃、承攬、社團、保管、借貸及其他無數的契約。[41]

40　Gaius, *Institutiones*. I, 1-2, in *Corpus Iuris Civilis. Die Institutionen*, Behrends/
　　Knütel, Kupisch-Seiler（Heidelberg: C. F. Müller, 1993），S. 1-2.

41　Gaius, *Institutiones*. I, 2, 2; in *Corpus Iuris Civilis. Die Institutionen*, Behrends/
　　Knütel, Kupisch-Seiler（Heidelberg: C. F. Müller, 1993），S. 3;引文中的粗斜
　　體，為筆者所加。

（*Institutiones*, 1.2）

另外，19世紀德國歷史法學派大師薩維尼（Friedrich Carl von Savigny, 1779-1861）在巨作《當代羅馬法體系》（*System des heutigen Römischen Rechts*）中，也提出支持萬民法與自然法為同源的觀點，他因此主張著名的羅馬法體系二元論（萬民法—自然法為同一類，而市民法為另一類）。萬民法就是自然法，自此大多數學者均採同樣看法。薩維尼的研究結論，對後來的羅馬法學研究影響很深，而且根據薩維尼的考證，同樣的觀點早在18世紀中就已普遍被接受。[42]

回溯自然法和萬民法的概念區分，最初出自懷疑論和柏拉圖學派（如Karneades, 214/213-129/128 B.C.E.），後來羅馬法學家烏丕安（Ulpian）和蓋尤斯（Gaius）的著述論及羅馬法體系承認萬民法，但如前面提到的，古羅馬法學家認為萬民法是人類共通的理性法，有時將之與自然法並論，所以若說兩者在概念上並無明確的區分，而只是就其適用於人類或萬物來定不同名稱，這樣的說法看來確實成立。換言之，真正（有別於萬民法）的「自然法」概念與內容，其實在中世紀自然法論的精巧分析中，才逐漸確立。

由以上分析，大致而言，古代時期的「自然法」像是一個完善的永恆法的象徵，[43]與萬民法相互輝映，但人們能否認

---

42 參考Friedrich Carl von Savigny, *System des heutigen Römischen Rechts*, 8 Bände（Berlin: Veit, 1840），Band 1, S. 419-420。

43 斯多亞哲學對中世紀神學影響極深，有關永恆法的意義，參考底下2.2的說明。

識自然法並不重要，重點是追求現實中——法律實現善與正義的精神。或許這點可以說明，為何演說和修辭學在古代十分興盛，儘管斯多亞哲學的自然法概念已融入羅馬法學，但現實社會中，人們認為議會和法庭上的說服、以及解釋和適用法律的技藝，更不可或缺，於是出現兼顧理論和現實的實用主張，誠如古代羅馬法五大家之一的Ulpian重複強調P. J. Celsus的傳世名言：「法律，是善與公正的藝術。」44

2.2. 中世紀神學自然法論

由於承認所有人都賦有普遍理性——來自神的分享，因此斯多亞和羅馬的主要自然法思想，特別強調人都有相同的尊嚴。然而，在概念使用和論證中，斯多亞學派提出的普遍理性，僅限於人與萬物共通的本能，這點在中世紀初奧古斯丁（Augustine of Hippo, 354-430）的神學著作中，還可見由此衍生的分析，45尤其他在《論秩序》（De ordine, 386）及《論自由意志》（De libero arbitrio, 391-395）兩部論及自然法的著述中，仍將重點放在上帝造萬物的理論，極力論證宇宙為一神造自然的法秩序。46

44　出處詳見本書第一章導論，頁16，註27。

45　奧古斯丁將異教徒（非信仰基督的人）聚居之所稱為"civitas terrena"，可譯作世俗之城（Erdenstaat），對照於"civitas Dei"（"Gottesstaat"上帝之城），"civitas"有時亦作"societas"，字義與希臘文"polis"相同，意指城市，也有市民權、市民身分或市民聚落之意，與今日的國家不同；參考Kurt Flasch, *Augustin. Einführung in sein Denken*, 3. Aufl.（Stuttgart: Reclam, 2003），S. 385。

46　參考Brett W. Smith, "Augustine's Natural Law Theory in *De libero arbitrio*,"

奧古斯丁的自然法論，引起後世不少哲學家的興趣，他將
自然法視為永恆法的觀點，一方面是承繼了西塞羅的斯多亞思
想，另一方面亦受當時新柏拉圖主義者普羅丁（Plotinus, 205-
270）的影響，[47]在《論自由意志》第一篇的對話中，奧古斯丁
對永恆法有如下描述：

> 〔……〕A.〔奧古斯丁〕你可以看到在暫時性的法律
> 中，立法者決定做的不公正或不正當的法律，那是因人為
> 法不遵循永恆法：如果一個社會有時重視正義，有時又突
> 然背離正義，使暫時性法律由不義而改變為正義的，必定
> 是因遵循永恆法。假設暫時性法律符合正義的話，它必是
> 由永恆法導出的，永恆法是永遠公正的，它給予所有善良
> 人民一致的尊嚴，這是惡民所沒有的。〔……〕根據永恆
> 法，正義就是讓一切事物完全恰如其序。[48]（Augustine, *De
> Libero Arbitrio libri tres*, I 6, 15-53）

在奧古斯丁的神學體系中，此一永恆法的概念，也被稱
為自然法，兩者並無區別，永恆法是上帝意志所創立，凌駕於

Irish Theological Quarterly, Vol. 80, Issue 2（2015: 111-135），p. 113。

47 關於奧古斯丁接觸西塞羅的斯多亞哲學，後又轉向Plotinus新柏拉圖主義，
以及最後將柏拉圖哲學與意志論神學結合的過程，詳見Peter King的分析，
Augustine, *On the Free Choice of the Will, On Grace and Free Choice, and Other
Writings*, ed. and translated by Peter King（Cambridge University Press, 2010），
Introduction, pp. x-xiv。

48 Augustine, *De Libero Arbitrio libri tres*, I, 6, 15, available at
http://www.intratext.com/Catalogo/Autori/AUT31.HTM.引文由筆者翻譯。

人為的暫時性法律，因此永恆法可說是意志論神學下的概念產物。此一結合斯多亞及新柏拉圖主義的意志論神學，延續約一千多年，建立了中世紀神學的自然法論，直到13世紀中，自然法論才有了顯著的轉向。以研究亞里斯多德著稱的聖托馬斯・阿奎那（Thomas Aquinas, 1225-1274），[49]在他的經典著作《神學大全》（*Summa Theologiae*）中，雖然仍引用奧古斯丁的永恆法概念，但卻提出不一樣的自然法概念，打破了意志論神學傳統，建立另一套自然神學的思想體系，重新從神學的角度論證人具有理性，而能認識自然法的存在。[50]

---

49 阿奎那生於1224到1226年間，學者考據的說法不一，根據當代研究阿奎那的著名法國學者Étienne Gilson書中所載，阿奎那應是生於1225年，本文此處引用他的說法；參考Étienne Gilson, *Le Thomisme. Introduction au système de S. Thomas d'Aquin*, 2. Edition（Paris: Vrin, 1922），p. 9（此書後來修訂增補的版本，書名改為*Le Thomisme. Introduction à la philosophie de saint Thomas d'Aquin*, 詳見底下註50）。

50 在中世紀思想史脈絡中，阿奎那究竟是一位哲學家還是神學家？這個問題在專家之間頗有爭議，按Brian Davies的說法，似乎當代著名阿奎那研究專家Étienne Gilson認為，阿奎那是從神學的角度發展他的哲學，因此傾向將他歸為神學家，不過考究Gilson一生致力寫作、經五次修訂完成的阿奎那哲學研究一書*Le Thomisme. Introduction à la philosophie de saint Thomas d'Aquin*，特別將原書名中"système"改為"philosophie"，可見Gilson即使認為阿奎那哲學是建立在神學之上的，亦即其哲學是帶有神學性的，但這並不影響Gilson稱譽阿奎那的哲學為「極盡理性的哲學」（"strictly rational philosophy"）— Gilson（2002），translator's introduction, p. x。本書沿用Gilson的見解，如此阿奎那的自然法概念，也必須放在神學的體系中才能被適切地理解；參考比較 Brian Davies, *The Thought of Thomas Aquinas*, Oxford: Clarendon Press, 1992, p. 10。如Étienne Gilson所言，阿奎那哲學所處理的問題，主要是分析人類知識中有關「信仰」與「理性」（foi et raison）的概念；Gilson（1922），p. 22。有關阿奎那哲學中的核心概念，如「智性

　　《神學大全》（*Summa Theologiae*, 1265-1274）被譽為自然神學的奠基之作，這部被後來天主教會奉為哲學寶典的著作，共分成三大部分（第二部分又分為兩卷），分別由論題及證明組成。在此書第二部分卷1的第19題，阿奎那首先引述奧古斯丁的話，指出「永恆法」與意志的關係：「罪是違反永恆法的一種行為、話語或欲望。」「意志的惡是罪的根源。因惡與善是對立的，因此，只有永恆法才能確保意志的善。」阿奎那繼而強調：

　　　顯然，人類意志的善之依賴於永恆法，比依賴於人類理性更多：當人類理性墮落時，我們必須回歸永恆不朽的理性。〔……〕雖然我們無法得知永恆法，因為它在神的靈性之內：但是，我們仍有可能略知一二，像是藉源自永恆法的自然理性〔per rationem naturalem〕表露它的真正形象〔propria eius imago〕，或是經由特別的神啟。[51]

　　上述引文中，最特別的是「自然理性」（natural reason）一詞的出現，阿奎那區分自然理性的兩種運用——思辨與實踐，依此在概念上又再區分「思辨理性」（speculative reason）和「實踐理性」（practical reason），並將兩者用於道德與法律的認識和行動，依循精密的理性運作，阿奎那提出四種不同的法

　　直覺」（l'intuition intellectuelle, "visio"）所蘊含的美學方法的運用，可參考Umberto Eco, *Le problème esthétique chez Thomas d'Aquin*, traduction de Maurice Javion（Presses Universitaires de France, 1993）。

51　這頁引文皆出自Thomas Aquinas, *Summa Theologiae*, Prima Pars Secundae Partis, Quaestio 19, Articulus 4。

律，以及著名的法律位階理論：

　　〔與上述意見〕相反的，奧古斯丁（De Lib. Arb. i, 6）
〔《論自由意志》書中〕區分了兩種法律──一是永恆
的，另一是暫時的，他稱後者為人訂的法。我的回答，如
前面提過的（Question 90, Article 1, ad. 2），法律就是實踐
理性的命令〔a law is a dictate of the practical reason〕。我
們要觀察在實踐理性及思辨理性中有同樣的程序：亦即經
由原則才得出結論的推理，如前面所述（De Lib. Arb. i, 6）
〔奧古斯丁《論自由意志》所言〕。依此，我們這裡得出
了結論，正如運用思辨理性，我們從自然明知不可證明的
原則〔naturally known indemonstrable principles〕，推導而
得出各種科學的知識，這些知識不是天生賦予人類的，而
是理性的努力〔the efforts of reason〕才獲取的；與此相同，
從自然法的規範──一般且不可證明的原則，人類理性必
須推導出某些更獨特的決定。這些獨特決定，是出於人類
理性所為，因此稱為人為法〔human laws〕，只要它們具有
成為法律的其他要件，如前面提過的（Question 90, Articles
2, 3, 4）。〔……〕除了自然法和人為法之外，還需要有
神法〔Divine law〕來指引人類行為。〔……〕如奧古斯丁
所言，人為法不能夠處罰或禁止所有惡行：因為要避免一
切的惡，就可能必須排拒許多好的東西，而且也可能會阻
礙某些共同利益的進展，而這些卻是人類社交所必要的。
所以，為了不使惡行被許可和縱容，有必要讓神法凌駕

於此，令一切罪惡皆被禁止。[52]（Thomas Aquinas, *Summa Theologiae*, 1/II, 91）

　　由上面引文可知，人類不可能認識永恆法，只能藉由自然法一窺永恆法的部分，而在自然法之下，神法高於人為法，於是形成了「永恆法—自然法—神法—人為法」的上下法律位階理論，同時阿奎那更重新定義永恆法：「奧古斯丁（1. de lib. arb. 6.）說，那被認為是至高理性的法律，對每個有智性理解能力的人來說，必定是不變和永恆的。我的回答是，創造最初的完美國度，其創造者的實踐理性所給出的原則和規範，就是永恆法。」[53]

　　由此可見，阿奎那凸顯了實踐理性（practical reason）的角色，不僅永恆法出於原初完美創造者的實踐理性，自然法也同樣是此一理性的產物，但他強調──自然法並非如永恆法那樣僅見於完美國度，由於人類秉性（habitus）[54]亦能發展實踐理性，因此，人能透過此一理性去認識自然法的內容，並由此捕

---

52 引自Thomas Aquinas, *Summa Theologiae*, Prima Pars Secundae Partis, Quaestio 91；引文由筆者翻譯，同時參考了英譯本 *St. Thomas Aquinas Summa Theologica*, translated by the Fathers of the English Dominican Province（originally published by Burns, Oates, and Washbourne in London in 1911）, Christian Classics（Westminster, Md., 1981）. pp. 3670-3673。

53 引自Thomas Aquinas, *Summa Theologiae*, Prima Pars Secundae Partis, ibid., Quaestio 91, Articulus 1。

54 "habitus"（秉性）概念源自亞里斯多德，意指習慣、慣性、本能或潛能等，自然理性是人天性蘊含的能力，只是在孩童時期尚未發展完全，或可能被遮蔽；對此深入分析參考Thomas Aquinas, *Summa Theologiae*, Prima Pars Secundae Partis, ibid., Quaestio 94。

捉到永恆法的印象。在《神學大全》第二部分卷1的第94題，[55]
阿奎那精細分析「自然法」的概念：

> 〔……〕被稱為秉性者，有兩種情況〔習慣，或被慣
> 習維持的內容〕。首先，按第一種通常且基本的情況：自
> 然法當然不會是一種秉性。因為如前面所言（Q〔90〕, A
> 〔1〕, ad 2），自然法是由理性所表達的內容，就像命題
> 句是理性的成果一樣。一個人依此做的事，跟他慣常的
> 行為，是不一樣的：顯然人在說話時會依循文法習慣〔by
> the habit of grammer〕。因為秉性既是我們行為的習慣，
> 則法律當然不是此一意義下的秉性。其次，按第二種意義
> 的秉性，指的是被慣習維持的內容：例如誠信，可能指的
> 是──我們以誠信維持的內容。同樣地，自然法的規範有
> 時是理性主動性的思慮，但有時也只是於習慣中的理性〔in
> the reason only habitually〕，如是這樣的話，自然法也可以
> 被稱為一種秉性〔a habit〕。因此，在理性思辨中，我們
> 主張的那些不可證明的原則，它們雖非秉性本身，但我們
> 的秉性中有這些原則。[56]（Aquinas, *Summa Theologiae*, 1/II,
> 94, 1）

55　Thomas Aquinas, *Summa Theologiae*, Prima Pars Secundae Partis, ibid., Quaestio 94.

56　Thomas Aquinas, *Summa Theologiae*, Prima Pars Secundae Partis, Quaestio 94, Articulus 1; 引文由筆者翻譯，同時參考英譯本*St. Thomas Aquinas Summa Theologica*, translated by the Fathers of the English Dominican Province（1911）, Christian Classics（Westminster, Md., 1981）, p. 2298。

在這裡，阿奎那運用第二種意義的「秉性」（habitus），指出「自然法」（lex naturalis）是永恆法（lex aeterna）在人的理性認識中所呈顯的部分——也就是說，人的秉性可能透過理性運用，主動或被動地（思辨或慣性地）認識自然法，如此便能一窺永恆法的部分。這一點非常重要，因為過去奧古斯丁堅信自然法就是永恆法——永恆法源於上帝對萬物完善的思慮和設計，而阿奎那一方面保留這個牢不可破的神學預設，另一方面卻明確地區分了永恆法與自然法，還指出人類根本難以窺見永恆法全貌，是以唯有藉理性認識自然法、並由此創造世間的實證法——包括神法（如聖經所載）與人為法。[57]

如此一來，依照阿奎那的自然法論，世間法律的制裁（sanction）概念，來自於立法者的權威，但是制裁的效果畢竟是外在的，法律的效力還是需要藉由道德的基礎來證成，亦即基於對於善的認識，才能使法律真正有效地拘束人的行動。[58]研究托馬斯主義的英國專家Brian Davies 提到，自然法論是阿奎那的道德思想中最重要的部分，為了論證法律效力源自理性，阿奎那使用「良知」——或稱「理性之光」（"synderesis"）的方

---

57 托馬斯・阿奎那將法律分為四種（位階由上而下）：永恆法、自然法、神法與人為法，對於它們的關係和論證，參考Étienne Gilson, *Le Thomisme. Introduction* à la philosophie de saint Thomas d'Aquin, 6. and final edition; *Thomism. The Philosophy of Thomas Aquinas*, translated by Laurence K. Shook and Armand Maurer（Toronto: Pontifical Institute of Mediaeval Studies, 2002），p. 305。

58 針對人為法的分析，參考Thomas Aquinas, *Summa Theologiae*, Prima Pars Secundae Partis, ibid., Quaestio 97；相關研究參考Étienne Gilson（2002），p. 305。

法，[59]可說是自然神學之下自然法論的一大特色。[60]

　　在中世紀身為神學家的阿奎那，為什麼如此重視自然法？從Gilson分析的阿奎那哲學體系來看，雖然其中有關上帝以及天使存在的論證，幾乎占了阿奎那著述篇幅的半數之多，但有關人類心靈活動中兩種要素的說明，也占了相當的比重：簡要地說，人類的靈魂與身體是合一的，在生命當中，人類之有別於動物性的心靈活動，是由感性及理性兩種元素構成；所謂感性，就是感官的欲望（l'appétit sensitif），而理性即是理智的欲望（l'appétit rationnel，亦可譯為意志），這兩種元素，其實是在人的自然欲望（l'appétit naturel）逐漸完善化過程中出現的。[61]

　　換句話說，人藉由身體感官去經驗外在對象，從而培養感性能力，而感性不單停留在生存的滿足階段，上帝亦賦予人

59　托馬斯・阿奎那當時已注意到「意志」（或良知）的問題，他為亞里斯多德《論靈魂》（De Anima）一書做了精細的翻譯和註解，他將原著古希臘文"ὀρεκτικόν"一字譯為拉丁文"appetitus"（唯一例外是他在卷1第三章的註解，此處出現"desiderativa"的譯法），英文譯者根據拉丁文再譯為"appetite"，取其原意為「欲望」（近似英文"wish", "will"）。根據文字考證，古希臘文並無相當於拉丁文"voluntas"（意志）的字詞，因此哲學史家一般認為亞里斯多德使用的"ὀρεκτικόν"，在字義上其實頗接近後來出現的「意志」（"voluntas"）概念；參考Thomas Aquinas, *Commentary on Aristotle's De Anima*, transl. Kenelm Foster and Silvester Humphries（Yale University Press, 1951），p. 248, 以及St. Thomas's commentary Lectio 8。此外相關研究參考Otfried Höffe, *Aristoteles*, 2. überarb. Aufl.（München: Beck, 1999）。

60　參考Brian Davies（1992），pp. 244-249。

61　Gilson（1992），p. 185.

理性，使人能依智性（intellectus, 智慧或節制的欲望）和意志（voluntas, 良知或節制的熱情）追求幸福，因此人成為有理性且自由的行動者（un agent raisonnable et libre）。[62]

依此說法，人在上帝的創造下，方才擁有獨立的理性與意志，然而僅止於此的分析，在當時卻算是非常前衛的，以至於阿奎那生前的著作，也被當時巴黎主教於1270及1277年頒布的兩次禁令所禁，直到大約兩百年後，天主教會才正式承認他的貢獻，而這已是16世紀以後的事了，綜觀直到14世紀的神學自然法論，不可避免地，愈來愈陷於神性與人性糾結的難題中。

上述阿奎那的自然神學及自然法論，因精細論證了自然法原理，提出法律位階理論，指出人為法應實踐合乎自然法的道德內涵，而有古典自然法的美譽，[63]其影響甚至不因主流神學沒落而消失，[64]這點底下第四節將再進一步分析。

62　Gilson（1992）, p. 203.

63　當代著名的法實證主義代表H. L. A. Hart的法理論，就是以古典自然法為對話及批判對象，而阿奎那的自然法論為其重點，甚至有學者指出，Hart不僅誤解阿奎那的自然法概念，同時其理論竟與阿奎那有部分相近之處；參考Cristobal Orrego, "H. L. A. Hart's Understanding of Classical Natural Law Theory," *Oxford Journal of Legal Studies*, Vol. 24, No. 2（Summer, 2004）, p. 287, 註2，以及p. 289, 註9, 13。

64　阿奎那的神學與自然法論，持續影響了16世紀西班牙的薩拉曼迦學派，相關研究參考高文琦，〈論薩拉曼迦學派（Salamanca Schule）——以Francisco de Vitoria之法思想為中心〉，《國立中正大學法學集刊》，2018，頁119-178。

2.3. 近代自然法論

　　在阿奎那之後，中世紀瀕臨結束，14到15世紀的文藝復興，啟動了近代的人文主義思想潮流，在歐陸法制史上，這也是羅馬法復興的重要時期，此時一方面因羅馬法興起，教會法逐漸式微，另一方面帶有古典人文主義特色的法學研究風氣日盛，也為後來脫離神學的自然法論預先鋪路。[65]

　　這時，從教會權力中解放出來的世俗政權，透過立法來彰顯主權者的權威，羅馬法、教會法和封建法形成並立的三個法律系統，彼此維持平衡，但也時有衝突。16和17世紀的歐洲宗教危機和戰爭（三十年戰爭，1618-1648），進一步促成了近代市民社會和現代國家的建立，原來中世紀城市的市民結構，逐漸發展為現代市民社會的國家型態。隨著近代自然科學的發展，進一步推翻了過去形上學的、目的論的自然概念，此時新的信念認為——自然是「受因果律支配的事物的總和」，這個看法在當時非常流行，也影響後世的研究。[66]

　　自中世紀末期至啟蒙時期，宗教、科學、社會與法律變革互相牽動，因時代久遠，只能依靠龐大的歷史檔案及史家分析研究，幫助我們一窺當時三大法律系統的複雜關係。其中最知

65　有關這時期人文主義復興與宗教的關係，可參考Karl Vorländer, *Philosophie der Renaissance. Beginn der Naturwissenschaft, Geschichte der Philosophie III*（Hamburg: Rowohlts, 1965）。

66　相關討論可參考Leo Strauss（1953/2005），《自然權利與歷史》，頁275-282。必須一提的是，到了18和19世紀，萊布尼茲和黑格爾哲學還是致力於建立新的形上學的目的論。

名的文獻，當屬法國思想家傅柯（Michel Foucault, 1926-1984）
早期發表的《古典時代瘋狂史》、《規訓與懲罰》，以及1978
到1979年間的講稿《生命政治的誕生：法蘭西學院演講錄》
（*Naissance de la biopolitique : Cours au Collège de France*），[67]
還有其畢生之作《性史》（*Histoire de la sexualité*）。透過傅
柯的研究，可見中世紀末至文藝復興時期的世俗統治，對於如
何評價人類行為的「理性」與「非理性」，仍游移在神聖與世
俗的觀點之間，這個現象曾引起當時法國哲學家笛卡兒（René
Descartes, 1596-1650）的興趣，他所提出的理性論證，不僅影響
後來的啟蒙哲學，甚至到20世紀都還是傅柯與德希達等著名哲
學家辯論的焦點。[68]

　　笛卡兒被譽為近代理性哲學之父，他的「理性論證」受到
阿奎那及奧坎等經院哲學的影響，運用純粹邏輯和因果律以證
明人類擁有理性，與他同時代的法哲學家也紛紛提出類似方法
與觀點。[69]值得注意的是，當時的理性概念尚未完全脫離神性的
基礎，隨著新教改革，人們唾棄腐敗的傳統教會系統，更加相

---

67 Michel Foucault, *Naissance de la biopolitique : Cours au Collège de France*
　　（*1978-1979*），ed. Michel Senellart（Paris: Gallimard/Seuil, 2004）；另參考英
　　譯本Michel Foucault, *The Birth of Biopolitics. Lectures at the Collège de France*
　　（*1978-1979*），ed. Michel Senellart, translated by Graham Burchell（New York:
　　Palgrave Macmillan, 2008）。相關研究詳見陳妙芬，〈生命政治與酷兒研
　　究〉，《哲學與文化》，卷44，第10期（2017年10月），頁123-146。

68 參考Jacques Derrida, "Cogito et histoire de la folie," *Revue de Métaphysique et
　　de Morale*, 68e Année, No. 4（Octobre-Décembre 1963: 460-494）。

69 參考Louis E. Loeb, "The Priority of Reason in Descartes," *The Philosophical
　　Review*, Vol. 99, No. 1（Jan., 1990: 3-43）。

信人性與神性的直接關聯，以當時救護和隔離痲瘋病人或瘋人為例，教會的病院場所、醫療及放逐驅離的宗教儀式，在在彰顯人類受困瘋狂的「非理性」，恰與神聖理性形成對立，直到16世紀末痲瘋病幾乎絕跡，此時市政機關接掌管理痲瘋院，儘管不再適用教會法及宗教儀式，但仍持續將病院用來隔離絕症者或瘋人，如傅柯在《古典時代瘋狂史》中的分析：

> 在德國，痲瘋同樣地衰退，速度可能稍微慢一點；痲瘋院亦做同樣的轉型，並和英國相似，受宗教改革運動促動，將慈善事業和救護機構轉託市政機關管理；萊比錫、慕尼黑、漢堡，都是如此進行。〔……〕斯圖加特〔Stuttgart〕的法官報告指出，1589年，痲瘋專門病院中，病人絕跡已有50年。在李普林根〔Lipplingen〕，痲瘋院早已成為絕症者和瘋人的居所。痲瘋怪異的消失，顯非拜不為人知的醫療行為所賜，雖然長久以來，它尋求著這樣的效果；這是隔離措施自然而然的結果，同時，也是因為十字軍東征結束，〔西歐〕和東方病源地斷絕連繫的後果。痲瘋消退之後，這些卑劣的場所和儀式便被棄置於無用武之地──然而，它們的原意也不是要消滅痲瘋，而是要把它保持在一個神聖的距離之外，把它固置在一個逆向的提升〔une exaltation inverse〕當中。[70]（Foucault, 1972:15）

70　Michel Foucualt, *Histoire de la folie* à l'âge classique（Paris: Éditions Gallimard, 1972），p. 15-16; 此處中譯另參考傅柯，《古典時代瘋狂史》，林志明譯，2版（台北：時報文化出版，2016），頁11-12。

於是，傅柯寫道：「有些事物，無疑會比痲瘋停駐更久，並且，就算痲瘋院多年來早已空無一人，這時，這些事物仍將續存——那便是附著在痲瘋病人身上的價值和形象；那便是排拒的舉措〔les jeux de l'exclusion〕本身的意義，那便是，這個頑固不去、令人生畏的形象在社會群體中的重要性——人們在排除它的同時，亦必定在它四周畫上一道聖圈。」[71]（Foucault, 1972:15-16）

這裡所稱的「排拒的舉措」（les jeux de l'exclusion），以法律的權威標示出聖圈的界限（un cercle sacré），究竟此處法律源自神法或理性自然法，並沒有十分明確的答案，重點是藉由法律權力將「非理性」從社會中加以排除——把痲瘋病患者抽離出世界及教會的可見社群，而背地裡痲瘋的存在則永遠彰顯著上帝，因為它同時標明神的憤怒和善意。[72]在這裡，為凸顯當時宗教的影響，傅柯引用維也納教會儀典的文字：「朋友，上帝高興你染上這個疾病，當上帝要你為你在世上所做惡事受罰時，祂正在給你重大的恩寵。」[73]（Foucault, 1972:16）

按傅柯的分析，法律權威的排拒舉措，並未因特定疾病現象的消失而停滯，相反的，這些結構將存留下來（ces structures resteront），即使過了兩三個世紀後，同樣的地方常會重演排拒過程，而且與已往出奇的相似。像是窮人、流浪漢、罪犯、性病患者、「腦袋錯亂者」（têtes aliénées），就承襲了痲瘋

---

71 Foucualt, *Histoire de la folie* à l'âge classique, Éditions Gallimard, 1972, p. 16; 此段中譯參考傅柯，《古典時代瘋狂史》，林志明譯，同上註，頁12。
72 同上註。
73 同上註。

病者留下的位置和角色，雖然這些人有不同的意義，時代文化
也產生變化，但形式卻殘存下來（les formes subsisteront）。[74]
這裡所謂形式，應是指嚴格區分和排拒「異端」的儀式性，亦
即基於理性所為的隔離與淨化。傅柯指出，從形式上看，這是
社會層面的排拒，但在實質上，它卻象徵了精神性的重新整合
（réintégration spirituelle）。[75]

　16世紀後期，痲瘋病幾近絕跡，然而新的疾患和人口問題
不斷，這些問題促使此後三百年的社會朝向現代化發展，用傅
柯的術語來說，現代國家的「生命政治」於焉誕生──現代國
家的特色，就是透過種種排拒措施來管理人口、追求經濟的效
益。上述排除瘋人的形式，殘存於現代法律之中，國家法一方
面取代教會法和封建法，但僅是表面上打破了舊的宗教權威，
實質上仍延續它殘存的儀式與信條──即強調社會的精神性整
合。

　經歷數百年之久，「精神性的重新整合」（réintégration
spirituelle）一詞，雖可能有多種意涵，但大致不變的是它的核
心意義──回歸精神性的存在或實體（la substance spirituelle）。
過去神學家主張，至善全能的上帝代表了一切精神性（或稱靈
性）的實體，但笛卡兒與其後的哲學家（如史賓諾莎，Baruch

74　同上註，頁13。

75　參考Foucualt, *Histoire de la folie* à l'âge classique, Éditions Gallimard, 1972, p. 16; 這裡傅柯使用"réintégration spirituelle"一詞應是泛指社會中的「精神性的重新整合」，與後來傅柯對統治權力與「生命政治」的分析有關；另有譯者將此一用詞譯為「靈性回歸」，讀者可參考比較傅柯，《古典時代瘋狂史》，林志明譯，同上註，頁13。

Spinoza, 1632-1677）則認為──人類擁有獨立的精神性，不論它是實體或屬性，這就是「自然理性」。[76]如前面提到的，笛卡兒以方法論的懷疑來證明「我思」（cogito）必然為真，因為當我懷疑的時候，必須預設一個「懷疑的我」的存在；換句話說，當一切存在物的真實性都可被質疑之時，「質疑」本身預設的某一個精神性的存在，卻無法同時受質疑，而這個精神性的存在就被廣泛地稱為「理性」（raison）。[77]此時，理性的概念，還停留在一種普遍的認識和推理能力，與中世紀阿奎那神學的分析相去未遠，尚未形成今日常見的主體意識及自由（或權利）等概念，這些涉及現代的自然法論發展，將在底下第四章以後詳細探討。

這裡要特別指出的是，17世紀前的自然法或「自然權利」的概念，主要源自上述理性主義哲學的認識論，經過文藝復興時期的洗禮，世俗社會逐漸開放的背景下，「理性法」逐漸取代了古代和中世紀的神學自然法，但同時自然法（ius naturae）的用語及概念還是保存了下來。為了與古代及中世紀神學的自然法論區隔，一般也稱近代的自然法學說為「理性主義的自然法學」，或者更精確地說，這一時期歷經了「由（傳統）自然法到理性法的轉折」，主要理論皆致力於論證──人為法律的效力，既不再源於神法，也不是來自（古代意義下的）自然法，而是源於人的理性。

---

76 有關笛卡兒的我思與理性概念，尚未發展出盧梭時代的主體性概念，詳見底下第六章6.2的探討。

77 參考Foucualt, *Histoire de la folie à l'âge classique*, Éditions Gallimard, 1972, p. 368。

在這個理性主義哲學興盛的時代，被譽為近代國際法之父的格勞秀斯（Hugo Grotius, 1583-1645），最早賦予了自然法新的基礎，他的代表作《論戰爭與和平的權利》（*De iure belli ac pacis*, 1625），強調「契約（承諾）的拘束力」是自然法最高原則——契約應被遵守（Pacta sunt servanda），凡抵觸自然法原則的法律都是無效的。同時，格勞秀斯建立了近代的所有權占有理論——有別於洛克的所有權工作理論，他在論證中所稱的「理性」（reason），意指人天生具有社會性，認為人是上帝所創造的理性動物，自然法也是上帝創造的，既然上帝創造了自然法，自然法就不可能是錯誤的，由此論證自然法的效力是永久不衰的。[78]

格勞秀斯的理性自然法論尚未脫離神學，他的推論亦大部分與上述古代羅馬的斯多亞模式相近，儘管如此，他思考人的「社會性」（sociability）如何形成社會與國家，並將自然法與「社會契約」（social contract）結合，此一理論模式是獨具開創性的，甚至影響後來的霍布斯（Thomas Hobbes, 1588-1679）、普芬朵夫（Samuel von Pufendorf, 1632-1694）等近代社會契約論者，從此建立近代的國家與法治理論，[79]其具體呈現及最具代表

---

78 參考H. Grotius, *Hugonis Grotii Jus belli et pacis*（Zentralbibliothek Zürich, 1689）。

79 關於格勞秀斯對社會契約論及自然法論的影響，進一步比較分析可參考Martha C. Nussbaum, *Frontiers of Justice: Disability, Nationality, Species Membership*（Harvard University Press, 2007），pp. 38-40。最近相關研究參考Martti Koskenniemi, "Imagining the Rule of Law: Rereading the Grotian 'Tradition'," *European Journal of International Law*, Vol. 30, Issue 1, February 2019, pp. 17-52, https://doi.org/10.1093/ejil/chz017。相關研究參考蕭高

性的成果，就是底下第三章探討的霍布斯理論體系。

2.4. 古典自然法的內涵

　　從古代、中世紀到近代的自然法論，如上面三節所探討的，這三個階段的自然法論，分別反映了哲學和法學的時代性，而更重要的意義，在於各個時代如何闡述自然法的淵源、證明其存在。

　　古代的自然法論者，主要從目的論的哲學，闡述宇宙存在的平等的自然法，而中世紀的自然法論者，則主要從基督宗教的哲學，提出一套法源的位階理論，主張自然法源自神賦予人類的理性，而且自然法高於實證法。中世紀基督神學影響下的自然法論，不僅歷史久遠，至今仍有代表的新托馬斯主義學派，而且因賦予自然法特有的道德意義，對於思考法律與道德之間的關係，種下深刻基礎，至今仍是詮釋自然法的經典。因此，中世紀的自然法——特別是以阿奎那的新亞里斯多德主義為基礎的自然法論，也被通稱為古典自然法（the classical natural law）。[80]

　　由於中世紀特有的宗教和社會背景，當時的古典自然法容

彥，《探討政治現代性：從馬基維利到嚴復》（新北：聯經出版公司，2020），頁185。

80　深入討論參考John Finnis, "Natural Law: The Classical Tradition," *The Oxford Handbook of Jurisprudence and Philosophy of Law*, eds. Jules Coleman and Scott Shapiro（Oxford University Press, 2002）。中文法理學文獻亦多引述阿奎那為古典自然法的代表，例如劉幸義，《法律理念、自由與教育：法理學論文集3》（台北：翰蘆出版社，2017），頁177。

納了許多道德原則，如在霍布斯整理的自然法清單中，可見這些原則性的內容，並非只出於神學啟示或憑空而降，按霍布斯的分析，自然法符合人性的基本欲求，每一條自然法都有其推論和證明的依據。底下就是他所整理的自然法內容。[81]

自然法（jus naturale）：每個人都擁有根據個人意志、以及憑靠個人力量以發展自我的自由。

根據上述不變的自然法，自然賦予了個人最初和最重要的自由（liberty），由此推理可得出下列九條自然法則（lex naturalis）。

第一條自然法則：要尋求和平，並且努力維持它；因此我們每個人擁有運用一切可能方法、以實現自我防衛的自由。

第二條自然法則：（由第一條推論而來）為達成和平及自我防衛的目的，若有必要，每個人應該自願放棄某些自由；並且因他人同樣放棄某些自由，每個人皆應滿足於既有的自由。[82]

---

81 參考Hobbes, *Leviathan*, chapter 14, 15，原文經筆者精簡及翻譯條列。

82 霍布斯指出，這一條自然法則的精神，與聖經中強調人有「維繫和平」的義務，是一致的："Quod tibi fieri non vis, alteri ne feceris"（己所不欲，勿施於人）；參考Hobbes, 1909（1651）. *Leviathan*, chapter 14, p. 100。

第三條自然法則：已締結的契約，每個人應當遵守。[83]

第四條自然法則：個人的獲利，若是出於他人純粹善意的施與，獲利者應該注意，勿造成施與者有後悔的理由。

第五條自然法則：每個人應該注意，要與社會中其他人相互適應和協調。（相互性原則）[84]

第六條自然法則：為未來的安全之故，他人提早做出的攻擊，應該被原諒。

第七條自然法則：以惡制惡的應報手段，不應考慮他人罪惡的大小，而應考慮應報手段能獲致的利益大小。

第八條自然法則：任何人都不應以行為、語言、表情或姿態，對他人展現出仇恨或貶低的態度。（不應冒犯他人的原則）[85]

---

83 按霍布斯的分析，若不遵守契約承諾，將導致破壞和平，因此由第二條推導出第三條自然法則；參考Hobbes 1909（1651）, *Leviathan*, chapter 15, p. 110。

84 參考Hobbes 1909（1651）, *Leviathan*, chapter 15, p. 116。

85 霍布斯在此提到，亞里斯多德在《政治學》一書中也強調，在自然狀態中每個人生而有差異，但一旦進入社會狀態，每個人都希望被平等對待；參考Hobbes 1909（1651）, *Leviathan*, chapter 15, p. 118。

　　第九條自然法則：每個人對待他人，應尊重他人是自然平等的同類。（違反此一法則的就是驕傲。）

霍布斯由上述自然法則，接著導出下列十條法則：

　　第十條自然法則：（承續上一個法則）進入和平狀態後，任何人的自由有一定限制，不得要求享有他人所無的自由。亦即尋求和平的人們，必須同意放棄某些自然權利，但仍保留攸關生命與生存的基本權利，如支配自己身體的自由、享有空氣和水及運動的權利等（此為不超過本分的欲求）。

　　第十一條自然法則：處理人與人的紛爭，應秉公處理。此為根據分配正義原則，遵守此一法則是為公正（違反此一法則的就是偏袒）。

　　第十二條自然法則：不能分割之物，如能共享，就應共享，且若數量無限制，則應依適當比例予以分配（此為平均分享原則）。

　　第十三條自然法則：無法分割或分享之物，應以抽籤決定所有權人。

　　第十四條自然法則：某物不能以抽籤決定或輪流使用時，則由最先占有該物者取得，抑或在某些情況下（依命

運）歸最早出生者所有。

　　第十五條自然法則：凡斡旋和平之人，皆應給予安全通行的保證，因其調解有助於達到和平的目的。

　　第十六條自然法則：爭議各方，應將權利交付公正的裁判決定。

　　第十七條自然法則：爭議的任一方當事人，皆不應擔任該爭議的裁判。

　　第十八條自然法則：凡因爭議一方得勝，而可能獲得利益、名譽或喜悅的人，不應擔任裁判者。

　　第十九條自然法則：擔任裁判者，就各方爭執的事實，不能偏重任何一方的證詞，並在缺乏證物的情況下，應對其他證人的證詞給予適當評價。

　　綜合這十九條自然法則，構成了自然法的具體內容。不過，霍布斯雖承認自然法的存在，卻認為中世紀以後的社會型態，已無法依靠最初的自然法、或者根據自然法則來解決戰爭和衝突。在教會權威沒落之後，古典自然法僅擁有道德上的拘束力，人們愈來愈依賴世俗政權，以維繫自身安全和利益。因此，除了古典自然法，新的時代還需要建立一套實證法體系，由此產生兩個規範體系並存的現象，這是近代與現代自然法論

（理性法論）必須面對的法律道德難題。自此，有關法律與道德之間的關係，陷入難解的紛爭。德國著名的法哲學家德萊爾（Ralf Dreier, 1931-2018）對此有獨到研究，他分析說：

> 　　對於法律與道德的關係為何，我們把這個問題理解為一個規範性的問題——關於兩個規範體系的關係〔als normative Frage nach dem Verhältnis zweier Normensysteme〕，或更精確地說——當兩者發生衝突時，哪一個規範體系應該優先，那麼對這個問題，至少有三種可能答案。第一種答案主張道德應優先於法律，而第二種答案則主張法律應優先於道德，此外第三種答案是混合式的，大致上主張——法律通常優先於道德，但在例外情況下，道德則優先於法律。這裡一開始的問題中所稱的「法律」，指的是實證法〔das positive Recht〕，而所稱的「道德」，則是指傳統所謂的「自然法」〔"Naturrecht"〕，對近代來說，傳統自然法應被稱為「理性法」〔"Vernunftrecht"〕更貼切。所有那些答案，在這個問題的歷史中都有人主張。依上面一節所述，只有當一個社會中的法律見解和道德見解，相對來說趨向同質，此時主張道德優先於法律，才有可能貫徹。事實證明，確實有此可能。在這個問題的歷史上，最近的例子，就是中世紀的法律與統治秩序，儘管當時內部組織多樣，還有宗教和世俗權力的分歧，但上述第一種答案仍是當時主流見解。（Dreier, 1981:184）

　　中世紀發展出的古典自然法，具有特殊的道德意涵，這點尤其反映在「抵抗權」的精細理論中，如德萊爾進一步分析：

> 　　在中世紀的法律和統治秩序中，法律見解和道德見解有相對上較高的一致性〔die relative Einheitlichkeit der Rechts- und Moralauffassungen〕，這是因為當時基督宗教仍維持統一與活力。在當時，理論上主張實證法之具有拘束力，必須符合自然法，或必須以自然法為前提，這樣的理論在實踐上，完全不會遭遇無法解決的困難。就法源的理論來說，這個主張提出一個假設──法源有位階之分，而且自然法高於實證法，因此當實證法與自然法衝突時，實證法必須讓位給自然法。對於違反自然法的統治行為，人民所做的反抗，不僅在道德上被允許，同時在法律上──依自然法，也是被允許或甚至被要求的。（Dreier, 1981:184）

　　根據上述的分析，自中世紀以來，受古典自然法思想的影響，人們相信自然法的位階高於實證法，由此一信念方才導出「抵抗權」的合法性與正當性。抵抗權的理論，因此成為古典自然法最鮮明的特徵。儘管中世紀已遠逝，但抵抗權與自然法的關係，無論在近代的社會契約論，或在現代的理性法論，乃至到20世紀伴隨自然法的復興，都不曾被忽略，可見其重要性。[86]

　　除了抵抗權之外，幾乎多數古典自然法的內容已為人淡

86　關於抵抗權的理論，將在第八章中詳細探討。

忘，在16和17世紀中，歐洲各地教會對立分歧，爆發長年的宗
教戰爭，中世紀的自然法學也隨之沒落，僅有少數的承繼者。
如上所述的古典的「法源位階理論」（Rechtsquellentheorie），
因宗教和道德見解歧異日增，已不再普遍令人信服，取而代之
的是近代的「國家理論」（Staatstheorie）。[87]

　　近代的國家理論有多種面貌，它們的共同目標是建立一套
國家的主權說，通常使用的共同概念包括「國家主權」、「統
治權威」、「國家法」、「實證法」等等，並且大多主張自然
法與實證法並存，實證法不僅與自然法平行，甚至可能凌駕於
自然法，因為當兩者衝突時，依照近代通行的「社會契約論」
觀點，人民應服從國家立法的權威，才能確保社會安定與和
平，個人生存也因此得到保障。

　　這就是前面引文中，德萊爾所說的第二種答案：

　　　　〔針對法律與道德的關係〕第二種答案主張下列命
　　題──法律優先於道德；在中世紀之後，法律見解和道德
　　見解的一致性瓦解〔……〕，對於法律與道德的關係，提
　　問的重點便從法源理論〔Rechtsquellentheorie〕，轉移到
　　國家理論〔Staatstheorie〕。這個轉移，其實有不同層面的
　　發展，以及經歷了許多不同的階段。〔……〕就這裡的問
　　題來說，底下僅說明兩個主要發展階段，以及它們的重要
　　結果，應該就足夠了。第一個階段，就是建立近代國家的

87　參考Ralf Dreier, *Recht-Moral-Ideologie. Studien zur Rechtstheorie*（Frankfurt/
　　M.: Suhrkamp, 1981），1. Aufl., S. 185。

理論和事實，尤其是國家的主權——指一國主要掌握立法
職權的內在主權〔innere Souveränität〕。與此連帶的見解
是——實證法的拘束力，與其是否符合自然法無關，亦即
不看其內容是否正確，〔實證法〕它的拘束力源自國家立
法的權威。此一權威，主要是藉由社會契約的理論加以證
立，也就是說，〔國家立法的權威〕它是經由社會契約、
國家契約、統治契約及（或）服從契約所證立的。與此一
理論構想相通、甚至包含於其中的一個觀點是——強調主
權者本身應受理性法原則〔Vernunftrechtsgrundsätze〕的
拘束。對於實證法的理論，關鍵在於——〔實證法〕它的
效力和拘束力可被獨立思考，不受上述〔主權者受理性法
原則〕拘束的影響。接著第二個階段，隨著國家統治被濫
用的危險，出現了反制。這個階段建立了法治國和民主制
度的理論與事實，而其結合最終體現於民主的憲法國家
〔demokratischer Verfassungsstaat〕。（Dreier, 1981:184-
185）

這段引文描述的第二種答案，強調依循近代的國家理論，
實證法擁有絕對的權威。儘管基於社會契約的理論，主權者應
受理性法原則的拘束，但實證法的權威具有獨立的地位。換言
之，自然法或理性法，平時備而不用，當國家主權崩解、或主
權者背棄社會契約，以致人民無法得到生存保障，此時反抗主
權者的行動，才可能訴諸自然法的規範效力。

上述第一種和第二種答案，分別反映了中世紀和近代的
自然法論觀點，另有第三種混合式的答案，直到非常晚近才出

現。法律與道德的難題，在1945年後的自然法復興中重現，時至今日，這個難題還擺盪在兩極之間——一方面要維繫民主憲法國家的立法主權，另一方面要克服人訂惡法的災難。第三種答案出自新康德主義的法哲學，如知名的羅德布魯赫公式，[88]站在康德哲學的基礎上，得出下列的解答：

> 康德的實踐哲學，在此必須先予以說明，因為它對法律與道德的關係，提出新的問題表述，同時此一新的表述，在問題思考和語用史上，發揮巨大影響。〔……〕康德把純粹實踐理性的立法，稱為廣義的「道德」立法（此一用法，也符合傳統的語用習慣），並將它〔純粹實踐理性的立法〕分為法律的立法〔juridische Gesetzgebung〕，以及道德的立法〔ethische Gesetzgebung〕。前者制定理性法的法則，後者訂立道德的法則。它們的區別在於——法律的立法針對的是外在行為，道德的立法針對的是內在的行為。法律義務僅要求行為的「合法性」（"Legalität"），而道德義務則要求思慮的「道德性」（"Moralität"）。康德在此引入一個狹義的道德概念，這是他特別引用自托馬斯〔Thomasius〕的概念。根據此一狹義的道德概念，道德義務可被定義為——思慮的義務〔Gesinnungspflicht〕。如此，當問及法律與道德的關係，這個問題就多了一個新的面向。它不再只是針對實證法與理性法之間的關係，同時也是針對——實證法及理性法兩者，跟狹義道德之間的關

88　關於自然法復興的背景，底下第七章將再詳細探討。

係。（Dreier, 1981:186）

　　按康德的法理論，實證法源自純粹實踐理性的立法，我們一方面仍關注實證法與理性法的關係，另一方面更須警覺這些立法與道德思慮的關係。康德引自托馬斯的狹義的道德概念，用以指涉「思慮的義務」，為古老的法律道德問題，注入現代哲學的問題意識——人如何成為道德主體？人為何有思慮的義務？什麼是實踐理性的立法？

　　德萊爾指出，近代國家理論發展至康德的時代，已具備了現代民主法治國的型態，從康德的法理論和道德哲學，亦可見實證主義法學的雛形，[89]換句話說，康德同樣主張實證法的權威，而僅在極端的條件下，才承認抵抗權為天賦的自然權利。康德的主張深受盧梭影響，關於盧梭與康德的自然法論，以及他們結合道德主體及自然權利的創造性，將在底下第四章至第六章詳細探討。

　　在此之前，我們要先了解，以霍布斯為代表的近代國家主權理論，如何從人性的角度，精巧分析人類理性，設想兼容實證法與自然法的制度，為現代自然法論奠下堅實的基礎。

89　參考Dreier（1981），S. 186-187。

第三章

霍布斯論「自然權利」與
國家主權[1]

　　「自然主義的形上學」（naturalistic metaphysics），[2]對於17世紀歐洲的政治和社會思想而言，是一個心智與生命的偉大

1　這一章初稿曾以〈由「自然權利」到「國家主權」：霍布斯與自然主義法形上學的兩個難題〉，在2008年中央研究院霍布斯學術研討會中發表，有關霍布斯的生平考據，在此特別感謝當時錢永祥教授的指正。

2　形上學向來有第一哲學之稱，可說是所有哲學思考的基礎，古代及中世紀的形上學為理性主義所主導，到了近代自然科學發達之後，形上學才開始朝自然主義發展，霍布斯就是主要代表。關於霍布斯哲學的形上學體系，參考Thomas Hobbes, *The Metaphysical System of Hobbes*, selected by Mary W. Calkins（Chicago: The Open Court Publishing Co., 1963）; John W. N. Watkins, *Hobbes's System of Ideas: A Study in the Political Significance of Philosophical Theories*（Hutchinson, 1965）; M. M. Goldsmith, *Hobbes's Science of Politics*（Columbia University Press, 1966）。關於霍布斯的自然法和社會契約論，按美國哲學家Jean Hampton的分析，霍布斯是以自然哲學的原則來解釋人的行為，受到17世紀的新自然哲學（new "natural philosophy"）影響，霍布斯的哲學呈現為唯物論形上學（materialist metaphysics）和唯物論心理學（materialist psychology）的結合，以20世紀之後的哲學用語來說，霍布斯代表17世紀盛行的自然主義的形上學，就是今日所謂物理主義（physicalism）的前身；詳見Hampton, *Hobbes and The Social Contract Tradition*（Cambridge University Press, 1986）, pp. 6, 11。

冒險，哲學家把人類對於邏輯、天文和物理的知識運用到人性和政治，在當時被視為對全能上帝的褻瀆，同時也是對神聖宗教代表的驅逐。[3]

　　歷史上最足以表現這種偉大冒險成就的，應該就是霍布斯（Thomas Hobbes, 1588-1679）晚期的著作《利維坦》（*Leviathan*, 1651; 或譯為《巨靈》），此書不僅激怒包括天主教、新教和貴族等所有當權派，也賭上他半生的研究信念，為了要把自然的知識與人文的想像，統合於一個完密的認識體系，鑽研自然哲學及自然法的霍布斯，在他的三部重要著作中，開展了由個人到政治組織的運動理論。首先是1640年出版的《法的要素》（*Elements of Law*, 1640），其次是《哲學的要素（第一部分）：論身體》（*Elementa Philosophiae,* Section I, *De corpore*, 1656）、《哲學的要素（第二部分）：論人性》（*Elementa Philosophiae,* Section II, *De homine*, 1658）及《哲學的要素（第三部分）：論公民》（*Elementa Philosophiae*, Section III, *De cive*, 1642），以及1651年出版的《利維坦》（*Leviathan*）。[4]在這些延續性的思考與著作中，霍布斯竭力闡

3　霍布斯推崇哲學，認為哲學是開啟智慧必要的一門學問，他對於神學則明顯抱持保留的態度；參考Hobbes, *The Metaphysical System of Hobbes*, selected by Calkins（1963），pp. 4-6。霍布斯稱上帝為造物主，也推崇上帝的神聖權威，因此他反對的應該是當時宗教體制塑立的教會權威；參考Hobbes, *Leviathan* 1909（1651），chap. 11, p. 81; chap. 12, pp. 81-92。

4　Leo Strauss分析霍布斯的政治哲學時，卻並未把《哲學的要素（第一部分）：論身體》（*Elementa Philosophiae,* Section I, *De corpore*, 1656）列為主要著作，比較參考Leo Strauss 1952（1936），p. 6。我認為，霍布斯在其他著作中重複運用《哲學的要素（第一部分）：論身體》中的論點，如要完

述和宣揚一套近代民族國家的絕對主權（absolute sovereignty）理論，並堅信這套理論所用的概念和推理——由身體、人到公民的三部曲（the trilogy of "body", "man", and "citizen"）——具有普遍性，因為它們終究是以自然法為根據的，而霍布斯主張的自然法不是經驗的產物，而是經得起理智檢驗的真理。

依照霍布斯的論點，君主和議會代表了人民的集體意志，但世界的運行終究不是單純人類意志作用的結果，在人性與政治運作之外，必然還有更重要的元素促使國家組織能夠歷久彌新、政治能夠真正維繫和平，而這個要素究竟是什麼？霍布斯窮其後半生幾乎就是為了尋找這個答案。

本章試圖分析霍布斯的答案——主權具有絕對性和神聖性，以及這個答案背後的自然主義形上學假設，並說明他的形上學假設不明確和矛盾的地方，進一步指出其中兩個主要的難題，底下簡稱「霍布斯難題」（"Hobbes' Dilemmas"）：（1）「自然驅力的難題」（Dilemma of the "Conatus"），以及（2）「自然目的的難題」（Dilemma of "Telos"）。本章最後嘗試提出一個修正自然主義的方法，說明自然主義有許多正確的觀念，但也有一些局限，因此透過一種「有所保留的自然主義」（qualified naturalism）可為霍布斯難題找到出路。

3.1.《利維坦》的自然主義法形上學假設

時光回到1651年，霍布斯寫作及出版他的法哲學大作《利

整理解他對哲學和科學方法的觀點，仍有必要納入這本較晚完成的著作。

維坦》，當時他是一個歷經多次逃亡、終能返回故土的62歲學者。[5]那時掌握權力的克倫威爾，表面上雖允許他重回英國，但樹敵眾多的霍布斯，實際上仍只能待在家中寫作，而在這段時間，他最重要的心血結晶就是《利維坦》。

有人以為這部書的內容，迎合和解釋了克倫威爾與查理二世專制統治的正當性，但即使如此，從霍布斯長年理論發展的脈絡加以觀察，我們不難發現，他的這套「絕對主權」（或絕對王權）理論，與他早期的自然哲學竟然巧妙呼應，而這個發現，使人驚嘆霍布斯如何在《利維坦》書中，精心雕琢一套建立於自然哲學的法律理論。如Ferdinand Tönnis、Quentin Skinner和Leo Strauss等重要的霍布斯研究專家指出，《利維坦》呈現霍布斯生平鑽研自然哲學與形上學的理論結晶，提出了近代以來體系最完備的一套國家主權理論，它藉由推理、修辭學和語言表現主義的巧妙運用，解釋人與國家、自然與法律的關係，因此這本書歷經三百多年依然備受重視和討論，絕非偶然。

由於法哲學界（和其他學界分支一樣）流行某種對於《利維坦》的「誤解」，以為霍布斯運用「自然法」原理來推論

5　按霍布斯傳記作者所言，霍布斯的理論寫作生涯發展較晚，直到50歲他才嶄露頭角，因此他的理論顯得比一般人來得老成，而這或許是影響他傾向支持開明專制君主制的原因之一，因為這種主張幾乎完全符合伊莉莎白晚期保守派英國政治家的想法；參考A. P. Martinich, *Hobbes. A Biography* （Cambridge University Press, 1999）, p. 260。然而霍布斯是否真的支持君主制、反對議會民主制？從許多霍布斯專家的研究看來，似乎並非如此，相反的，霍布斯一方面以《利維坦》（*Leviathan*，或可意譯為《巨靈》）指涉國家，另一方面又以《巨獸》（*Behemoth*，亦指惡魔）指涉議會，兩者之間其實有許多有趣而重要的關聯。

「國家法」的正當性，只是一種抽象的方法學的運用（用以推理），並非真的主張「國家主權」**實質上**（substantially）必須建立在自然法的基礎上。[6]受到這種「誤解」的影響，以至於不少人把霍布斯的「自然權利」理論與「國家絕對主權」理論（後者包括「法律權威」理論），看成是兩個截然不同的理論範疇，認為前者只是在闡述自然狀態到國家組成的過渡階段，而後者才是《利維坦》的理論重心。

　　本書採取不同的觀點。無論是從霍布斯研究自然科學和政治理論的歷史考據，或從《利維坦》本身的文本詮釋來看，都有充分的依據可以說明——霍布斯的「國家主權」與「自然權利」兩個概念之間有著密切的關係，兩者在**概念上**絕非彼此獨立、毫無關聯，而說明兩者內在的、概念上的關聯性，關鍵就在於理解霍布斯所堅持的——自然主義的形上學體系。底下為理解和說明方便，我將他的主張以「霍布斯命題」加以表述，藉此探討他所提出的自然主義法形上學的主張，以及如何由此逐一推導出自然權利和國家主權的關係。

6　新近的霍布斯研究論文，亦指出類似問題，但各自的研究觀點不盡相同，參考周家瑜，〈霍布斯論自然法與政治義務〉，《政治與社會哲學評論》，第50期（2014年9月，頁59-100），頁61；周家瑜，〈論法律與道德的關係：霍布斯之「自然法與實證法相互包含」論題（The Mutual-Containment-Thesis）〉，《政治與社會哲學評論》，第68期（2019年3月，頁107-142），頁109-113。

3.2.「霍布斯命題」（Hobbes' Six Theses）

　　早年霍布斯曾遊訪巴黎，當他回到英國之後認識了培根（Francis Bacon, 1561-1626），據說還曾擔任過培根的秘書，兩人經常有哲學的交流對話。[7]似乎是受到培根的影響，霍布斯認為，追求知識即追求力量：「知識的目的就是力量；一切思考就是在展現行動或事物進行的方向。」（"The end of knowledge is power〔...〕the scope of all speculation is the performing of some action or thing to be done."）[8]在他的法哲學代表作《利維坦》第十五章最後一段文字中，霍布斯稱他的道德觀點是科學的，這裡他所指的科學，應該就是如培根所深信的「追求知識的方法」，而研究自然法的科學就是「唯一真正的道德哲學，因為道德哲學就是研究人類相互談論與交往中的善與惡的科學」。（《利維坦》，2017: 122）

　　按霍布斯的定義，善惡的尺度來自「欲望」，當人們處於單純的自然狀態（即戰爭狀態）下，由於渴望和平與生存，因此所有人──基於理性，都會同意：和平是善，所以凡能造成和平的方式或手段，如正義、感恩、謙虛、公正、仁慈以及其他自然法也是善。換句話說，它們都是美德，而其反面的惡行則是惡。依照如此善惡的分別，可知自然法研究就是探尋善的美德，所以霍布斯說：

7　關於霍布斯曾擔任培根的秘書，是否確有其事，並非毫無疑問，目前所見唯一的考據出自John Aubrey, *Aubrey's 'Brief Lives'*（1898），p. 331，為當代霍布斯研究專家Jean Hampton援引，參考Hampton（1986），p. 46, n. 33。

8　參考Jean Hampton（1986），p. 46; Hobbes, *De Corp*, EW i, I, 1, 6, 7。

　　由於研究美德與惡行的科學是道德哲學，所以有關自然法的真正學說便是真正的道德科學。（《利維坦》，2017: 122）

　　這裡我們看到，霍布斯所定義的善──以及由此導出的自然法，其實是「有條件性」的──「善」只是追求和平的適當方法，而不是獨立存在的美德。換句話說，使人性「趨善的動機」（或稱「道德動機」），才是確立善的前提。動機論是霍布斯的自然哲學的核心，底下我將提到他的基本假設──人性趨善的「動機」可比擬為物體的運動原因，這個假設既是霍布斯整個道德和政治理論的前提，有關此一假設的論證，便成了霍布斯自然法論的首要問題。

　　大多數的霍布斯研究專家都同意，霍布斯對善與自然法的推論，必須放在他的法形上學體系中加以觀察，並稱他所主張的是一種「自然主義」（naturalism）的形上學立場，似乎只有少數學者持反對的見解，認為霍布斯是以一種人類學的角度研究人性與政治。兩種立場的分歧主要在於──有關人性趨善的動機，霍布斯究竟採取了自然主義形上學的理由？或者採取了人類學的理由？後者約可簡化為經驗的證明，而前者必須提出超出經驗的理性論證。當然，除了這兩個取徑之外，依邏輯來說，應該還有第三種可能，即霍布斯採取的是混合式的論證，並可能因此陷入理論上的矛盾或兩難。9

　　對於上述複雜的爭議，我的初步看法是，只要我們不過於

9　詳見底下3.3霍布斯難題的討論。

限縮「自然主義」的意義範圍，將霍布斯的立場理解為自然主義形上學，基本上是正確的。「自然主義」，在此指的是一種形上學的立場，主張透過我們理解自然物的方式，來解釋人類社會性存有與相關的社會事實，這種形上學立場不僅可以涵蓋機械論的自然主義，甚至也能包括看似較有保留的「倫理學自然主義」（ethical naturalism），因此它的意義範圍比一般想像的更廣。

　　《利維坦》的哲學是一種自然主義的法形上學，在此指的便是以我們理解自然物的方式，來分析公民和國家的存在，以及連繫這兩者的自然法。霍布斯將公民和國家類比為空氣幫浦（air pump）實驗裝置中的氣體和機械物，以自然科學實驗理性控制空氣幫浦的方式，說明國家如何依法統治。在霍布斯的觀念裡，國家就有如空氣幫浦一般，是人所造出的自然物，所以創造和維護國家的技藝必須依循自然法則，如算術和幾何一般：

　　　創立和維持國家的技藝，是由特定的法則所構成的，就像做算數和幾何一樣，而不像打網球一樣只在於練習：要去發現這些法則，窮人是沒有那種閒暇的，而有閒暇的人卻迄今為止，都缺乏追根究柢的好奇心或方法去發現它們。[10]（*Leviathan*, 1909〔1651〕: 158;《利維坦》，2017:

10　"The skill of making, and maintaining commonwealths, consists in certain rules, as doth arithmetic and geometry; not, as tennis-play, on practice only: which rules, neither poor men have the leisure, nor men that have had the leisure, have hitherto had the curiosity, or the method to find out." (*Leviathan*, 1909〔1651〕:

162）

　　我們可以將《利維坦》視為霍布斯運用上述觀點，從事對國家如何由人與人共同造成、維繫和發展的完整論述，由於支撐這套自然主義論述所運用的材料很廣，包括對心理、語言、法律、倫理和宗教的研究，因此若非徹底掌握完整文本以及與其相關的其他著作，很難得出精確可靠的理解。

　　底下我將《利維坦》涉及的核心論點，先以六個精簡的命題加以呈現，從第一到第六個命題，概要地呈現霍布斯提出「自然權利」與「國家主權」的思考邏輯，其中不乏省略和跳躍之處，這是因為我想探討的重點，集中於霍布斯這套思考結構是否可能成立，而非檢討霍布斯的個別論點是否正確無誤。畢竟，凡是假設的內容，都可能隨著時間與條件變化而有修正的必要，更何況是這些針對人性和政治的假設，若我們把重點放在個別假設的內容上，很容易流於細微末節的爭議，而忽略霍布斯思考的重點與方法。[11]

　　因此，底下霍布斯命題及推論，著重在方法上釐清霍布斯的個別主張及關聯性，這些主張必須從作者的文本中，可以尋找出堅實的出處依據。有關文本的分析，必然有各種不同的研究取徑，由於霍布斯的思考脈絡極廣，從身體、人性、政治組織、人民權利、國家主權到國際競爭與和平等等問題，不一而

158）

11　關於類似的詮釋方法，亦有學者稱之為「霍布斯的幾何學演繹法」（"Hobbes's geometric deduction"），並稱其假設為「唯物論的前提」（"materialist premisses"），參考Jean Hampton（1986），p. 2。

足，底下分析霍布斯命題時，僅就他的推論找出主要的出處依據，並依照先後的順序，將「霍布斯命題」（簡稱為T命題）詳細表述為下列六個主命題，它們的重點分別為：

（T1）政治組織的運動原理
（T2）身體、人（男人）、[12]公民演進三部曲
（T3）主權的定義（絕對而神聖的國家至高權力）
（T4）自然法與正義
（T5）民族國家與市民社會
（T6）回歸系統的運動

上述六個主命題之下，當然可以再細分出次命題，次命題可用於分析和解釋各個主命題，但如上面所言，本章主題不在於檢討個別命題（主命題）是否正確，而是關注整體所呈顯的自然主義的法形上學，在方法和結構上是否成立、有何限制，因此底下將省略所有次命題的討論，留待未來進一步的研究探討。

首先，讓我們從第一個主命題開始，逐步分析霍布斯從自然法到國家主權的推論。

（T1）政治組織的運動原理（霍布斯命題一）：

12　在霍布斯的命題中，雖然原文（英文）使用"men"（男人），但並不影響文義上可推及所有人，因為霍布斯命題的假設，並非（僅）以男人為前提，加入女性等其他性別主體，亦不影響其推論。毋寧"men"（男人）是舊時英文指涉「人」的寫法，當時尚未有性別觀念。

　　任何物體都是動者、處於運動之中，人也是如此，我們從自然物體運動的規律中認識物體本身，也從人的運動規律中認識人本身，進而可從群體的運動規律中認識社會的組織。

　　霍布斯曾言，哲學要建立在人的經驗與認知能力之上，他不要求自己的哲學被他人接受，聲稱人要運用理性去思考，自然地會得出相通的前提，上述（T1）命題就是來自這樣的經驗和思考。在《法的要素》、《哲學的要素（第一部分）：論身體》、《哲學的要素（第二部分）：論人性》、《哲學的要素（第三部分）：論公民》和《利維坦》中，霍布斯有系統地陳述與（T1）有關的一連串思考推理。

　　在《哲學的要素（第一部分）：論身體》中，他將哲學定義為：「對於現象或顯現的結果，以真正的理性思考去獲得的知識」。（"Philosophy is the knowledge we acquire, by true ratiocination, of appearances, or apparent effects"），[13]並說知識的來源不脫離經驗——對於相同現象的生成（production and generation）及效果（effects）的感官知覺，而我們進一步從經驗中獲得知識的「方法」，就是「從已知的原因找出結果，或從已知的結果找出原因」（"Method, therefore, in the study of philosophy, is the shortest way of finding out effects by their known causes, or of causes by their known effects."）。[14]換言之，我們要

13　Hobbes, *De corpore*, chap. IV, article 1.

14　Ibid.

從感官經驗中找出現象「原因」，這就是獲取哲學知識的理性思考。

這個哲學方法，由來已久，在古希臘哲學中亦稱為「原因的科學」（the science of causes, διότι），[15]哲學家找尋自然中物體存在（being）的原因，發現了一切自然物體共有的一個「普遍原因」（universal cause），叫做「運動」（motion）。[16]自古代有自然法思想開始，與此有關的思考原則亦被通稱為「運動的第一原則」（first principles of motion）。近代自然科學興起，這個方法更被廣泛討論和運用，霍布斯生逢其時，他除了接觸培根的經驗主義，據說同時也受到伽利略的影響，Leo Strauss甚至稱霍布斯的政治哲學的方法，就是採用了伽利略的「分解組合法」（Galileo's resolutive-compositive method），並將此方法運用於分析人的自然情感與感官知覺。[17]霍布斯在相關論述脈絡中，雖未直接引用伽利略，但他確實把自己的哲學方法叫做「分解」與「組合」（resolution and composition），[18]他運用這套方法說明人的運動規律，在《利維坦》中有一段生動的描述：

　　這裡所謂的品格，指的不是行為端正有禮，如怎樣對人

15　Ibid.

16　參考Hobbes, *De corpore*, chap. IV, article 5.

17　參考Leo Strauss 1952（1936），p. 6。

18　霍布斯指出，他所說的「分解」與「組合」，就是一般方法論通稱的「分析」與「綜合」（analytical and synthetical）法；參考Hobbes, *De corpore*, chap. IV, article 1。

行禮，在旁人面前怎樣漱口，怎樣剔牙等細微末節。而是
指在和平中（一如在統一體中）共同生活的人類所具有的
品質。為了實現這個目的，我們須知道，今生的幸福不在
於個人感到心滿意足。過去道德哲學家所談的終極目的和
至善，是根本不存在的。欲望終止的人，和感覺與印象終
止的人同樣無法生活下去。幸福就是欲望從一個目標到另
一個目標的不斷發展，達到前一個目標不過是為後一個目
標鋪平道路。所以如此的原因在於，人類欲望的目的不是
在一項間享受一次就完了，而是要永遠確保達到未來欲望
的道路。（*Leviathan*, 1909〔1651〕: 80《利維坦》，2017:
72）[19]

由上述引文可知，自然人的運動規律，指的就是「快樂，
即欲望持續的前進，欲望從一個目標到另一個目標，得到前者

19　"What is here meant by manners. By manners, I mean not here, decency of
behaviour; as how one should salute another, or how a man should wash his
mouth, or pick his teeth before company, and such other points of the small
morals; but those qualities of mankind, that concern their living together in peace,
and unity. To which end we are to consider, that the felicity of this life, consists
not in the repose of a mind satisfied. For there is no such finis ultimus, utmost
arm, nor summum bonum, greatest good, as is spoken of in the books of the old
moral philosophers. Nor can a man any more live, whose desires are at an end,
than he, whose senses and imaginations are at a stand. Felicity is a continual
progress of the desire, from one object to another; the attaining of the former,
being still but the way to the latter. The cause whereof is, that the object of man's
desire, is not to enjoy once only, and for one instant of time; but to assure for
ever, the way of his future desire." (*Leviathan*, 1909〔1651〕: 80)

只是到達下一個目標的中途而已。」（"Felicity is a continual progress of the desire, from one object to another; the attaining of the former, being still but the way to the latter."）。承接此一前提，霍布斯再提出「欲望」（desire）生成發展的實際過程，因為快樂與欲望的關係並非自明之理，我們要追問：什麼樣欲望的滿足，可使人感受到快樂？這些欲望是驅使人們共同行動的普遍原因嗎？在下一個命題中，霍布斯給出清楚的答案。

（T2）身體、人（男人）、公民演進三部曲（霍布斯命題二）：

> 人的自然運動是由身體感官經驗開始，接收外在世界的刺激產生欲求，進而衍生追逐、競爭、不安、嫉妒、恐懼和虛榮等情感，但大多數人將由自然理性引導而渴望安穩，透過與他人結合和合作，繼而發展為公民，使這個運動進行的原因是自然驅力：人需要滿足自我，先是透過軀體感官探索世界，再透過語言和概念表現意志，最後透過與人的結合實現生活。

上述命題中所說的人的本性，也是政治組織運動規律的原因，霍布斯稱之為「欲望」，有時欲望又表現為「力之所趨或意向」（"ENDEAVOUR. ... This endeavour, when it is toward something which causes it, is called APPETITE, or DESIRE... "）。在中世紀及近代哲學的用語中，霍布斯描述的這個與人有關的運動原因，亦被通稱為「自然驅力」（conatus），這是使人形成欲望或意向的原因。按霍布斯的分析，人的身體除了生命運

動之外，還有另一種內在於人體器官和組織的「自覺運動」，
如他在《利維坦》中的描述：

> 動物有兩種特有的運動，一種被稱為生命運動〔vital
> motion〕，從出生起就開始，而且終生不間斷；如血液的
> 流通、脈搏、呼吸、消化、營養、排泄等過程便屬於這
> 一類。這種運動無須構想幫助。另一種運動是靈魂運動
> 〔animal motion〕，又稱為自覺運動〔voluntary motion〕；
> 按照首先在心中想好的方式行走、說話、移動肢體等便屬
> 於這類運動。感覺是人類身體的器官和內在組織的運動，
> 是由我們所看到或聽到的事物的作用引起的。〔……〕人
> 體中這種運動的微小開端，在沒有表現為行走、說話、揮
> 擊等可見的動作以前，一般稱之為**意向**。〔……〕當這種
> 意向是朝向激發它的某種事物時，就稱之為欲望或願望。
> 〔……〕[20] (*Leviathan*, 1909〔1651〕: 47;《利維坦》，

---

20 "There be in animals, two sorts of motions peculiar to them: one called
vital; begun in generation, and continued without interruption through their
whole life; such as are the course of the blood, the pulse, the breathing, the
concoction, nutrition, excretion, and etc., to which motions there needs no help
of imagination: the other is animal motion, otherwise called voluntary motion; as
to go, to speak, to move any of our limbs, in such manner as is first fancied in our
minds. That sense is motion in the organs and interior parts of man's body, caused
by the action of the things we see, hear, and etc.; ... These small beginnings of
motion, within the body of man, before they appear in walking, speaking, striking,
and other visible actions, are commonly called ENDEAVOUR. ... This endeavour,
when it is toward something which causes it, is called APPETITE, or DESIRE... "
(*Leviathan*, 1909〔1651〕: 47)

2017: 35-36）[21]

在上述引文中，霍布斯指出，自覺運動的微小開端就是一般所稱的「意向」（endeavour），當意向有特定的目標對象時，此即稱為欲望或願望（appetite, or desire）。依照這個推理，驅動人們組成與維繫政治組織的原因，就是自然人內在的意向所欲——喜愛安穩、畏懼死傷。依同樣的運動規律，只要政治組織能確保生存和安全，人便會自願受其拘束、放棄使用自身力量的自由——放棄最初為了自保的「自然權利」，成為服從的政治「公民」。霍布斯在《利維坦》中詳盡闡述此一看法：

> 公民的服從起源於〔人們〕對安穩的喜愛、對死亡或傷害的恐懼。喜愛安穩和感官的愉悅使人們服從一個共同的權力：因為有了這種欲望之後，人們就會放棄那種通過自身努力可望獲得的保障。畏死懼傷也使人產生同樣的傾向，其理由也相同。（*Leviathan*, 1909〔1651〕: 81《利維坦》，2017: 73）[22]

21　這節部分引文的中文翻譯，比較參考Thomas Hobbes，《利維坦》，黎思復、黎廷弼譯，楊昌裕校（北京：商務印書館，2017）。

22　"Civil obedience from love of ease. From fear of death, or wounds. Desire of ease, and sensual delight, disposes men to obey a common power: because by such desires, a man doth abandon the protection that might be hoped for from his own industry, and labour. Fear of death, and wounds, disposes to the same; and for the same reason." （*Leviathan*, 1909〔1651〕: 81）

　　如此，依公民服從的目標來看，畏死懼傷所驅使的和平欲望，在政治組織中由一個共同權力來維繫，實際上是不足的，霍布斯提出許多例子來證明，這個權力的性質，還必須是堅固不移的，否則亦無法達到公民的欲求。所以，接著我們看到，霍布斯提出了他的政治哲學的核心主張——確立「國家主權」的定義。

（T3）主權的定義（絕對而神聖的國家至高權力）（霍布斯命題三）：

> 　　人與人的結合與合作，使人得以脫離自然的衝突狀態、免於生存恐懼與威脅，基於這種自然欲望，人們相互約定轉讓權利予主權者，由主權者所代表和領導的國家，因此具有人民付託的至高和絕對權力。

　　依循人性渴望和平的發展，霍布斯強調，人與人之間便自然地產生約定，主動地將自然權利轉讓給特定的主權者，我們看到在上述（T3）命題中，霍布斯提出一個大膽的假設——將「主權」定義為「至高、絕對和神聖的權力」，擁有此絕對權力的「主權者」究竟是誰或哪些人？如何產生？這些重要問題似乎因牽涉到現實的經驗，霍布斯並沒有給出令人滿意的答案，看他在底下這段重要推論中的說法：

> 　　建立公共的權力，為的是要抵禦外來的侵犯，以及防止他人的傷害，使人們可以利用其才智，利用土地上的果

實，保障自身安全，並能養活自身，得到滿足的生活；那
麼〔建立公共權力〕唯一的方式，就是人們將其權力及力
量交付給一個人，或交付給一群人，如此可使人們多數
聲音發出的眾人意志〔wills〕，化為單一的意志；這就如
同指派一個人，或指派一群人，來代表群眾自身；代表
者為了公共的和平和安全，無論將做出任何事、或被要求
去做任何事，每個人亦將承擔、並承認自己就是這些事務
的作者〔Author〕；在此過程，每個人將個人意志交給代
表者，並將個人的判斷也交給了代表者。此事超出了同意
或約定；這是所有群眾實在地結合為一體，成為單一且固
定的個體〔in one and the same Person〕——基於每個人與
每個人的約定，彷彿每個人都要對每個人這樣說——對代
表我的這個人或一群人，我付託並放棄支配自己的權利，
但前提是——你也同樣放棄自己的權利，並且跟我一樣授
權這個代表者做一切事務。依此完成之後，群眾結合而
成的單一人格體〔one Person〕，就叫做國家〔Common-
Wealth〕，亦即拉丁文所稱的Civitas。偉大的利維坦就是
如此誕生的，或用一般俗語來說，利維坦即是會死的上帝
〔Mortal God〕，在永恆的上帝〔Immortal God〕之下，我
們將和平與防衛交付給利維坦。（*Leviathan*, 1909〔1651〕：
131-132）[23]

---

23 "The only way to erect such a Common Power, as may be able to defend them
　　from the invasion of Foreigners, and the injuries of one another, and thereby to
　　secure them in such sort, as that by their own industry, and by the fruits of the
　　Earth, they may nourish themselves and live contentedly; is, to confer all their

　　在這段關鍵引文中，霍布斯提出著名的擬人化形象——「利維坦」，指的就是「主權國家」，它具有獨立人格、能代表所有人民做一切事務。在人類歷史上，這是第一次出現不訴諸神權或階級權威的國家概念，在接下來的論述中，霍布斯進一步分析，這樣的主權國家必須具備三個構成要素——主權者、主權及臣民：

　　　〔利維坦的〕權威，是國家的每一個別成員給予的，他〔利維坦〕被授予如此大的權力和力量，也就是因而擁有的恫嚇之力〔terror〕，使他能夠形成眾人的意志，以實現國內和平，並讓人民互相幫助去抵禦國外的敵人。國家的

---

power and strength upon one Man, or upon one Assembly of men, that may reduce all their wills, by plurality of voices, unto one Will: which is as much as to say, to appoint one Man, or Assembly of men, to bear their Person; and every one to own, and acknowledge himself to be Author of whatsoever he that so bears their Person shall Act, or cause to be Acted, in those things which concern the Common Peace and Safety; and therein to submit their Wills, every one to his Will, and their Judgements, to his Judgment. This is more than Consent, or Concord; it is a real Unity of them all, in one and the same Person, made by covenant of every man with every man, in such manner, as if every man should say to every man, *I authorise and give up my Right of Governing my self, to this Man, or to this Assembly of men, on this condition, that you give up your Right to him, and authorise all his Actions in like manner.* This done, the Multitude so united in one Person, is called a Common-Wealth, in Latin Civitas. This ist the Generation of that great LEVIATHAN, or rather（to speak more reverently） of that *Mortal God*, to which we owe under the *Immortal God*, our peace and defence." （*Leviathan*, 1909〔1651〕: 131-132）（這段引文中的斜體及大寫字體，均為原文所有。）

　　　　本質就是由利維坦構成的；國家，可被定義為一個人格體
　　　　〔one Person〕，國家所有的行為，由每一成員彼此之間
　　　　約定為自己所做，目的是讓國家可以使用眾人的力量和手
　　　　段——以更開闊的思考，去實現眾人的和平、防禦國家。
　　　　負擔起此一人格體的，就叫做主權者〔SOVEREIGN〕，我
　　　　們稱他擁有主權〔Sovereign Power〕，而且此外，每個人
　　　　都是他的臣民〔SUBJECT〕。[24]（*Leviathan*, 1909〔1651〕：
　　　　132）

　　從這段分析可知，國家就是主權者（擁有單一人格），國
家內部的所有成員皆為臣民，而主權者因擁有至高和神聖的權
力（主權），所以他就像公眾的靈魂，維繫著國家龐大的政治
組織，倘若有一天主權者失去至高權力，號稱主權者的國家亦
不復存在：

　　　　因為主權者是給予國家以生命和活動的公眾靈魂，它

---

24 "For by this Authority, given him by every particular man in the Common-
　Wealth, he has the use of so much Power and Strength conferred on him, that by
　terror thereof, he is enabled to form the wills of them all, to Peace at home, and
　mutual aid against their enemies abroad. And in him consists the Essence of the
　Common-Wealth; which（to define it,）is *One Person, of whose Acts a great
　Multitude, by mutual Covenants one with another, have made themselves every
　one the Author, to the end he may use the strength and means of them all, as he
　shall think expedient, for their Peace and Common Defence.* And he that carries
　this Person, is called SOVEREIGN, and said to have *Sovereign Power*; and every
　one besides, his SUBJECT."（*Leviathan*, 1909〔1651〕：132）（這段引文中
　的斜體及大寫字體，均為原文所有。）

衰竭之後，四肢就不再受它的控制了，正像人的屍體不受
已經脫離的靈魂管制一樣，雖然這靈魂是永生不滅的。主
權君主的權利，雖然不能由於另一人的行為而消滅，但臣
民的義務卻可以因此而消滅。（*Leviathan*, 1909〔1651〕：
257）；《利維坦》，2017: 260 [25]

按照上述主權國家的定義，以及主權至上的邏輯，可知主
權不僅是維繫國家生存的必要與充分條件，而且依其性質——
至高而絕對，主權還是不可分割的，霍布斯因此駁斥一種誤
解：

還有第六種〔錯誤的〕說法，明顯而直接地違反國家的
本質，那便是主權可以分割的說法。分割國家權力就是使
國家解體，因為被分割的主權會相互摧毀。（*Leviathan*,
1909〔1651〕: 251;《利維坦》2017: 254）[26]

說到這裡，關於主權不可分割的推論，仍然停留在抽象的
思考，在現實上若無強而有力的支柱，那麼主權不過是空洞的

---

25 "For the sovereign is the public soul, giving life and motion to the commonwealth;
which expiring, the members are governed by it no more, than the carcase of a
man, by his departed, though immortal, soul." (*Leviathan*, 1909〔1651〕: 257)

26 "There is a sixth doctrine, plainly, and directly against the essence of a
commonwealth; and it is this, *that the sovereign power may be divided*. For what
is it to divide the power of a commonwealth, but to dissolve it; for powers divided
mutually destroy each other." (*Leviathan*, 1909〔1651〕: 251)

假設，於是霍布斯接著舉出「國家法」（civil law）的訂定，並強調國家法要能充分地確保主權及公民服從，此即國家法的目的。同樣依循上述的運動原理，國家法的目的仍不脫離人性自然欲望的滿足，那麼建構國家法將帶來的疑問是：當有了擁有至高權力的主權者，接下來人們將面對的處境是：自然權利是否完全消失、並且不能復返？自然權利與國家主權處於什麼關係？針對這一點，霍布斯強調社會契約的自然法基礎：

> 　　主權者，不論是君主還是一個議會，其職責都取決於人們賦予主權時所要達到的目的，那便是為人民求得安全。這一點根據自然法他有義務要實現，並向制定自然法的上帝負責，而且只向上帝負責。但這裡所謂的安全還不單純是指保全性命，而且也包括每個人通過合法的勞動，在不危害國家的條件下，可以獲得的生活上的一切其他的滿足。（*Leviathan*, 1909〔1651〕: 258;《利維坦》，2017: 260）27

　　在《利維坦》中，霍布斯提出上述國家主權的命題，強

---

27 "The office of the soveveign,（be it a Monarch or an Assembly,）consists in the end, for which he was trusted with the sovereign power, namely the procuration of the safety of the people; to which he is obliged by the law of nature, and to render an account thereof to God, the author of that law, and to none but him. But by safety here, is not meant a bare preservation, but also all other contentments of life, which every man by lawful industry, without danger, or hurt to the commonwealth, shall acquire to himself."（*Leviathan*, 1909〔1651〕: 258）

調主權者受自然法的拘束，必須保護人民的安全。如前面提及的，他稱自然法研究是關於善惡的道德哲學，這也意味著主權者根據自然法有行善避惡的義務，為了討論方便，在下列命題中，我將之稱為正義標準。

（T4）自然法與正義（霍布斯命題四）：

> 人們轉讓予主權者的自然權利，既是基於自然法，也是對主權者設定的正義標準。

霍布斯在《利維坦》中，鉅細靡遺地分析自然法的內容：

> 自然法是永恆不變的。不義、忘恩、驕縱、自傲、不公正、偏袒等等都絕不可能成為合乎自然法的。因為絕不會有戰爭可以全生，而和平反足以殺人的道理。（*Leviathan*, 1909〔1651〕: 123;《利維坦》，2017: 121）[28]

> 另有一種法律分類，是分成自然法與實證法，自然法，是亙古以來永恆存在的法律，不但稱為自然法，而且也稱為道德法，是由正義、公正等品德及一切有益於和平與仁慈的思想習慣組成的〔……〕。（*Leviathan*, 1909〔1651〕:

---

28 "The laws of nature are eternal. The laws of nature are immutable and eternal; for injustice, ingratitude, arrogance, pride, iniquity, acception of persons, and the rest, can never be made lawful. For it can never be that war shall preserve life, and peace destroy it." (*Leviathan*, 1909〔1651〕: 123)

211;《利維坦》，2017: 221）[29]

　　每一個臣民，對於權利的範圍——不能根據信約予以轉讓的一切事物，都具有自由。因此，如果主權者命令某人（其判決雖然是合法的）把自己殺死、殺傷、弄成殘廢或對來攻擊他的人不予抵抗，或是命令他絕食、斷呼吸、摒醫藥或放棄任何其他不用就活不下去的東西，這人就有不服從的權利。（*Leviathan*, 1909〔1651〕: 164;《利維坦》，2017: 169）[30]

　　臣民對於主權者的義務，應理解為只存在於主權者權力持續期間，而僅當主權者能夠保衛臣民，他的權力才會持續存在。因為在沒有其他人能保衛自己時，人們的天賦自衛權利，是不能根據信約放棄的。（*Leviathan*, 1909〔1651〕: 167;《利維坦》，2017: 172）[31]

---

29 "Another division of laws, is into natural and positive. Natural are those which have been laws from all eternity; and are called not only natural, but also moral laws; consisting in the moral virtues, as justice, equity, and all habits of the mind that conduce to peace, and charity;..."（*Leviathan*, 1909〔1651〕: 211）

30 "Subjects have liberty to defend their own bodies, even against them that lawfully invade them."（*Leviathan*, 1909〔1651〕: 164）

31 "The obligation of subjects to the sovereign, is understood to last as long, and no longer, than the power lasts, by which he is able to protect them. For the right men have by nature to protect themselves, when none else can protect them, can by no covenant be relinquished."（*Leviathan*, 1909〔1651〕: 167）

從上述引文，我們看到，霍布斯並未因主張國家主權，而放棄自然法論。不過，要完整理解他的推論，必須進一步認識人與國家的關係，底下將之精簡表述為第五個命題。

（T5）民族國家與市民社會（霍布斯命題五）：

> 人民的社會性存在與國家組織是並存的，這是因為國家是人造的靈魂，而這個靈魂依附的實體卻是所有個人，國家與人民彼此依附的關係，就如同人的理性與身體一般。

第五個命題，說明人民與國家的存有關係。霍布斯在《利維坦》中，強調人與人組成國家之後，人的特性並未因之削減，相反的，國家的形式是在眾人之外，類似空氣幫浦抽淨氣體之後的「純氣空間」（真空）一樣。人民的社會性存在，一般將之形容為市民社會，這是國家的身體性或真實性的存在，而通常以民族組成的國家若失去其主權，不再能夠保護人民，此時雖然國家解體消逝，市民社會卻不會隨之消失，如霍布斯所言：

> 主權是國家的靈魂；一旦靈魂脫離了身體，身體各組成分子就再也無法從靈魂得到動力。服從的目的，是為了被保護〔Protection〕；當人民看到被保護的機會，無論是靠自己力量，或靠他人的武器，自然〔Nature〕就會要求他服從此一力量，並盡力保有它。依據人民組成國家的意圖，主權應該是永恆不朽的；但是主權依照其自然本性，

不僅可能因暴力致死，例如遭遇外國戰爭攻擊；〔主權〕
它還可能因為人民對國家的忽視或激情，例如以非常特殊
的制度，種下自然老死的原因，這就是身體與靈魂的分離
〔Intestine Discord〕。（*Leviathan*, 1909〔1651〕: 170）

這裡關於第五個命題的理解，還涉及對社會契約的性質分
析，下節將再深入討論。[32]以上五個命題，皆有出自《利維坦》
原文的出處加以說明，不過原文若干地方略有出入或矛盾之
處，這節只略舉可供參考的幾處重要段落。底下指出的第六個
命題，則不以《利維坦》文本為限，而是從貫穿以上五個霍布
斯命題的自然主義運動觀念中，導出的結論性命題。

（6）回歸系統的運動（霍布斯命題六）：

上述的運動規律必然是在一個完備的系統中進行的，這
個系統與空氣幫浦類似，是一種人造物，所有自然欲求、
自然理性、自然權利、主權……都在縝密控制的人造系統
中才能不受干擾地（純化）進行。

依照上述分析及總結命題，霍布斯預設的國家主權，必
須維持國家理性的運作，也就是說，國家存在的目的是保護人
民，它必須發揮足以保護人民的力量，國家的主權因人民的服

---

32 底下頁150-152分析霍布斯筆下的社會契約的意涵，主要涉及對第五個命題
的理解，詳見底下頁152。

從，而能如擁有身體的靈魂那樣，使身體（國家社會）各部分
得到充足的動力。一旦背離保護人民的目的，國家主權也就跟
著自然老死。

如這一節的分析，霍布斯融合國家主權和自然法的理論，
預設了自然主義的法形上學，包括預設了國家的目的，以及達
成目的的原因（動力）。他的分析推論極有創造力，影響了後
來的現代自然法論，包括盧梭也深受影響。下一章將探討現代
自然法論的不同面向，在此之前，底下先分析霍布斯的推理有
何疑難，我們如何找出解方。

3.3. 霍布斯難題

綜合以上六個精簡的霍布斯命題，我想進一步指出，這個
思考結構本身可能蘊含的兩個難題：一是關於「自然驅力的難
題」（Hobbes' Dilemma of the "conatus", or the debate of Gauthier
vs. Hampton，簡稱D1），其次是「自然目的的難題」（Hobbes'
Dilemma of "telos"，簡稱D2）。

（D1）Hobbes' Dilemma of the "conatus"（「自然驅力的難題」）

首先，觀察上述自然主義的推論，我們遇到的第一個難
題是：按照政治組成的這種運動原理，人類發展社群意識和建
立國家主權，若是一種自然的驅力（意向、欲望）使然，那
麼最後自然驅力促使人們締結同意的，究竟是一種社會契約

（social contract）？還是一種自利的同意與慣例（self-interested agreement and convention）而已？

　　兩者的不同在於，社會契約是一種個人將自然權利讓渡（alienate）給主權者的約定，它的特性是拘束個人的，其內容無法自由改變，而這項約定賦予了主權者至高而絕對的權威；而相對的，所謂自利的同意和慣例，則是一種個人選擇行動代言人或代表（agent）行使主權的意思表示，以及習慣性的維持這種付託關係的狀態，因此個人既未讓渡（放棄）任何自然權利，被選擇及指定的代表也不擁有至高和絕對的權力（主權）。

　　換句話說，社會契約說支持霍布斯的《利維坦》絕對主權論是可能成立的，而慣例說則認為《利維坦》終究不可能成立、巨靈只是一種象徵性的虛構，原因即在於霍布斯所闡述的約定並不是所謂社會契約，而是一種習慣性的同意而已。

　　對於這個難題的解決，恐怕循社會契約模式來說明是行不通的，儘管像David Gauthier（1932-）這樣堅持此說的傑出學者不在少數。[33]我個人倒是認為Jean E. Hampton（1954-1996）這位女性哲學家的看法，比較能貼近霍布斯的自然主義形上學立場，因為社會契約說傾向過於放大霍布斯對人的「自然理性」的主張，事實上，自然驅力與自然理性是一樣重要的。Hampton在《霍布斯和社會契約傳統》書中，提出對霍布斯原文重點的

---

33 關於David Gauthier的分析參見Gauthier, "Hobbes' Social Contract," in G. A. J. Rogers and Alan Ryan（eds.）, *Perspectives on Thomas Hobbes*（Oxford: Clarendon Press, 1988）, p. 125。

分析：[34]

　　自然權利——大多作者都稱之為自然法〔jus naturale〕，
意指為了保存自己的本性〔Nature〕，每個人皆有自己決
定及使用自己力量的自由；這是為了保存自己的生命；因
此，每個人可以做任何事，只要出於自己的判斷，並根據
理性，每個人為達到上述目的，就會採取自認最合適的方
法。〔……〕換言之，霍布斯的意思是——我們所有人都
「擁有（自由）權利」，可以去做或得到任何事物，只要
理性判定那是正確的（明智的）。而且，在霍布斯的心理
學中，自我保存〔self-preservation〕被認為是最重要的，那
麼在自然狀態中，所有人擁有的自由權利〔liberty-rights〕
的主要內容就是——涉及自我保存的一切必要事物和行
動，只要這些事物和行動符合主要利益。同樣的，〔這就
是〕在《利維坦》第十四章中，霍布斯認為人們擁有一個
「自然權利」〔"a right of nature"〕的內容。[35]（Hampton
1986: 52, 54）

　　這裡Hampton引霍布斯文本，說明自然權利的內容是出於理

34　Jean E. Hampton（1986），p. 52.

35　原文為"The RIGHT OF NATURE, which writers commonly call jus naturale,
　　is the liberty each man hath, to use his own power, as he will himself, for the
　　preservation of his own nature; that is to say, of his own life; and consequently, of
　　doing any thing, which in his own judgment, and reason, he shall conceive to be
　　the aptest means thereunto."（Hampton 1986: 52）.

性、以實現自我保存為主要利益，接著她指出，然而此一自然
權利是否包含「不去做」與自我保存相反或不利的事？亦即由
自然權利能否導出對應的「義務」〔ought/ought not〕──例如
人不可傷害自我？對此，學者專家陷入爭議不決，[36]而Hampton
則嘗試把霍布斯的心理學與生理學加以結合，她分析「自我保
存」的理性欲望和行動，同時包含心理與生理的意義，亦即理
性所欲求的，不僅是心理層面的自我保存，也包括生理層面的
自我保存，因此她批評有些讀者或學者將「理性」一詞做單純
主觀主義式（subjectivist）解讀，以致忽略霍布斯談的理性，其
實也具有生理上的客觀意義。她說：

> 〔……〕霍布斯對於正確理性〔right reason〕，有一個
> 「健康的思想」〔healthy deliberation〕理論構想，因此
> 他的主張是──我們之「擁有權利」去做某事或獲得某
> 物，不能是處於身體疾病影響下的瘋狂目標（例如自殺）
> 所致。這個理論構想，可能源於霍布斯採用醫學角度，
> 用於定義某一部分的正確理性，所以他認為僅有健康的
> 個人──會把自我保存當作主要目的，才擁有自由權利
> 〔liberty-rights〕。（Hampton 1986:54-55）

上述這一點，釐清了理性的主觀與客觀意義，使自我保存
可被定為一種客觀的目的，不因個人主觀感受而異，那麼自然
權利本身的道德意義，也就更加明確。不過，由這個權利的道

36　參考Hampton（1986），p. 54。

德意義——權利行使必須符合自我保存的目的（命題A），並不能直接推論出個人有何道德「義務」——必須採行特定的行動或方式來實現自我保存（命題B），從而亦無法由（A）推論出——締結社會契約的每個個人，因將自我保存的權利交付國家法律，即負有服從國家法律的義務（命題C）。這裡涉及的多種可能推論或命題，大致皆有學者提出討論或質疑，在此無法一一詳述。根據Hampton分析霍布斯文本指出，關於個人將自我保存的權利託付於國家，以及身為公民而服從政治或法律決定，這些同樣都是基於正確理性（健康的思慮）的結果，跟某種道德意義下的（客觀的）「義務」（obligation）無關。於是，她得出的結論是：當霍布斯論個人放棄或託付自然權利時，說這樣作為合乎「義務」和「正義」（"duty", "obligation", and "justice"），他稱此一作為義務是「正確或理性的」（right or rational），其實僅止於「明智」（prudent）之意。[37]

　　從霍布斯的心理學來看，Hampton主張「自然理性」僅使個人願意託付自然權利，但不可能同時衍生——具有道德意義的「服從義務」。所以，社會契約對個別公民的拘束，乃出自個人理性及明智的決定，無涉道德義務。自始至終，國家目的與法治都是為了達到和平的願望：

　　　國家的建立，始自一群人——每個人與每個人相互約定並同意，要將代表自己的權利交給某個人或一群代表，這些人受到多數人的委託，也就是說，讓這些人成為代表；

37　參考Hampton（1986），p. 56。

　　　每個人可以透過選舉投票，反對這些代表者，代表者皆擁
　　有自己選民的授權，須如選民所願去實現和平的渴望。38
　　（Hampton 1986:162）

　　基於人的理性或健康的思慮，無論如何，個人都不可能
因國家法律的存在，而放棄自然權利，這點與上節分析霍布斯
命題及推論，不謀而合，也幫助我們更能理解第五個命題的意
涵，重述如下：

（T5）民族國家與市民社會（霍布斯命題五）：

　　　人民的社會性存在與國家組織是並存的，這是因為國家
　　是人造的靈魂，而這個靈魂依附的實體卻是所有個人，國
　　家與人民彼此依附的關係，就如同人的理性與身體一般。

　　根據上述分析，組成國家與服從法律的行為，既是屬於個
人理性的明智決定，那麼《利維坦》中的絕對而至高的主權代
表（主權者）如何產生，自然也是屬於人民「主動的」一種選
擇才對，否則在論理上無法與霍布斯的前幾個運動命題互相呼

---

38 原文為"A commonwealth is said to be instituted, when a multitude of men
　do agree, and covenant, every one, with every one, that to whatsoever man,
　or assembly of men, shall be given by the major part, the right to present the
　person of them all, that is to say, to be their representative; every one, as well
　he that voted for it, as he that voted against it, shall authorize all the actions and
　judgments, of that man, or assembly of men, in the same manner, as if they were
　his own, to the end, to live peaceably..."（Hampton 1986:162）.

應，或彼此銜接。藉由上述Hampton對自然理性的分析，應有助
於釐清命題五與其他命題的邏輯一致性。此外，重新思考命題
五，個人對於國家主權是否只有消極和被動的作用力？按照霍
布斯的觀點，人們為脫離自然狀態帶來的恐懼和威脅，每個人
信守與他人的信約、轉讓自然權利予主權者（代表），化身為
社群的成員（公民），將服從民主制代表所訂定的法律，當作
自己的公民義務，從而確保民族國家的主權鞏固。然而，**如果
付託主權的過程只是一時消極而被動的運動，那麼運動如何產
生方向（驅力的對象）、亦即有所平衡？**也就是說，或許霍布
斯「必須」主張（也可能是原文寫作時交代不夠而已），在國
家主權產生和維繫運作的過程中，人民（個人）始終保有某種
主動性（能動性），才能時時確保主權延續和它至高的地位。

　　在這個疑難問題的背後，可能隱含了霍布斯對於人性理解
的某種矛盾，這一點並不令人意外，畢竟當時他的自然主義假
設，並不包含某種道德或倫理性的人性觀。[39]按照Leo Strauss的
說法，霍布斯理解人性的矛盾，涉及自然主義與人類學的人性

---

39 直到盧梭與康德的時代，自然法的哲學中出現主體性的概念，形成現代法
治與正義理論運用的道德主體（或權利主體）概念，參考底下第四章以後
的探討。黑格爾將康德與費希特所指的主體，理解為一種形式主義式的個
人（或稱個體性），又將霍布斯的個人做了經驗主義的解讀，如此解釋影
響了後人對康德式及霍布斯式主體的理解，對此比較參考顏厥安，〈否定
性與絕對倫理──由黑格爾之自然法論文談現代社會之危機〉，《國立政
治大學哲學學報》，第5期（1999年1月，頁235-262），頁240-246, 256。
有關霍布斯反對經驗論，以及對康德與費希特式主體採非形式主義的理
解，近年學者有相關研究，參考James D. Reid, "On the Unity of Theoretical
Subjectivity in Kant and Fichte", *The Review of Metaphysics*, Vol. 57, No. 2
（Dec.,2003: 243-277），p. 255, n. 37。

觀的對立，究竟霍布斯傾向於採取何者？似乎還需要進一步比較釐清。底下引述Leo Strauss的討論：

> 問題是，霍布斯如何理解政治哲學，他究竟把它當作自然哲學的一部分，或者將它視為完全獨立的知識領域，換句話說，傾向於自然主義的政治哲學，與傾向於人類學的政治哲學，兩者是相對和矛盾的，此一矛盾的釐清很重要，因為這不是單純方法上的問題，而要考慮到事物的本質。霍布斯介於自然主義和人類學之間的矛盾，變得尤其明顯，當我們注意到，在解釋霍布斯對人性的判斷和推論時，我們所看到的矛盾，其實貫穿了他所有的著作。霍布斯既沒有釐清後者〔人類學的假設〕，也沒有釐清前者〔自然主義的假設〕。[40]（Strauss 1952: 8）

關於這個爭議，Jean E. Hampton指出，霍布斯雖然從自然哲學的「運動的第一原則」（first principles of motion），逐步推導出自然法及絕對主權，但他的推論並未完全依循自然科學的邏

---

[40] 原文為"the question whether Hobbes understood political philosophy as a part or annexe of natural science or as a fully independent branch of knowledge, in other words, whether his political philosophy is intended to be naturalistic or anthropological, thus bears not only on the method but above all on the matter. The significance of the antithesis between naturalistic and anthropological political philosophy for the matter becomes fully apparent if one grasps that this antithesis in the interpretation of and judgement on human nature which extends throughout the whole of Hobbes' work. Hobbes eliminated the latter contradiction as little as the former."（Leo Strauss 1952: 8）.

輯所要求的——設定的前提必須清晰、用詞須有明確的定義。
相反的，霍布斯在推論中假設的前提，大多沒有精準的定義，
例如霍布斯會說——「人的渴望無論是什麼……」（"whatever a
person desires"），他使用這種一般習慣的語句為前提，並不符
合自然哲學的理性主義要求，反而較接近慣習主義或經驗主義
的思考。

　　我們可以確知，17世紀普遍流行的慣習主義（conventionalism），
確實影響了霍布斯對於科學及道德哲學的看法。霍布斯似乎不
堅持——世界的建構所提出的假設均必須為真，對他而言，只
要這些假設符合慣習就足夠了。[41]類似的看法，也出現在霍布
斯的社會契約論中，Hampton和Ronald Dworkin等學者都認為，
「假設性的契約」（hypothetical contract）不可能證明任何事物
的成立，透過假設性的社會契約，亦不可能證明國家擁有絕對
主權。[42]那麼，霍布斯的國家主權論必然是建立在約定的同意
之上，因此霍布斯式的「社會契約」所指的就是「約定俗成」
（"convention"），而且由此推論出的契約效力（即約定的效
力），也就不會是必然和永久性的。

41　Hampton（1986），p. 48.

42　詳見Ronald Dworkin, "The Original Position," in *Reading Rawls. Critical
　　Studies on Rawls' A Theory of Justice, ed. Norman Daniels（Stanford University
　　Press, 1989〔1975〕）, pp. 16-52; 這篇Dworkin的論文曾發表於期刊，
　　Dworkin, "The Original Position," *University of Chicago Law Review*, Vol. 40,
　　Issue 3（1973）, pp. 500-533。在這篇經常被引用的論文中，Dworkin批評社
　　會契約論者主張的「『假設性的社會契約』具有拘束力」，他認為這本身
　　是一項錯誤的假設，並指出由這個錯誤前提，無法導出如John Rawls描述的
　　正義二原則；參考Dworkin（1973），ibid., p. 502。

（D2）Hobbes' Dilemma of "telos"（「自然目的的難題」）

接著，理解霍布斯上述自然主義的法形上學，遇到的第二個難題是：藉由絕對主權維繫「和平」既然是國家形成的自然目的，但如果實際上國家成為和平的破壞者，那麼是否需要藉由其他「非國家的」政治組織來實現和平的目的？霍布斯如何面對國家與和平的矛盾？

在《利維坦》中，國家主權（與國家本身不同）只有形式（意志的表現形式），但基本上並沒有實質（即沒有意欲的對象）。和平目的，其實是人性驅力的欲求對象，並非國家的目標，所以霍布斯指出，國家有各種侵犯和平的可能方式，甚至導致它自己可能解體，主權亦可能被分割而失其效能。

不過，霍布斯其實從未認為國家是「必然」存在的，他只是認為國家「有必要」因和平之故而存在（這個部分倒真的顯示出，霍布斯的自然主義帶有些許人類學色彩）。霍布斯既堅持主權確立的前提不是傳統、慣例和記憶，真正維繫社群不崩解的因素乃是和平的需要和渴望，那麼就這個自然目的來看，霍布斯推崇的主權國家並不是無可取代的，相反的，若和平不可得，國家亦可被其他（也許是新的）政治實體所替代，而通常這種替代關係產生的理由（即締結新的和平盟約）正是（舊的）民族國家解體的根本動力。如此說來，似乎**民族國家的至高權力（主權）也不過是歷史的偶然而已**。

如此一來，霍布斯為了反駁下列命題——「基督教的神權統治世俗世界」，而使用的推理模式，難道不也同樣適用於消解「國家主權」的神話？這樣一來，原來催生《利維坦》降臨

的自然目的（永久和平），卻同時是促使它消失的力量？

　　就上述兩個難題來看，如果我的分析具有意義的話，公民與主權的概念，必須與信念緊密連繫，無法僅依據霍布斯的自然主義推理加以說明，除非在自然驅力和理性（即追求和平和遵守和平約定的「第一自然法」）之外，尚有某種力量促使公民以國家為其依歸、甚至願為主權獻出其自由。在不推翻自然主義的前提下，是否可能發現「自然」中存在此種動力呢？在回答這個問題之前，至少我們可以想見，在霍布斯的自然主義體系中，民族國家不是始點（在它們產生之前，原始社會也曾有過和平），它只是中繼站，亦非終點。

　　在此，藉由（D2）提出第二個霍布斯難題，因涉及複雜的現實政治問題，仍有待未來進一步研究及補充。

3.4. 小結：有所保留的倫理自然主義（a qualified ethical naturalism）

　　自然主義的法形上學有其獨特魅力，因為它的思考結構具有一種包容性，如同霍布斯所主張的，自然科學為探求知識的嚴密實驗控制，使它與自然經驗可以並存，那麼同樣地，在現實的法律和政治之外（之上），我們也可能建構出正確的政治和法律知識，否則我們將無以發展對現實制度的批判性觀點。霍布斯將人性當成知識建構的起點，以自然主義貫徹下的人性觀為基礎而建構的法形上學，整體上是值得激賞的，然而他堅決反傳統和反經驗主義的立場，卻造成理論的難題，上面所舉兩個難題不過是一個小小縮影而已。

　　如果我們將他的自然主義略加修補，是否可能解開上述
這類難題呢？對此，我的答案是肯定的。事實上，現代以來
不少如霍布斯一樣採自然主義立場的哲學家，當代更有人嘗
試跨越心理學、倫理學、政治經濟學、法哲學、文化研究和
社會理論的隔閡，提出一種後學科（post-disciplinary）的自然
主義研究取徑，例如英國的馬克思主義社會學家Andrew Sayer
（1949-）就提出「有所保留的倫理自然主義（a qualified ethical
naturalism），他的主張如下：

　　　　它之所以在倫理學上是自然主義的，是因為它認為，我
　　們不可能在人類社會存有的性質之外，來決定好與壞的意
　　義。首先我們可以說，好與壞的意義，歸根究柢與人類的
　　需求有關，也與人類發展茁壯或遭受磨難的能力有關。這
　　不僅僅是「價值」或「主觀意見」、抑或愉悅與痛苦的問
　　題，因為它還涉及客觀的事物──這裡的「客觀」，是指
　　獨立於特定觀察者的想法而存在。階級之所以重要，就是
　　因為它創造出不平等的機會，讓有些人發展茁壯，有些人
　　則受盡磨難。這之所以是一種**有所保留**〔*qualified*〕的倫理
　　自然主義，是因為它也肯認，這些能力總是會受到文化的
　　中介與加工。〔……〕[43]（Sayer 2008: 325-326）

43　這段翻譯文字引自Andrew Sayer, *The Moral Significance of Class*（2005），
　　《階級的道德意義》，萬毓澤、陳妙芬譯（台北：巨流出版，2008），頁
　　325-326。引文中的粗體字型為原文所有。

　　「文化的中介與加工」，使人性需求有更多可以探討和解釋的空間，也因時制宜、因地制宜。自然驅力和自然目的，不僅源自原初人性，在工商業、科技及資本發達的社會中，它們也具有文化上的意義，例如源自不同階層和身分等來源的情緒及感受，這些感受能力不僅有主觀的意義，更必須從文化上客觀的意義來加以解釋。這個從當代馬克思主義發展而來的「有所保留的倫理自然主義」，或可補充霍布斯的自然主義假設，進一步思考今日個人、公民社會與國家的關係，以及國家的文化認同與象徵意義，此時國家可能不只是「人造自然物」而已，它所承載的意義，似乎較霍布斯的《利維坦》還要複雜和模糊。當然，此一補充與修正，並未改變霍布斯的自然主義假設及推論，但提醒我們，對於自然驅力與自然目的的解釋，必須納入包括階級等文化因素。

　　回顧霍布斯在《利維坦》第十五章中，提出了自然法的內容，如上一章的說明，在此霍布斯詳盡解釋了最初的自然法，以及理性的自然法則。他不斷強調「自然法的知識，是真正和唯一的道德哲學」，因為知識是科學推論的結果（"knowledge as consequences"），[44]按霍布斯的看法，我們所知的自然法（自然法的知識），應當就是我們從所知世界推論而出的結果。[45]

　　霍布斯始終相信，自然法本身是真正的知識，[46]不是慣

44　*Leviathan*, chap. 15, 40, 79.

45　參考Hampton（1986），p. 46; *Leviathan*, chap. 15, 40, 79。

46　*De Corpore*, EW i, I, 1, 7, 8. The English Works of Thomas Hobbes of Malmesbury; Now First Collected and Edited by Sir William Molesworth, Bart.,（London: Bohn, 1839-1845）. Vol. 11 Reprint London, 1939; reprint: Aalen,

習，[47]他從最初的自然法，導出了社會契約的原則，依此形成第二條自然法——國家擁有主權，人民應當服從它；主權是國家必要的至高權力。[48]依照這套推理所建立的近代國家理論，代表國家的君主擁有的權力，即來自人民，而不是神授。這個自然法論的觀點，早在12世紀即出現在羅馬法註釋中（*Digest*, Lex regina），[49]當時學者們幾乎多數同意這個論點，真正的問題是：人們究竟如何授與統治者權力？而對於這個問題，學者們的看法分歧。[50]

　　1966（＝EW）.

47　參考Jean Hampton（1986），p. 49。

48　參考Jean Hampton（1986），p. 50。

49　參考Jean Hampton（1986）, p. 3; John B. Morrall, *Political Thought in Medieval Times*（Hutchinson University Library, 1971）, p. 46; *Digest of Justinian*, I, 4, I。

50　參考Jean Hampton（1986）, p. 3；類似延續性的辯論，主要有"an alienation social contract theory"（Hobbes）vs. "the agency social contract theory"（Locke）的討論。

第二部分

現代自然權利論
——權利主體的誕生

第四章

現代自然法論

4.1. 自然權利

　　17世紀中，霍布斯（Thomas Hobbes, 1588-1679）以《論公民》（*De cive*, 1642）提出人性論，再以《利維坦》（*Leviathan*, 1651; 或譯為《巨靈》）為題，論國家和法律的起源和目的，成為社會契約論的奠基者，也是建立現代國家理論的第一人。[1] 受到英國內戰（1640-1648）和歐洲三十年戰爭（1618-1648）影響，霍布斯舉出人是自私自利、有恐懼感的動物，負有侵略性，國家之前的自然狀態是戰爭狀態，隨之霍布斯對於理性和自然法概念的分析，充分發揮了特色。

　　在這個時期的自然法論，仍深受中世紀經院哲學的影響，霍布斯在方法上承襲了經院哲學的傳統，善於精密的概念分析及推理，根據哲學概念史的研究指出，「自然權利」（natural

---

1　參考Norberto Bobbio, *Thomas Hobbes and the Natural Law Tradition*, translated by Daniela Gobetti（The University of Chicago Press, 1993）, p. viii。

rights）的概念最早就是來自霍布斯。[2]霍布斯將自然權利
（natural rights）定義為「自然的自由」（natural freedom），即
每個人根據正確的理性（reason）運用天賦智能、盡一切保護個
人生命、身體的自由。（De cive I,7,10）根據自然法「契約承
諾應遵守」的至高原則，一旦（事實上國家是存在的）國家為
和平、保障人類生存需求的目的、基於社會契約而建立後，國
家（包括國家法律）的權威便應受尊重。不過，因為人自我保
護的自然權利是不應受任何契約剝奪的，因此，國家（包括法
律）的存在不應阻礙自然權利的實現。

　　自然權利，中文亦譯為天賦人權，在稍後洛克（John
Locke, 1632-1704）的學說——包括《人類理解論》（*An Essay
Concerning Human Understanding*, 1690）及《政府論二篇》
（*Two Treatises of Government*, 1689/1690），有另一種表述。與
霍布斯相反，洛克認為自然狀態是和平狀態，不過由於私人對
財產的保護還處在不安全的狀態，因此國家的建立和維繫是必
須的。[3]他主張建立現代國家憲法的基本原則，如民主多數決原
則、權力（立法權、行政權、聯邦／外交權）分立原則；不過
他也認為，若國家處於緊急狀態，則應以行政權獨大。洛克學
說的主要貢獻是建立英國立憲主義，同時也對美國獨立運動及
憲法產生極大影響。他亦主張財產的個人主義，提出以保障私

2　參考Norberto Bobbio（1993），p. 154。

3　詳見John Locke, *Two Treatises of Government*, Essay two: Concerning the True
　　Original Extent and End of Civil Government, chapter 2., The Works of John
　　Locke. A New Edition, Corrected. In Ten Volumes, Vol. V（London, 1823），pp.
　　106-112。

有財產為中心的社會契約論，並且提出所有權的工作論（勞力創造是取得所有權的理由）。

在上述政府論的著述中，洛克提及自然法的概念和作用，明確指出：自然法「對於一切理性動物都是顯而易見且可以理解的」（"plain and intelligible to all rational Creatures"），它是一部如此確定的法典，主宰著自然狀態，但它的「約束力在社會中也未曾消失」（"cease not in society"）。[4]不過，洛克除了以匿名發表《政府論二篇》，並於其中第二篇論文（即後來通行的《政府論次講》）探討自然狀態之外，他生前並未發表完整的自然法著作。大約於1664至1682年十餘年間，洛克所寫的自然法手稿，內容是以拉丁文寫作的討論筆記及初稿，經後人編輯和翻譯成英文出版為《自然法問題》（*Questions Concerning the Law of Nature*, 1664/1990）和《自然法論文集》（*Essays on the Law of Nature and Associtated Writings*, 1676/1954）。[5]而且據筆者接觸的文獻來看，原拉丁文手稿最早於19世紀中才在巴黎出版，看來洛克的自然法論似乎不斷在思考琢磨階段，透過比

4　這是Peter Laslett指出洛克強調自然法之處，引自周家瑜，〈史特勞斯論洛克〉，《人文及社會科學集刊》，卷29，第2期（2017年6月，頁213-240），頁216-217。

5　這兩個著作均為手稿整理而成，其內容互有重疊，洛克原文並無標題，書名由編者自定，就洛克原文寫法來看，較接近中世紀經院哲學的正反論點分析。參考John Locke, *Questions Concerning the Law of Nature*（1664-1682）, ed. and translated by Robert H. Horwitz, Jenny Strauss Clay, Diskin Clay（Ithaca: Cornell University Press, 1990）; Locke, *Essays on the Law of Nature and Associated Writings*（1676）, first published in 1954, new edition, ed. W. von Leyden（Oxford: Clarendon Press, 2002）。

較洛克前後期寫作內容，至今學者們對他的自然法理論是否連貫一致，以及有關他對自然權利的看法、自然法能否為人所認識等問題，頗有爭議，如John Dunn指出，洛克雖傾向基督神學的自然法論，但身為英國經驗論哲學的代表，其畢生著作苦於探討自然法如何為人的理性所認識。[6]

　　洛克與霍布斯對自然狀態看法不同，但兩人主張理性的自然法，卻有異曲同工之處，霍布斯的自然主義及洛克的經驗主義，有一個共通的假設——人類理性足以認識自然法。洛克寫道：「顯然，人們能夠從感官經驗中，得知確實存在某個高於世俗的司法者，他擁有更高能力和智慧。而好比製陶師傅的一雙手創造陶器，陶土難道不是臣服於師傅的意志，誰能否認他可以用同一雙手將之摧毀？」[7]洛克認為，人由感官經驗能導引出理性知識，包括認知高於人為法律的自然法，不過他以製陶師傅比喻並強調，理性自然法的至高權威，還是根源於造物者（神或上帝）的意志與理性，洛克在手稿中以問答的論證方式，留下兼容神學和經驗論哲學詮釋的可能性。比較上一章對霍布斯的分析，自然主義觀點下的理性作用，依循人性、約

6　John Dunn, *Locke: A Very Short Introduction*（Oxford University Press, 1984），p. 53;相關研究參考周家瑜，同上，頁215-219。

7　Locke, *Quaestio*, folio 58, 59: "Patet igitur posse homines a rebus sensibilibus colligere superiorem esse aliquem potentem sapientemque qui in homines ipsos jus habet et imperium; quis enim negabit lutum figuli voluntati esse subjectum, testamque eadem manu qua formata est posse comminui?" 原文引自Locke 1990 (1664), ibid., pp. 164-166，經筆者比較其他編輯版本勘校，此段引文由筆者翻譯；參考John Finnis, in Jules Coleman and Scott Shapiro（eds.），*The Oxford Handbook of Jurisprudence and Philosophy of Law*（2002），p. 6。

定與法律權威來源的原理，用霍布斯的說法就是：「梅花（棒子）是王牌！」（Clubs are trumps!）霍布斯以撲克牌遊戲為比喻，常見學者引用、探究其寓意。梅花雖是最低層級的牌，卻可以依據人類理性所制定的遊戲規則，將它當做王牌。因此最差者也可以勝出。梅花牌的雙關語是「棒子」（clubs），代表刑罰強制力，可見，棒子之所以有效，不是單靠國家主權者的意志強加於人民，而是建立在理性的規範之上。[8]

　　從上述英國的理性自然法論——無論是出自霍布斯的自然主義或洛克的經驗主義，他們所留下的疑難討論，不難窺見當時神學和哲學的矛盾。相較於當時英國哲學，歐陸哲學家萊布尼茲（Gottfried Wilhelm Leibniz, 1646-1716）則是一位包容統整的哲學家，因此有最後的普世哲學家之稱，他多元論哲學中預設了和諧統一的世界觀，延續基督教神學的自然法思想。此外，當時法國分成支持與反對自然法學兩陣營，支持者代表孟德斯鳩（Charles de Secondat, Baron de la Brède et de Montesquieu, 1689-1755）提出的三權分立學說，主張法官的職責是傳達法律的精神——即法律的代言人，在當時將自然法引入到憲法之中，影響英國及後來各國的立憲精神，連反對自然法學的伏爾泰（Francois-Marie Voltaire, 1694-1778）都推崇他。[9]

8　比喻出自Hobbes, *A Dialogue of the Common Laws*; *De Corpore Politico* （1650）, part I, chap. 3; *Leviathan* chap. 14; 相關分析詳見John Finnis （1980）, pp. 348-349。另參考Finnis, "On the Incoherence of Legal Positivism", *Notre Dame Law Review*, Vol. 75, No. 5（2000: 1597-1612）, p. 1600。

9　伏爾泰與盧梭都是法國啟蒙時期的主要代表人物，在法國大革命爆發前

　　就歷史分期來說，近代與現代的過渡約略可以法國大革命前夕來劃分，則近代終結大致可說在休謨（David Hume, 1711-1776）與盧梭等人的思想階段。休謨與盧梭年齡相近，是英國（蘇格蘭）啟蒙的主要代表人物。這位徹底的經驗主義者，將嚴格區分應然與實然的「方法二元論」帶到哲學的討論中，他提出道德感（同情）、功利原則的倫理學說，認為善意是一種自然、與生俱來的道德，而正義則是經由思慮、教育和共識而產生的道德。簡言之，休謨強調秩序、正義或智慧是政治的核心價值，對民主共和制並無好感。[10]

　　休謨曾在巴黎工作期間與盧梭相識，不久兩人產生誤會而分道揚鑣。休謨主張理性和感性並非對立的概念。關於自由意志的問題，他認為意志不可能是自為的行動原因，必須同時結合情感。[11]在哲學人類學上，休謨提出一個重要的觀察，他認為當時流行的「因果律」概念，其實不過是人類心智的形而上的想像，無法在經驗現實中得到證明，這就是史上著名的「休謨問題」（"hume's problem"）。[12]當時蘇格蘭啟蒙哲學家們對因果律和歸納法則的議論，影響休謨發展自己的論點，而「休謨

　　夕，伏爾泰學說也傳入英國，並影響了英國制度的興革。

10　參考David Miller, *Hume's Political Thought*（Oxford: Clarendon Press, 1981），p. 151。

11　關於休謨的理性概念，參考John P. Wright, *Hume's A Treatise of Human Nature. An Introduction*（Cambridge University Press, 2009），p. 221；休謨論自由意志，參考A. J. Ayer, *Hume*（Oxford University Press, 1980），pp. 76-77。

12　「休謨問題」有時又被稱為「因果律問題」或「歸納法問題」，儘管休謨本人並未使用「歸納法」一詞。

問題」啟發了康德思考——理性與感性的結合如何可能影響認識的條件，進而發明了有關認知的範疇和原則。[13]

休謨雖對自然法概念抱持懷疑，而且在道德及情感論上，休謨被多數專家歸為決定論者（determinist）。[14]但是，必須注意的是，休謨與霍布斯一樣，兩人雖然不反對決定論，但都承認人有「自由意志」。休謨甚至因此被20世紀分析哲學家歸為「相容論者」（compatibilist）（即主張自由意志與決定論是可以相容的）。英國著名分析哲學家A. J. Ayer便曾說：當我們說休謨是一位決定論者時，我們必須記得，他並不主張自然界有必然性的法則存在，多數人理解他的主張是根據底下的「休謨命題」：「任何類型的事態，其出現及發展皆呈現了完美的慣常性。」[15]（Ayer, 1980:75）。

「自由意志」的概念，對理性自然法論至關重要。對於意志自由的承認，一前一後地出現在霍布斯及休謨的著作中，但他們對於「自由」的理解，傾向於經驗主義與個人主義式的，與盧梭和康德傾向結合經驗性和規範性的研究不同，但如史家的研究所說，休謨提出的理論問題（「休謨問題」）曾影響早

13　Peter Jones（ed.），*The ,Science of Man' in the Scottish Enlightenment Hume, Reid and their Contemporaries*（Edinburgh University Press, 1989），p. 125.

14　A. J. Ayer（1980），p. 75.

15　參照A. J. Ayer原文："In speaking of Hume as a determinist, we must, however, bear in mind that this does not in his case carry any pledge of allegiance to a reign of necessity in nature. The most to which it commits him, or any other determinist who understands what he is talking about, is the proposition that the concurrence and succession of matters of facts of different types exhibit perfect regularity."（Ayer, 1980:75）。

期的盧梭和康德，畢竟哲學人類學對於探討自由、意志、行動及規範之間的關係，隨著時代和科技變化，是一個接力且漫長的思考過程。

18世紀中的歐陸法制史，出現一個重要的轉折，社會民主的思潮開始萌芽，平等與自由的概念得到不同的詮釋，這是上述其他時代的自然法論中尚未有的。如上一節簡要的說明，世俗政權與國家的興起，使近代理性主義自然法學紛紛以探討「自然權利」為核心，論證國家統治及實證法的正當性。從前面兩章對自然法論的介紹，亦可見在盧梭之前，自然法理論僅設想「自然狀態」，並由神學或理性推論主張自然人均擁有自然權利，但尚未由「自然人」發展出「主體」（「道德主體」或「權利主體」）的概念，這使得自然權利的概念帶有經驗性假設的色彩。

然而，在18世紀啟蒙的人類社會，對世俗國家的人民來說，傳統及近代自然法論主張的自然權利，變得十分不著邊際、過於抽象，而反觀現實的制度和法律卻充滿缺陷和不平等，因此，如何在理想與現實之間，找到理想社會的形式和內涵，便成了盧梭時代道德與法哲學最重要的課題。如大家所熟知，盧梭提出了天賦人權說，倡議平等與自由，引發了社會改革的浪潮，並且影響同時代的康德及後世無數的思想家，盧梭的這套自然法論有何特色？與過去的自然權利說有何不同？為何能改寫自然法論的歷史？這是接下來探討的重點。

4.2. 盧梭自然法命題

　　過去學者嘗試從盧梭大量的著作中，尋找特定的立論依據，不免受困於盧梭論述的龐雜分歧，導致片面理解或歧見，這個特殊現象被新康德哲學家卡西勒（Ernst Cassirer, 1874-1945）稱為「盧梭問題」。為此卡西勒另闢蹊徑，採取辯證詮釋法，本章將借助卡西勒的盧梭詮釋，貫穿盧梭文本及相關研究，探討盧梭如何解釋自然人與自然權利？如何修正過去的經驗性假設，將它們重新詮釋為道德性和規範性的概念？亦即在盧梭筆下，自然人如何可能轉化為（道德與權利的）主體？

　　法國哲學家Victor Basch（1863-1944），也是一位研究德國及法國美學與藝術哲學的專家，他曾指出，像德國哲學家卡西勒對盧梭（Jean-Jacques Rousseau, 1712-1778）所做的辯證性的理解與詮釋，是一個「偉大的辯證之作」（"une espèce de chef d'œuvre de dialectique"），[16]意指這是經過深刻思索而得出的傑作，它有異於傳統的解釋，不依循既有的理論模式去探究盧梭著作之間的相關性，反以〈盧梭問題〉（"Das Problem Jean-Jacques Rousseau"）[17]為標題，一方面點出盧梭留給世人的疑難，同時一如標題帶有的弦外之音，隱約指出盧梭研究的趣味，正在於它自身的弔詭。

　　〈盧梭問題〉發表於1932年，許多人認為，這是新康德

16　參考Guido Kreis, "Cassirer und Rousseau: das Problem eines universellen Gerechtigkeitsprinzips," in: Ernst Cassirer（2012）, S. 159-160。

17　Ernst Cassirer, "Das Problem Jean-Jacques Rousseau"（1932）in: Ernst Cassirer（2012）.

學派對盧梭的代表性詮釋，因為卡西勒的解釋不僅深受康德（Immanuel Kant, 1724-1804）影響，而且進一步把康德與盧梭的哲學做了巧妙的連結，說是辯證之作，並不誇張，因為這篇細膩的詮釋，成功地為盧梭研究注入新的觀點。卡西勒幾年後在〈康德與盧梭〉（"Kant und Rousseau", 1939）這篇文章中亦指出，與盧梭同時代的人，包括他的摯友，都不及當時康德那樣由衷欣賞和了解盧梭的性情與思想，對兩個如此相異的人與思想家而言，這是多麼不可思議的事。康德與盧梭兩人的共通點其實不少，可說是機緣使然，康德年輕時醉心於自然科學和理性主義，在他中年正準備研究道德哲學和法哲學時，剛好得益於盧梭的人性論和自然哲學，加上康德的原創力，將兩種不同傾向熔鑄成精巧的現代「主體」哲學。

　　盧梭的「自然人」，雖在概念上還未形成康德所稱的「道德主體」，但藉由描述自然狀態的「自由人性」如何承受文明的考驗摧殘，如何保存下來，盧梭筆下的「自然人」是否能轉型成為康德眼中的「主體」？[18]這個轉化如何可能？這些問題是本書寫作思考的起點。這裡筆者研究採詮釋學（hermeneutics）

18　德國當代著名哲學家Peter Sloterdijk稱盧梭是西方歷史上第一個提出「自由」（Freiheit）概念的思想家，並認為盧梭的哲學是「現代主體性」（moderne Subjektivität）理論的起源；參考Sloterdijk, Berliner Rede "Über die Freiheit," Berlin, 2011。盧梭筆下的「自然人」（l'homme de la nature）是與「人為人」（l'homme de l'homme）相對的概念，只有「自然人」才保有自由天性及自然理性而能成為「道德主體」，卡西勒自盧梭晚年自傳作品《懺悔錄》（*Confessions*, Livre VIII, 1789）中引述此一概念，詳見Ernst Cassirer, "Kant und Rousseau,"（1939）in: Ernst Cassirer, *Über Rousseau*（2012）, S. 108。

方法，[19]不是報導式地重述卡西勒論點，而是從今天研究者的角度，提出與我們相關的問題，參考卡西勒的分析及文本線索，重新去閱讀盧梭及康德文本，在歷史脈絡中來回推敲盧梭人性論及自然法原理，同時更深入了解卡西勒的辯證詮釋（底下簡稱為「盧梭辯證詮釋」）。

盧梭辯證詮釋，一方面涉及人在理性及行動上的連結，另一方面與道德和權利主張有關，稱之為「辯證」詮釋，應是強調對於盧梭使用的語言及概念，卡西勒的詮釋並不限於它們的表面意義，他所重視的是——如何從整體的盧梭作品來理解這些概念之間的相互關聯。在文字表面意義有歧義、不清楚或甚至明顯衝突時，卡西勒總是一再反覆由盧梭著作的脈絡，尋找最貼近作者及文本的解釋，這也呈現出，這位新康德主義哲學家如何基於同情理解的態度，對盧梭的人性論及自然法論所做的全面性的詮釋。

由於一般研究者，在尚未接觸現代自然法的思想脈絡前，

---

19 在19世紀歐洲人文科學方法論爭中，哲學詮釋學（philosophische Hermeneutik）是異軍突起的一支，由Wilhelm Dilthey提出人文研究的歷史向度，以此與自然科學講求普遍性和客觀主義區分，經過海德格、高達美和呂格爾等哲學家進一步發展有關如何理解文本、語言和人的存在等問題；哲學詮釋學的方法論被廣泛運用到各人文社會科學領域，例如社會學的質性研究法，或法學的法律詮釋學，此外就政治與倫理學問題，也有如當代哲學家Charles Taylor在其代表作，Taylor, *Sources of the Self. The Making of the Modern Identity*（Harvard University Press, 1989），探討現代主體概念的形成時，亦引借詮釋學反對普遍主義和自然主義的人性論。卡西勒本人也用了詮釋學方法的術語（"Vorurteil", "Vormeinung"），指出成見並不可靠，須回到盧梭自己的作品中去尋求貼近的理解，參考Cassirer 2012（1932），S. 11。

可能忽略或誤解盧梭的用語和命題，因此，為了說明方便，有
必要一開始先把盧梭的描述和主張，以精簡方式加以表述，底
下稱為「盧梭自然法命題」（**R**）。

> （R）「**盧梭自然法命題**」：人（自然人）由理性思慮
> 而認識的自然法，在自然狀態過渡到社會生活的過程中，
> 依舊保存；在社會生活中，源於自然法規範的自然權利也
> 是道德權利，不可被任何人剝奪；因此，擁有自然權利的
> 人，才是真正自由的人（自然人／道德主體）。

　　從上述「盧梭自然法命題」，明確指出這裡所指的「自然
法」，並非基於單純事實的推論而得，它預設了某種可由「理
性」導出的道德主張，我們甚至可以說，現代（18世紀以後）
自然法理論最主要的依據，就是盧梭和康德的道德哲學。在他
們兩人的道德哲學中，如果沒有特別界定的話，使用「人」或
「主體」只是用語的分歧，但所指涉的都是「自由的人」，或
用盧梭在《愛彌兒》（*Émile ou de l'éducation*, 1762）中的用語
更貼切：真正自由的人（"L'homme vraiment libre"）。[20]

　　盧梭闡述的自然法，散見於不同著作的段落中，並沒有完
整連貫的論述，但因他論及自然狀態及自然法時，幾乎是以霍
布斯（Thomas Hobbes, 1588-1679）的版本為參考，他也支持霍
布斯對人性的部分看法，加上霍布斯在《利維坦》（*Leviathan*,

20　Rousseau, *Émile ou de l'éducation*, 1762, Partie 1, p. 49.

1651; 或譯為《巨靈》）中對自然法的論述，[21]在18世紀當時已是經典，因此可以採信，盧梭也採取與霍布斯相近的自然法概念。[22]

但與霍布斯不同的是，盧梭強調自然人的「自然權利」並非只是片面的、個人的自由（如霍布斯所言），而是一種具有道德性質的權利，這些權利直接源於自然法，他甚至常並用自然法與自然權利的概念。在《社會契約論》（*Du contrat social ou principes du droit politique*, 1762）中，盧梭更直言，從自然法可導出個人不僅具有遵守「社會契約」的義務，亦同時有權利要求其他所有人一樣遵守契約，所以社會契約的效力是不證自明的，亦即契約成立是無形的（沒有透過語言表示意思，也沒有實際約定），個人一出生即受其拘束，但只要契約合乎公共福祉，人皆基於理性而遵守不悖，那麼契約當然（自然地）對人民產生拘束力。[23]

---

21 霍布斯對自然法的完整論述見於Thomas Hobbes, *Leviathan*, 1909（1651），Part 1, chap. 14-15。關於霍布斯代表的近代自然法論的特色，詳見本書第三章的分析。

22 卡西勒指出，盧梭反對格勞秀斯（Grotius）和普芬朵夫（Pufendorf）的自然法論，因兩人都主張人天生具有社會性；相反的，霍布斯對自然人之間並不存在「同情心連結」（kein "Band der Sympathie"）的看法，深得盧梭支持。參考Cassirer 2012（1932），S. 66。不過，盧梭也批評霍布斯過度誇張了人的侵略性，忽略自然人有的「憐憫心」或「同情心」（la pitié naturelle），詳見本書第五章5.1的分析。

23 盧梭認為，人類集體組織的最高形式——國家，是依靠人類道德意志的力量而建立的，並不是靠自然本能或實力的統治就能達成；參考Cassirer, 2012（1932），S. 64，以及Rousseau, *Du contrat social ou principes du droit politique*（1762），Livre I, chapitre VI（Aubier, 1943）。有關社會契約的締

　　不過盧梭認為，理性公民有質疑國家不正當的自由（道德權利），因為人們成為公民，只是在形式上選擇組織集體社會，使自己變成社會的一員，遵守公共的法律，但並非就此選擇永久放棄自然權利。簡言之，盧梭筆下的自然法，其實就是自然人的天賦權利，這個自然法命題的「轉折」——由自然法轉到自然權利，[24]代表了18世紀正式告別了中世紀及近代神學自然法的時代。

　　為了說明方便，筆者將上述（R）「盧梭自然法命題」進一步精簡後的理解方式，稱為「盧梭自然法的精簡命題」，或可直接稱它為「自然主義自然法命題」，在底下的討論中均簡稱「精簡命題」（R'）。

　　（R'）「（盧梭自然法）精簡命題」／「自然主義自然法命題」：自然法，就是自然人的天賦權利。

　　相對於中世紀和近代的神學自然法，盧梭主張的自然主義自然法，除了源於道德，也跟他的自然主義教育理論有關：道

結，詳見本書底下5.3的分析。

24　在法哲學史上，自然法的概念歷經了兩個重要的轉折，第一個是霍布斯所代表的近代「理性法的轉折」——由古代及中世紀神學自然法轉向理性法，第二個轉折就是以盧梭為代表的「自然權利的轉折」——由理性法轉向天賦人權；另按Norberto Bobbio的看法，霍布斯已有從自然法過渡到自然權利的主張，參考N. Bobbio, *Thomas Hobbes and the Natural Law Tradition*, translated by Daniela Gobetti（The University of Chicago Press, 1993）, pp. 167-171。對於這兩項自然法轉折命題的深入探討，詳見本書第三章與第六章。

德和教育都不應偏離人性的自由。[25]無論他對實證法的批判，或他主張的人性和人權之間的密切關係，這一種自然主義傾向的自然法理論至今仍影響非常深遠，而且還有待實現，例如最近受邀到台灣訪問的南非人權鬥士、前南非大法官薩克思（Albie Sachs）有一段鏗鏘有力的看法，他說：

> 我們應該重視所有人的基本人權。我們不讓一個人當自己，是違憲、違反人性。憲法應保護雙方的權利，不光是言論自由，而是我們要在什麼樣的世界裡生活，只要不要傷害壓迫別人，都應該可以暢所欲言，不過我們在南非法律中，我們要讓本來不被看見的族群被看見。[26]

---

25 「自然主義」的哲學立場，主要從自然人的角度反思和批判文明社會趨向貪婪、自大、虛榮和殘酷的現實，試圖從自然狀態的假設，重新提出改變現實的觀念和行動方法，不少左翼社會哲學及法律思想家抱持這個態度，為了讓自然主義哲學更容易被了解，英國社會學家Andrew Sayer提出修正的自然主義倫理學，參考Andrew Sayer 2008（2005）。不過，Ernst Cassirer對盧梭是否主張「自然主義」則有保留，他認為盧梭的國家理論當然不屬於自然主義，至於盧梭的教育哲學，因與亞里斯多德的自然目的論不同，如果以亞里斯多德為典型自然主義的代表，那麼盧梭主張以個人良知為本、重視每個人個體獨立性的教育，似乎與自然主義亦不相同。筆者認為，這個關於「自然主義」內涵為何的爭議，與「自然」的多義性有關，盧梭所稱的「自然（本性）教育」應跟他的「人性論」放在一起探討，才不會跟一般泛稱的「（外在）自然」或「生物性的自然」等用語的意義混淆。關於盧梭使用「情感」（le sentiment, das Gefühl）一詞具有雙義，有時的確是純粹的自然主義（naturalistisch）的用法，有時卻帶有理想主義（idealistisch）的色彩，可參考Cassirer, "Das Problem Jean-Jacques Rousseau," （1932）in: Ernst Cassirer（2012），S. 73-74。

26 這段引文出自前南非大法官薩克思（Albie Sachs）2013年底在台北的一

　　「我們要在什麼樣的世界裡生活？」薩克思這句話提醒我們，人權的思考是極自然的，並不需要多麼高深的理論，最重要的只是回到人性，看看是否還有良心自由？是否在乎他（她）人？是否只重結果、不擇手段？我們看到的世界的樣貌，不就是心靈的投射嗎？如果文化和教育方法驅使人們養成貪婪、虛榮、自大和殘酷，蒙蔽了心靈天性，這就是我們的世界嗎？盧梭的自然法與天賦人權動人之處，在於回到自然人的角度看問題。

　　然而，欣賞盧梭的文筆和慧點的哲學分析，並不能完全解開我們對於自然法理論與預設的疑惑，法哲學史上古老的難題依舊存在，即如何理解自然法的規範性？如何可能認識自然法？人為什麼可能受自然法的規範？並且因此驅動自己的意志和行動？如康德和盧梭所言，驅動意志和行動的關鍵是「理性」的話，那理性與動機之間的關係又是如何？盧梭的自然主義哲學觀點，[27]是否真能解開這些問題的謎團？

場演講報導，〈Albie Sachs：在南非法律中，我們要讓本來不被看見的族群被看見〉，公視報導，2013年12月12日；引自http://pnn.pts.org.tw/main/2013/12/12/albie-sachs。2015年，薩克思再度受邀到台灣，這次他語出驚人說道：這一次他在台灣參加的一些活動全是男性，女人做很多組織、規劃工作，但在正式活動場合只有男人，他覺得，台灣的女性那麼的堅強獨立活躍，但在正式檔就看不到她們，"I actually feel uncomfortable, I am not used to it."（「我感到不舒服，我不太習慣這樣的事。」）。他在訪談中說，以南非為例，這是不可能發生的，有訪客來，女人負責接待，但在晚餐或正式接待會卻全是男性，這種事不可能在南非發生；參考〈台灣正式場合不見女性 薩克思：I feel uncomfortable〉，風傳媒採訪報導，2015年5月2日，引自http://www.storm.mg/article/48227。

27 關於此處「自然主義」用語的意義和釐清，詳見第四章註25的說明。

　　思考這些疑難，是本書寫作的重點，卡西勒的盧梭辯證詮釋，為這些疑難提供了重要線索。底下章節將一步步分析，卡西勒的「盧梭辯證」是以（**A**）「自由／（道德）權利」（freedom/moral right）及（**B**）「盧梭／康德」雙重核心發展的。一方面，他要論證（**A**）：「自由」如何透過自身的否定，重新在「權利」中得到肯認。另一方面也要論證（**B**）：如何透過康德觀點，檢討盧梭對道德的否定，重新定位「道德」的目的和內在價值。

　　在思想上，可以說盧梭是康德的一面鏡子，康德主義的道德哲學與法哲學，亦總是以盧梭思想（或直言〈盧梭問題〉更貼切）為參考原點。當然，很多人對此一說法並不陌生，但這個說法何來？有何根據？關於這個現代自然法學上的公案，我們有必要借助新康德哲學家的研究，而卡西勒提出的盧梭辯證詮釋，就是其中的經典，它的成果幫助我們同情地接近與理解盧梭，同時更重要的是，它的分析層次分明，展現了現代自然法論的深度，賦予「理性自然法」感性的一面，為「天賦人權」奠下了一個可靠的哲學基礎。[28]

28　18世紀自然法學從自然權利中，引申出人的道德及法律義務。反觀當代法哲學（或稱法理學）的主要問題，則在於探究法律制度中「權利」與「義務」究竟何者優先？尤其在法實證主義與反法實證主義兩大陣營之間，辯論重點始終環繞著這個主題，學者們各自從不同角度切入討論。這個問題由來已久，考察法哲學史和歐陸法制史的文獻，可以發現其脈絡源自中世紀神學與哲學，直到19世紀中，John Austin代表的分析法實證主義對自然法論提出尖銳的批評，指出法律的定義問題，為了將「義務」的概念放到理論的中心，反覆論證「主權者命令」的權威才是法律的效力來源，同時把「權利」概念加以「世俗化」，這麼做無異於揭去「自然權利」的理性及

4.3. 康德閱讀盧梭

　　盧梭跟康德生於同一個時代，兩人相差不過12歲，兩人思想撞擊和締造出當時思想界的火花，也都成為不朽的哲學巨人。由於大約1751年後，盧梭的著作便開始被譯為德文、暢行

形而上的面紗，或者可以說，就像把權利或正義女神從殿堂上驅趕下來一般。然而，如此剛性的法實證主義，應放在它發展起來的社會歷史中去觀察，隨著時代及人性殘酷的考驗，經歷二戰納粹及極權主義的災難，權利意識逐漸重新抬頭，而有「自然法復興」（the renaissance of natural law）。自17世紀後，由霍布斯、盧梭和康德等人相繼從哲學人類學的角度，提出關於自由和基本權利的論證，至今仍廣泛影響分析哲學與歐陸哲學的許多基本研究方向，例如像是分析倫理學中有關「道德運氣」（"moral luck"）是否存在的問題，涉及行動、理性與責任歸屬的釐清——人對於自己無法完全控制的行為，是否負有道德上的責任？就是一個歷經四百多年至今討論不休的議題，追溯思考的脈絡有助於釐清一些含混的觀點。因此就法哲學脈絡來說，除非我們能提出比「現代自然法論」內含的人性論及道德主體性更有力的論述，否則似乎很難避開自然法學而單就「權利」的某些特質（如其政治性或道德性）去主張實證法中權利的至高或優先地位。1970年代以後有些嘗試的例子，如美國法理學家德沃金（Ronald Dworkin）提出「平等」為至高的道德，並主張平等、自由、民主與法治等價值的一體性（the unity of value），在概念上易於理解，也頗能得到支持，但價值究竟如何形成？與動機有何關聯？價值跟權利是什麼關係？這些都是深入了解權利的道德性質將會遭遇的難題，因此繞過現代自然法學的論述不一定就是可靠的捷徑。參考比較Ronald Dworkin, *Taking Rights Seriously*,《認真看待權利》，孫健智譯，（台北：五南出版，2013），莊世同教授推薦序及譯者序，頁5-7、10-11；Dworkin, *Justice for Hedgehogs*（Harvard University Press, 2011）。有關分析倫理學中對於「道德運氣」的辯論回溯到康德的正反論點，可參考Julian Nida-Rümelin, *Über menschliche Freiheit*（Stuttgart: Reclam, 2005）, Kapitel IV, S. 107-126；關於這個倫理學問題在刑法的運用及罪責概念的釐清，詳盡分析參考Rümelin, a.a.O., S. 124-126。

各地，所以康德可能早就接觸了盧梭文章，1762年《愛彌兒》出版時，盧梭在歐洲已聲名遠播。

　　康德大約在1760年後，開始關注盧梭每一本新著，同時認真研究盧梭的著作，這位每天生活規律、在固定時間出門散步的哲學家，據說唯一一次錯過散步時間，就是因讀《愛彌兒》過於入迷，在康德簡樸的家居裡，唯一掛在書桌前的一幅畫，就是盧梭的肖像畫。當時歐洲，包括法國和日耳曼地區，流行的是理性主義哲學，[29]萊布尼茲（Gottfried Wilhelm Leibniz, 1646-1717）和沃爾夫（Christian Wolff, 1679-1754）的哲學體系對康德影響很深，[30]康德曾說讀了盧梭著作，才知曉人類應有尊

---

29 17世紀啟蒙時期，理性主義哲學的三大家笛卡兒、斯賓諾莎及萊布尼茲，分別代表三種不同的宇宙觀、形上學和知識論立場，相較於笛卡兒的心物二元論、斯賓諾莎的泛神論（或無神論），萊布尼茲的單子論顯然更吸引康德的注意，這裡主要牽涉到「實體」（拉丁文substantia, 相當於希臘文ousia, 意指「事物本源的存在」或直稱「存在」）的概念，究竟實體為一（斯賓諾莎），或為二（笛卡兒），抑或為多（萊布尼茲）。康德對上帝存有的論證，即反映他受萊布尼茲的影響較深，主張實體為多，是依據「分析美學」（一種分析哲學）的方法導出的，亦即將實體置入語詞中使用的「主體」（Subjekt）概念來分析，將主體視為所有語句中的述詞（Predikate）的總和，這樣的總和即充分指涉了主體（存有／存在者）。有關17世紀的形上學核心概念「實體」論爭，以及萊布尼茲提出「概念中的謂詞」理論（"predicate-in-notion" doctrine），詳見Nicholas Jolley, *Leibniz and Locke: A Study of the 'New Essays on Human Understanding'*（Oxford: Clarendon Press, 1984），pp. 74-75。

30 康德在《純粹理性批判》第二版前言中，稱沃爾夫是最偉大的理論哲學家，沃爾夫以理性主義立場提出的科學研究方法，是以「科學原則」著稱的嚴格方法學，從概念到推論過程均要求明確及一絲不苟，他與著名的現代哲學家如笛卡兒、霍布斯和斯賓諾莎一樣，在那個時代裡，他們都相信數學是科學典範，數學方法可以被運用到人類知識的其他領域，以追求

嚴，以及人權的重要，讀《愛彌兒》更深受自然精神感動。[31]對康德來說，這本書提出「人類共通的天性」是一種自然天性，有別於萊布尼茲的理性概念，後者指涉普遍推理的能力，但人的自然天性卻不是純粹理性，而是依存於經驗的本性。盧梭指出，先於經驗的人類本性並不存在，自然狀態中的人性亦非憑空而來，與自然的一切是互通的，背離自然精神的教育才是災難的源頭。[32]

　　當時萊布尼茲的自然神學，恰好提供了盧梭論證的基礎，用來反對同時代哲學家伏爾泰（Voltaire, 1694-1778）的看法，[33]

結論和證明的正確性，沃爾夫對此更是執著不移，現代德國大學的課程體系及當時哲學家初入哲學之門，大多曾受他影響。以上參考Matt Hettche, "Christian Wolff," The Stanford Encyclopedia of Philosophy, at https://plato.stanford.edu/entries/wolff-christian/（最近查閱日期2021年10月6日）。

31 康德讀完《愛彌兒》（1762），同一年就發表了〈對自然神學與道德兩種原理的明晰性研究〉（"Untersuchungen über die Deutlichkeit der Grundsätze der natürlichen Theologie und der Moral", 1762），探討自然問題與道德問題的關聯，據說就是受了盧梭的影響；參考朱志榮，《康德美學思想研究》（台北：秀威出版，2011），頁15-16。這個說法當然有根據，但康德也受其他思想家影響，因此當年這個作品應該反映了他當時思考的一些源頭和疑難，在後來的著作中，更可看出康德與盧梭的差異。

32 一百多年後，英國哲學家羅素（Bertrand Arthur William Russell, 1872-1970）談到18世紀法國哲學家Claude-Adrien Helvétius（1715-1771, 與盧梭同時代）對教育的看法時，直言教育對人的巨大影響：「人生而無知，但並不愚蠢，是教育使人愚蠢。」（"Men are born ignorant, not stupid; they are made stupid by education."），引自Russell, *The Basic Writings of Bertrand Russell 1903-1959*（Routledge, 2009），p. 270。

33 伏爾泰與盧梭是理論上的宿敵，伏爾泰在 *Idées républicaines par un membre d'un corps*（1765）一書及其他文章中，批評盧梭對於財產權、自然人、自然法及自然平等的主張；參考Voltaire, *Political Writings*, ed. and translated by

因為盧梭支持萊布尼茲的樂觀主義，相信上帝不僅存在，而且還創造了和諧的世界，至少自然狀態是如此的。[34]康德本來就深受萊布尼茲的影響，盧梭的見解反倒提醒他思考萊布尼茲哲學的優點與缺點，使他後來進一步發展了至今可說無人可及的、近乎完美（體系完備）的康德主義道德哲學。

在方法上，康德的道德哲學結合知識論及美學（感官論）的分析，強調認知與「想像力」（Einbildungskraft, imagination）的作用，在1788年發表的代表作《實踐理性批判》（*Kritik der praktischen Vernunft*）中，他從人具有兩種稟賦能力——認知與欲求的能力（Erkenntnis- und Begehrungsvermögen）——分析普遍道德法則的形式與內容。[35]以康德的用語來說，「實踐理性」（praktische Vernunft）就是「道德意志」或「善意志」，這是純

David Williams（Cambridge University Press, 1994），translator's introduction, p. xvi; 伏爾泰是從現實需要來論證及捍衛人應享有自然權利與自由，但反對自然法學帶有形而上的或抽象的特性，由於他顯然並非自然法哲學家，因此其主張也被認為較不連貫及欠缺說服力，參考同上pp. xxiii-xxv。伏爾泰也明指盧梭在《社會契約論》中比較君主制、貴族寡頭統治及民主制，不僅與歷史經驗不符，又昧於現實，因而批評盧梭推論只是作者的一廂情願，詳見同上p. 202。

34　根據萊布尼茲的自然形上學，在上帝的意志之外，我們對無盡可能的複數世界之良善性質（goodness），擁有獨立於上帝意志的客觀標準，他一方面提出上帝創造世界的「完善化原則」（the principle of perfection）說明上帝意志為善——祂必盡其所能創造臻於美好的世界，另一方面也主張世界之美好不能只是憑藉上帝的意志，詳見Nicholas Rescher, "Leibniz on Creation and the Evaluation of Possible Worlds," in Rescher, *Leibniz's Metaphysics of Nature. A Group of Essays*（Holland: Dordrecht, 1981），pp. 1-19。

35　Immanuel Kant, *Kritik der praktischen Vernunft*, hrsg. v. Karl Vorländer, 10. Auflage（Hamburg: Meiner, 1990），Erstes Buch, §§1-4.

粹理性的認知能力，其判斷不會受限於我們在經驗中欲求的客體（Objekt des Begehrungsvermögens）。[36]意志作用的前提出於一個很根本的問題：什麼是人透過意志所欲實現的至高善？康德認為，在「至高善」的實現中，道德與幸福是相互結合的，而這個結合如何可能？這個問題顯然不可能以概念分析來解答，而必須從行動中去尋找和發現，因此康德明確地指出「至高善」是綜合判斷（先天綜合判斷），而不是分析判斷。[37]

36　康德在1785年先發表他第一部關於道德哲學的著作《道德形上學基礎》（*Grundlegung zur Metaphysik der Sitten*），分析道德哲學的性質，並指出道德有兩個面向：首先，道德必然是一種先天判斷（Urteil a priori），意指道德的判斷是基於「原則」（Prinzipien），不是基於個別經驗；其次，原則必然與經驗對象（Objekt）有關，所以「原則」並非純粹抽象的邏輯推論，而是有形上學基礎的。參考Kant, *Grundlegung zur Metaphysik der Sitten*, hrsg. v. Karl Vorländer, 3. Aufl.（Hamburg: Meiner, 1965），Vorrede。

37　康德在《實踐理性批判》中指出：「對我們具有實踐意義的至高善——即透過我們的意志實際上去實現的善，必然是將道德和快樂相繫思考的，所以道德藉由實踐理性不可能單方面產生，除非快樂也包含於其中，反之亦然。那麼，這個相繫關係（正如每一個此種關係），必是分析性的，或是綜合性的。然而，由於〔道德與快樂〕既有的關係不可能是分析性的，如前面所述，所以這關係必定是綜合性的，亦即要把它理解為原因及其作用結果之間的關係〔因果關係〕；這是一種涉及實踐的善——即經由行動才得以實現的。因此，對快樂的渴望必須是激發道德格律的原因（動因），抑或另一種情況是，道德格律必須是足以帶來快樂的動因（作用因）。」（"In dem höchsten für uns praktischen, d. i. durch unseren Willen wirklich zu machenden Gute werden Tugend und Glückseligkeit als notwendig verbunden gedacht, sodaß das eine durch eine praktische Vernunft nicht angenommen werden kann, ohne daß das andere auch zu ihm gehöre. Nun ist diese Verbindung（wie eine jede überhaupt）entweder analytisch oder synthetisch. Da diese gegebene aber nicht analytisch sein kann, wie nur eben vorher gezeigt worden, so muß sie synthetisch und zwar als Verknüpfung der

　　對很多人來說，康德的用語和描述的確十分艱澀，但若把它們放在盧梭思考的脈絡下來理解，透過盧梭較為平易近人的文字，就不難把握兩人思考的共通點。在《愛彌兒》中，盧梭提出的理性（raison, reason）是一種天性稟賦，它使人在經驗中得到道德與幸福的完美判斷，他特別解釋了何謂天性的自然（"la nature en nous"）：[38]

Ursache mit der Wirkung gedacht werden; weil sie ein praktisches Gut, d. i. was durch Handlung möglich ist, betrifft. Es muß also entweder die Begierde nach Glückseligkeit die Bewegursache zu Maximen der Tugend, oder die Maxime der Tugend muß die wirkende Ursache der Glückseligkeit sein."）引自 Kant, AA, Band. V, 1990:204; 此段引文中的粗斜體部分為筆者所加。在這段引文中，康德指出「至高善」是「道德」（Tugend）與「幸福」（Glückseligkeit）兩者結合的實現，並分析道德與幸福的結合是一種涉及因果關係的「綜合的」（synthetisch）判斷。不過，康德繼續分析，認為所言「快樂的渴望必須是激發道德格律的原因（最高動因），抑或另一種情況是，道德格律必須是足以帶來快樂的動因（作用因）」。指出了實踐理性的二律背反（Antinomie），而且兩種情況皆不可能──以前者而言，快樂本身不會產生道德，以後者來說，欲望與意志只受自然律的因果支配，康德於是提出「善意志的目的性」之解來融合兩者，參考Immanuel Kant, *Kritik der praktischen Vernunft*, hrsg. v. Karl Vorländer, 10. Auflage（Hamburg: Meiner, 1990）。此處德文"Maxime"譯為「格律」，為參考李明輝的譯法，康德指「格律」（Maxime）為「意欲的主觀原則」（規則），與客觀的實踐原則（法則）不同，康德專家Onora O'Neill進一步解釋格律為「行動者據以精心安排諸多更為明確的意向之支撐性原則」，詳見李明輝，〈康德論德行義務：兼論麥金泰爾對康德倫理學的批評〉，《歐美研究》，卷46，第2期（2016年6月，頁211-241），頁214。

38 接著這段引文所描述的「自然」，屬於底下分析的第一層意義的自然（N1），為人天生具有的獨特且被動的情感。

　　我們天生就有感覺，從出生開始，我們就以不同的方式被周遭的事物所影響。可以這麼說，我們一旦意識到我們有感覺，就會去追求或逃避這些會產生感覺的事物。首先，這些感覺會讓我們產生愉快或不愉快，接著，在這些事物與我們自己之間，我們會認為合適或不合適，最後，根據理性所給予我們關於幸福或完美的概念來判斷。隨著我們更為敏感與更清楚，這些傾向就開始擴大並變得穩固了。這些感覺受限於我們（後來）的習慣，或多或少受到我們的看法而有所變化。在這些感覺改變之前，我稱之為我們身上的「自然本性」〔la nature〕。[39]（*Émile ou de l'éducation*, 1762/1989: 3-4）

　　理性是人的天性稟賦，這點盧梭寫來比康德更為平易近人，康德由盧梭那裡得到發展「實踐理性」的靈感，即由此開始。理性所形成的判斷，不僅是我們一般經驗感受的最高階段，同時對社會及國家而言，理性判斷也是我們認識「自然

---

[39] 盧梭原文："Nous naissons sensibles, et, dès notre naissance, nous sommes affectés de diverses manières par les objets qui nous environnent. Sitôt que nous avons pour ainsi dire la conscience de nos sensations, nous sommes disposés à rechercher ou à fuir les objets qui les produisent, d'abord, selon qu'elles nous sont agréables ou déplaisantes, puis, selon la convenance ou disconvenance que nous trouvons entre nous et ces objets, et enfin, selon les jugements que nous en portons sur l'idée de bonheur ou de perfection que la raison nous donne. Ces dispositions s'étendent et s'affermissent à mesure que nous devenons plus sensibles et plus éclairés ; mais, contraintes par nos habitudes, elles s'altèrent plus ou moins par nos opinions. Avant cette altération, elles sont ce que j'appelle en nous la nature." （*Émile ou de l'éducation*, Livre Premier, 1762/1972:32）。

法」的必要條件，由此開啟了現代自然法論的原理，我們今日普遍理解為「人權」或「天賦人權」的概念，就是源自「自然權利」（natural right）的自然法概念。有關現代自然法的道德哲學基礎，先是在盧梭理論中有跡可尋，再經康德匠心獨具的論述，直到今日才能深植人心。

就思想史來看，盧梭顯然並不屬於理性主義傳統，他在上面引文及其他著作中使用「理性」的概念，但也同時強烈傳達出對「自然」與「自由」的渴望，這個特點吸引了康德及卡西勒代表的新康德學派。至今一般對於盧梭的理解，通常具有一種浪漫主義傾向，例如在19世紀的狂飆年代，盧梭被視為反理性計畫、主張回歸情感與自然天性的先行者，但卡西勒考察盧梭和康德的著作，卻發現身處1760年代的歐洲社會，盧梭最重要的貢獻或創見，倒不是重新提倡了自然情感和感官，借用康德（1724-1804）的話來說，盧梭其實是那個時代「人權的新倡言者」（"der Wiederhersteller der Rechte der Menschheit"[40]）。[41]

---

40 這個用語中的德文"Menschheit"，在字義上可以翻譯為「人性」、「人類」或「人文」，但似乎任何單一翻譯都無法完整傳達它的意涵，即盧梭所倡言的「人類權利」，同時也是「人性權利」，如果將"Rechte der Menschheit"僅翻譯為「人類權利」，將無法凸顯「人性論」在盧梭自然法論中的地位。這裡沿用常見的譯法——「人權」，但須先說明這個簡短又通行的用法，其實包含多層意義。自古而今，對「人權」的理解總是出於某種「人性」預設，並與如何構想「人的圖像」（Menschenbild）有關。非常經典的一部「人權史」研究可參考Gerhard Oestreich, *Geschichte der Menschenrechte und Grundfreiheiten im Umriß*, 2. Aufl.（Berlin: Duncker & Humblot, 1978）。

41 這是康德在〈評論「對優美與崇高的情感之觀察」〉中所言，詳見 Immanuel Kant, "Bemerkungen zu den 'Beobachtungen über das Gefühl des

　　康德認為，盧梭一生所批判的並非「道德」（Sittlichkeit）本身，[42]而是「風俗」（Sitte），道德與自然「權利」是並行不悖的，康德甚至認為盧梭之所以反對文明道德的枷鎖，就是因為這些道德規範使人們普遍失去「自由」，而「自由」是人類天生享有的「自然」或「本性」，不應被社會的法律與制度剝奪了，真正的「（道德）權利」就是要重新使人找回「自由」。這種康德式的盧梭詮釋，打破一般盧梭解釋的既定印象，既不把「自然」與「道德」視為對立的兩方，也不主張何者優先。[43]不過，康德在畢生著作中，並未仔細說明如此閱讀盧

Schönen und Erhabenen'," in *Gesammelte Schriften*, Akademieausgabe, Berlin 1900ff.（＝ AA），Bd. XX, S. 44；卡西勒引用這本著作內容，說明康德受盧梭影響之深，參考Ernst Cassirer, "Kant und Rousseau,"（1939）in: Ernst Cassirer, *Über Rousseau*（2012），S. 102。

42 德文"Sittlichkeit"，有道德及倫理之意，康德並未如黑格爾將"Sittlichkeit"（倫理性，或譯倫理）與"Moralität"（道德性）加以區分。考量康德用語，以及與盧梭比較對照，盧梭使用「良知」較接近中文「道德感」或道德直覺，因此這裡Sittlichkeit譯為「道德」。有關黑格爾或後來Alasdair MacIntyre批評康德倫理學（形式主義），以及康德可能的辯駁，參考李明輝，〈康德論德行義務：兼論麥金泰爾對康德倫理學的批評〉，《歐美研究》（2016），頁218-230。

43 尼采對盧梭的閱讀就明顯與康德不同，尼采認為盧梭的平等觀是與一種進步的道德觀結合的，他在討論進步革新時批評盧梭：「我所憎恨的是它的〔革新的〕盧梭式的道德性——那所謂革新的諸真理，藉著它〔革新的諸真理〕革新一直都還在起作用並且〔藉著它〕所有的淺薄者和平庸者說服自己。這個平等的學說！……不過沒有更毒的毒藥了：因為它〔這個學說〕看起來像是被正義自身所刻劃，但它其實是正義的終結……『等者等之，不等者不等之』，這反倒成了正義的真實措詞：並且，由此引發的結果是，『不平等絕不會變成平等』。」（Friedrich Nietzsche, *Götzen Dämmerung, Streifzüge eines Unzeitgemässen*, Werke in drei Bänden（München,

梭的理由根據，相隔大約150年後，我們在新康德哲學家卡西勒筆下，才首次看到辯證詮釋方法的運用。

4.4. 卡西勒：盧梭問題

卡西勒在1932年發表〈盧梭問題〉（"Das Problem Jean-Jacques Rousseau"）這篇著名論文，引起學界廣泛重視與討論，文中嘗試從「新康德主義」的角度詮釋盧梭的自然法理論，被視為重要的盧梭詮釋文獻。卡西勒指出，盧梭所稱的「自然」與「情感」皆有第一層次與第二層次的意義，「自然法」的內容應是根據第二層次意義下的「自然」推論而成的，因此盧梭的人性論與自然法並不相互矛盾或衝突，兩者其實是處於辯證的關係。[44]這個解釋將人性論和自然法理論加以結合，似乎有意藉盧梭觀點，重新提出論證「道德主體」的另一個可能性。

按照卡西勒的盧梭辯證詮釋，道德並不是用來加諸於人、限制或規範人性，反之，人性（human nature）也不是破壞或限制道德的理由，道德與人性是處於相互辯證的關係：人性是道德發展的基礎（道德不是抽象或憑空而降的），同時在道德中，可以看見人性發展的社會條件（人們互為道德主體的社會關係）。[45]由於盧梭著作中，很少直接提到「道德主體」，它的

1954），Band 2, S. 1024）；參考引用沈清楷，〈不平等的系譜〉，《哲學與文化》，卷42，第8期（2015），頁2，註2。尼采上述句中的雙引號內文字翻譯，經筆者略做修改。

44 Cassirer 2012（1932），S. 73-75.

45 無論是價值法學所主張的「為權利而奮鬥」（Rudolf von Jhering），或德國

概念為何？是否需要證立？甚至是否需要藉由「自然人」的概念來探討？都是此一盧梭辯證詮釋中核心的問題。

　　盧梭早年對自然法的描述，可見於1755年《論人類不平等的起源與基礎》（*Discours sur l'origine et les fondements de l'inégalité* parmi les hommes），[46]他指出「自然法」不同於神法，其重點在於認識人自身的道德地位：[47]

　　　　我已說明了不平等的起源和發展、政治社會的建立和毀壞，以及這些事物由人的自然天性可以導出，藉由理性唯一的光，而且它獨立於宗教的教條，那些宗教教條賦予至高的權威擁有源於神法的制裁力。[48]（Rousseau

────────────

觀念論所提出的「為肯認而抗爭」（Fichte, Hegel, Honneth），歐洲19、20世紀最有原創性的法哲學大都建立在某種社會關係及衝突理論的基礎上，盧梭的人性論為此提供的理論資源是相當豐厚的，尤其是採辯證詮釋來加以理解的話，能激發更多對於社會壓迫關係、個人自由與反抗的想像。

46　本書引用的法文版本為Rousseau, *Discours sur l'origine et les fondements de l'inégalité* parmi les hommes（1755）, présentation et notes par Blaise Bachofen et Bruno Bernardi（Paris: GF Flammarion, 2008）；參考英譯版本為 Rousseau, *Discourse on the Origin of Inequality*, translated by Franklin Philip, ed. with an introduction by Patrick Coleman（Oxford/New York: Oxford University Press, 1994）。以下引用以法文版出處為主，參考英譯本或其他語言譯本時均一併註明出處及頁碼。

47　這一點是討論理性法（理性自然法）的關鍵，在盧梭之前的自然法論中，如亞里斯多德及其追隨者主張人天生具有社會性，所謂「理性」就是人（作為社會的成員）追求幸福的一種（有別於動物性本能）的心靈稟賦；參考Étienne Gilson（2002）, p. 348。比較盧梭及以往自然法學說對於理性的分析，詳見本書第五章5.2的討論。

48　"J'ai tâché d'exposer l'origine et le progrès de l'inégalité, l'établissement et

1755/2008:148）

這裡所指的人的自然天性（la nature de l'homme），從文義來看，應是指自然理性，即底下分析的第二層意義的自然（**N2**），由這個自然的概念，盧梭方才接著引出「自然法」及「實證法」這組相對的基本概念，同時提出一個重要的命題：實證法授以道德上的不平等，並使不平等得以維繫和鞏固。他說：

> 根據上面的說明，在自然狀態中的不平等並沒有什麼作用，不平等的力量和發展是在我們的能力及精神進程中產生的，並由所有權和法律的建立而最終變得穩定和正當。緊接著便出現道德上的不平等，它受到僅來自於實證法的授權，〔道德上的不平等〕與自然權利相反，因為〔道德上的不平等〕跟身體的不平等並不相稱——區分這兩類不平等，讓我們適切地思考文明人之間的不平等形式，因為無論如何定義，當兒童支配老人，白痴指導智者，然後一小撮人擁有過多資源，而其他飢餓的多數人

---

l'abus des Sociétés politiques, autant que ces choses peuvent se déduire de la Nature de l'homme par les seules lumiéres de la raison, et indépendamment des dogmes sacrés qui donnent à l'autorité Souveraine la Sanction du Droit Divin." （Rousseau, *Discours sur l'origine et les fondements de l'in*égalité parmi les hommes, 2008〔1755〕: 148）此段引文中粗斜體為筆者所加，翻譯按法文原文並參考英譯本，Rousseau（1994），pp. 84-85。

卻缺乏所需，這樣顯然就是違背自然法的。[49]（Rousseau 1755/2008:148）

　　道德上的不平等，意味著人並非皆擁有相同的道德地位，並非所有人都受到法律（實證法）平等的對待，絕大多數人同時失去了天賦的權利及自由，而擁有權力的階級卻能享之不盡、為所欲為。盧梭認為，藉由天賦秉性認識法律（自然法），憑藉的是理性能力與判斷。唯有自然的人才能確保其理性和良知並未因習慣或想法而改變，這就是「自然人」與「人為人」的不同：

---

[49] 盧梭原文："Il suit de cet exposé que l'inégalité étaint presque nulle dans l'État de Nature, tire sa force et son accroissement du développement de nos facultés et des progrès de l'Esprit humain, et devient enfin stable et légitime par l'établissement de la propriété et des Lois. Il suit encore que l'inégalité morale, autorisée par le seul droit positif, est contraire au Droit Naturel, toutes les fois qu'elle ne concourt pas en même proprotion avec l'inégalité Physique; distinction qui détermine suffisamment ce qu'on doit penser à cet égard de la sorte d'inégalité qui régne parmi tous les Peuples policés; puisqu'il est manifestement contre la Loi de Nature, de quelque manière qu'on la définisse, qu'un enfant commande à un vieillard, qu'un imbécile conduise un homme sage et qu'une poignée de gens regorge de superfluités, tandis que la multitude affamée manque du nécessaire."（Rousseau, *Discours sur l'origine et les fondements de l'in*égalité parmi les hommes, 2008〔1755〕: 148）; Rousseau（1994）, p. 85。這段引文中的粗斜體為筆者所加，藉以強調盧梭把「道德上的不平等」歸因於實證法，在概念上，平等是人的「自然權利」（le Droit Naturel），從法律（實證法）的內容分析，可能導出關於平等或不平等的道德判斷，可知此一判斷（關於平等與否）的基礎在於自然法（la Loi de Nature）的規範性。

"Ce n'est pas l'homme de l'homme, c'est l'homme de la nature."（*Émile ou de l'éducation*, 1762, livre 4, 42）

這不是人為的人，而是自然的人。（*Émile ou de l'éducation*, 1762, livre 4, 42）

接著，盧梭所指的「自然人」亦為「道德主體」，其關鍵在於真正的「自由」：

"Si l'homme est actif et libre, il agit de lui-même."（*Émile ou de l'éducation*, 1762, livre 4, 65）

人如果是主動和自由的，他會從自身行動。（*Émile ou de l'éducation*, 1762, livre 4, 65）

上面這兩段話簡潔有力，將法文原文與中文翻譯並列，可再三閱讀思考其中含義。盧梭很清楚地指出，人的天賦理性與「自由」是分不開的，理性的稟賦事實上就是：自由的情感和智性能力，因此我們在概念上雖可區分「自由」與「理性」，但必須重回盧梭論不平等的脈絡，才能將理性能力重新放回兩層意義的自然中加以理解。這是卡西勒文中反覆推敲的主張，不過卡西勒的分析分散多處，為理解方便，我將兩層意義的「自然」簡要呈現為下面兩個定義，分別用（N1）和（N2）來代稱。

（**N1**）自然天性（"nature de l'homme"）：指人與生俱來的、獨立且自由的本性（第一層意義的自然）。

（**N2**）自然理性（"raison"）：指人自由地在經驗中感知事物、判斷道德是非的稟賦（第二層意義的自然）。

此外，盧梭向來強調「感性」之於認識和行動的重要性，他甚至常被誤解為是反理性的。其實對盧梭而言，依附於自然概念中的「情感」，[50]提供了我們理解「自由」的另一個有趣的面向：天生獨立自由的人具有感受世界的能力，而感受不僅基於欲望，也源於感性及論理能力。因此，情感（sentiment）亦須分成底下兩個層次（S1, S2）來理解。

（**S1**）本能感受（"affection"）：被動的情感（第一層意義的情感）。

（**S2**）自然情感（"passion", "action"）：主動的情感（第二層意義的情感）。

本能感受（S1）驅使人們自由發展自己，並在與他人的關係和生活中漸漸得到經驗。[51]自然情感（S2）則是自然理性

50　Cassirer 2012（1932），S. 74.

51　S1（本能感受）的情感包含德文所指的Leiden, Empfindung（承受、感覺）。

（N2）的另一個面向，[52]感性與理性是不可分的，[53]亦即只有在（S2）與（N2）都能並存發展的條件下，人的真正自由才能實現，這也是盧梭所主張的自然教育的理想。

現代自然法論與這個自然教育的理想——尋找自由與良知的可能條件，彼此有著緊密的關聯，兩者的出發點都是不滿舊

---

52 S2（自然情感）的情感包含德文所指的Urteil, sittliche Entscheidung（判斷、道德決定）。關於自然感性與自然法的關係，早在古代希臘哲學中就有豐富的論述，但古代對自然感性的說法，主要是從論理和修辭的角度所提出的，運用情感在說理上的作用來證明自然法的存在。但現代自然法論所分析的情感，卻是自然法的要素，因為情感的自由，與理性和良知有關，自然權利的內容均由此衍生，例如信仰與良心自由，以及主張由平等才能實現的各種自由；參考Cassirer 2012（1932），p. 71。另外比較參考Pierre Destrée, "Aristote et la question du droit naturel（Eth. Nic., V, 10, 1134b 18-1135a5）," *Phronesis XLV/3*（2000），p. 220-239。

53 因此盧梭使用「感知理性」一詞（raison sensitive），在用語及概念上，與「言說理性」或「智識理性」（raison discursive, intellectuel）有時並列。卡西勒指出，意志在盧梭哲學中，與情感和理性的直接性（Unmittelbarkeit des Gefühls, der Vernunft）是密切相關的，參考Cassirer 2012（1932），S. 71，亦詳見本書底下5.2的討論。關於意志的性質，自17和18世紀以來，一直是法學的重要議題，20世紀中隨著自然科學在腦神經科學及生理學方面的研究進展，腦神經科學家與哲學家對於意志、自由、決定、動機和責任等概念，見解分歧，就自然科學的決定論及意志自由之間的論爭，各家見解大致可分為「不相容論」（non-compatibilism）及「相容論」（compatibilism）兩類，不相容論者的主張使人必須在決定論或自由論之間選擇其一，因其極端的立場遭到許多批評，而相容論的立場比較緩和，表面上也比較容易被接受，但其細節的論證和內容卻益顯複雜，德國分析哲學家Julian Nida-Rümelin對此有深入研究，他提出「理論的人文主義」（theoretischer Humanismus）觀點重新思考相容論的立場，並主張一階思考的「道德的人文主義」（ethischer Humanismus）有必要建立在後設思考的「理論的人文主義」基礎上，詳見Nida-Rümelin（2005），Kapitel I, S. 13-43; Nachwort, S. 161-171。

制度對人的壓迫。[54]不過，19世紀實證主義法學對於自然法的批評，主要源於對人類歷史的不同解釋，實證主義傾向從社會事實來推斷法律的起源，例如歷史法學派的立場。[55]但現代自然法學卻傾向從人性與自由的假設，來理解法律的本質，以盧梭的自然法論為代表，卡西勒新康德主義所做的盧梭辯證詮釋，在事實和規範之間，發現良知與價值的中介，避免落入非黑即白的論爭循環：自然狀態的理論假設既不被當作事實，也不是應然規範，因此建立在自然狀態假設上的「天賦人權」，在論證上便兼具描述性、評價性與規範性的面向。[56]

---

54 托克維爾在《舊制度與大革命》中分析18世紀法國政治，指出當時文人思考如何打破君權神授的封建體制、建立平等自由的社會，儘管意見十分分歧，但他們都擁有一個共通的觀念─理性與自然法；參考Alexis de Tocqueville, *L'Ancien Régime et la Révolution*，《舊制度與大革命》，李焰明譯（台北：時報文化出版，2015）。錢永祥教授亦指出，自然法與理性論證的關係密切，詳見錢永祥，〈從自然法到自由意志：黑格爾意志概念的背景與結構〉，《人文及社會科學集刊》（1990），頁1-15。

55 反對自然法的理由，大致可區分為兩大類：一是基於「認識論」的理由，另一是基於「法源」的理由。歷史法學派最早亦受自然法理論影響，甚至有少數學者認為歷史法學容納（或並不反對）自然法──並以薩維尼和普赫塔（Georg Friedrich Puchta, 1798-1846）的著作為例，大多數學者則主張歷史法學反對自然法，但究竟其反對理由為第一或第二種，學者對此看法不一，相關分析詳見Hans-Peter Haferkamp, "Naturrecht und Historische Rechtsschule," *Naturrecht in Antike und früher Neuzeit*, Symposion aus Anlass des 75. Geburtstages von Klaus Luig, hrsg. von Matthias Armgardt und Tilman Repgen（Tübingen: Mohr Siebeck, 2014），S. 61-95, 尤其S. 62。

56 19世紀中期以後，自然法論幾乎已被法實證主義取代，創立純粹法學理論（Reine Rechtslehre; Pure Theory of Law）的著名奧地利法哲學家凱爾生（Hans Kelsen, 1881-1973）認為，這個趨勢與18、19世紀興起的資產階級意識形態有關，因為自然法論主張──法律至少須保有最低限度的道

　　換言之，「自然狀態」及自然人是否存在於歷史某個時刻，倒不是重點，至今我們也無從考察，有人質疑盧梭誤解歷史事實，但卻忽略了，盧梭從來無意聲稱自然狀態為「事實性存在」，相反的，他明白指出它只是與事實剛好相反的「想像性存在」：對照於我們的經驗，自然狀態是對於不再純真的社會實況，出於理論和情感所做的一種反思與挑戰。隨著盧梭的文字敘述，自然狀態躍然紙上，值得細讀，可說這是哲學思考依賴想像力的一個典範。[57]

德價值，此一主張並不受一般資產階級民眾歡迎，因此19世紀時，實證法已大量取代了自然法；參考Hans Kelsen, *Reine Rechtslehre. Einleitung in die rechtswissenschaftliche Problematik*, 2. Neudruck der 1. Aufl.（Leipzig und Wien, 1934），Scientia Verlag Aalen, 1994, S. 19-20。凱爾生本身也是一位新康德學派的法哲學家，他的分析讓我們更了解19世紀到二戰前，自然法論與法實證主義的論辯背景。

57 哲學的想像力對於思考法律的本質，同樣重要。法實證主義的清晰（針對法律的概念）和自然法學的形象化思維（針對人性、自由、法律的本質與價值），也都是法學者需要的能力，才不會落入對法律僵化或浮誇的看法。

第五章

盧梭論人類不平等的起源

5.1. 自然人：第一層意義的「自然」

在自然狀態中，人皆平等，但若自然狀態只是假設性的存在，盧梭如何能加以描述呢？他又如何把「自然」的聲音（la voix de la "Nature"）當成道德與法規範的來源？[1]在回答這個問題之前，需要先理解盧梭的生平背景，如卡西勒及許多學者指出，盧梭思想的特別之處，在於它與生命經驗的密切結合。[2]

從小命運多舛，四處遊歷，博學且經歷不凡的盧梭，在坎

---

[1] 盧梭在《論人類不平等的起源與基礎》中提出一個重要的命題：「我們所能清楚獲知關於這個法則〔自然法〕的，是它既稱為法則，所以不僅凡受它約束的人必須有知覺地願意服從於它，而且因它是自然的，可見它還必須是由自然的聲音直接表達出來的。」——Rousseau 2008（1755）：56；此處中文翻譯另參考Rousseau（1755）, *Discourse on the Origin of Inequality*, translated by Franklin Philip, ed. with an introduction by Patrick Coleman（Oxford/New York: Oxford University Press, 1994）。有關這裡自然的概念，詳見本書第五章5.2的分析。

[2] 參考Cassirer 2012（1939）, S. 92-93; Guido Kreis, in: Cassirer（2012）, S. 151。

坡適應的旅程中，一心研究人類歷史以及社會不平等的起源，
他在40歲左右所寫的《論人類不平等的起源與基礎》（*Discours
sur l'origine et les fondements de l'inégalité* parmi les hommes,
1755）一書，被李維史陀（Claude Lévi-Strauss, 1908-2009）喻
為第一部由哲學家所寫的、也是第一部法文人類學著作，[3]這本
被視為影響啟蒙革命的思想巨作，主要就在思考自然狀態與當
時社會境況的差異。

　　在這本書中，盧梭稱自己的方法，是一種哲學思考，是帶
有假設性與向前看的，哲學家們過去曾做的假設，在他眼中多
半荒誕無稽、錯誤百出，尤其那些在他之前的「近代社會契約
論者」對於人性和社會的假設，並不令人滿意，導致政治制度
的構想普遍欠缺理想性，甚而加深壓迫與不平等的根源。[4]

　　盧梭本性熱愛自由、不受拘束，為研究國家和法律的正
當性，他極力喚回人們對自然狀態的想像。他說：明知自然狀
態只是假設性的，人類不可能重回這樣的世界，但要時時把它
當成可想像的理想，用它來比較和判斷現實的社會狀態。他所
假設的「自然」和「自然狀態」，大致都被解讀為與「動物天

3　參考Patrick Coleman, Introduction, in Rousseau 1994（1755）, ibid., p. viii。

4　大約早於盧梭一個世紀，霍布斯提出的人性論、自然法論及社會契約論
　　影響深遠，而霍布斯建立在個人主義基礎上的、強調個人目的及欲求的
　　理論，用於解釋國家統治權力和法律的必要性，雖有一致和合理的假設
　　支持，卻無法進一步說明及證成統治權力和法律的正當性；反之，盧梭
　　以民主和平等為基礎所建立的社會契約論，彌補了霍布斯的不足。參考
　　Georg Geismann, "Kant als Vollender von Hobbes und Rousseau," *Der Staat*, 21
　　（1982）, S. 161-189。霍布斯及盧梭所代表的兩種社會契約論模型，涉及
　　如何理解國家的形成與法律正當性，本書第六章6.1有進一步的說明。

性」和「動物世界」幾乎沒有差別，人類身上最初的性質像是
「自我保存」、「保護同類」、「憐憫」和「同情」以及「快
樂」和「滿足」等等，依然在相近類屬的動物身上，或在未經
社會化浸染的、最單純的人們身上可以觀察得到，這些是屬於
第一層意義的「自然」（N1）。

　　更精確地說，第一層意義的自然（N1）較近於本能，屬
於欲望和感情層次，雖然人一如動物，也具有思維的天賦稟
能，例如計算利害、趨吉避凶、設定目標和途徑等，但這類能
力在自然狀態中並非生存的必要條件，因盧梭相信，人生而自
由與平等，即使沒有這類能力也不至於被同類或異類排斥或消
滅。真正攸關生存的必要條件（本能）是自由天性，以及與同
類相處時自愛的本能，自愛而懂愛人的快樂本能（un heureux
instinct）。然而，反觀現實社會生活卻非如此：

　　　人是生而自由的，卻無處不在枷鎖之中。自以為是其
　　他一切的主人，反而比其他一切更淪為奴隸。這種變化是
　　怎樣形成的？我不清楚。是什麼才使這種變化成為合法
　　的？我自信能夠解答這個問題。如果我僅僅考慮強力以及
　　由強力所得出的效果，我就要說：當人民〔Peuple〕被迫
　　服從而服從時，他們做得對；但是，一旦人民有能力打破
　　自己身上的桎梏而打破它時，他們就做得更對。因為剝奪
　　人民自由的理由，就是根據某種權利，根據同樣的權利，
　　人民也有理由恢復自己的自由，否則當初剝奪其自由的理
　　由也就不存在了。社會秩序為其他一切權利提供了基礎，
　　因此它是一項神聖權利。然而，這項權利決不是出於自

　　然，而是建立在約定之上的。問題在於懂得這些約定〔ces conventions〕是什麼。但是，在談到這一點之前，我應該先證明我所提出的看法。[5]（Rousseau 1943〔1762〕: 58）

　　以上引文出自盧梭1762年的《社會契約論》（*Du contrat social ou principes du droit politique*），寫於這本書的開端，也是最常被人引用的段落，這段令人眼睛為之一亮的開頭，鋪陳接下來理路清晰的分析，從第二章開始，讀者漸能確定盧梭想要提出的東西究竟為何：為了與社會「約定」（conventions）做區分，他必須確定的東西即是「人性」（第一層意義的「自然」），因社會秩序建立在約定之上，而約定的前提是人具有自由，如此才可能憑意志決定並遵守承諾，自古而今，這是自然法的契約原則一貫強調的。[6]

5　本書引用的法文版本為Rousseau, *Du contrat social ou principes du droit politique*（1762），Aubier, 1943；同時參考德文譯本Rousseau, *Gesellschaftsvertrag, vom Gesellschaftsvertrag oder Grundsätze des Staatsrechts.* in Zusammenarbeit mit Eva Pietzcker, neu übersetzt und herausgegeben von Hans Brockard（Stuttgart: Reclam, 1977）。以下引用以法文版出處為主，參考德譯本或其他語言譯本時均一併註明出處及頁碼。此處這段引文中譯曾參考Rousseau（盧梭），《社會契約論》，何兆武譯（台北：唐山出版社，1987），第一章；筆者按法文版及參考德譯本（Rousseau 1977: 5-6）做了修改和重譯。

6　從「契約必須被遵守」（pacta sunt servanda）的古老原則分析「自然法」原理，以及由此論證自然法與實證法的關係及轉折，一直是自然法學的核心，直至近代最重要經典當屬霍布斯的《法的元素：自然的與政治的》，這是霍布斯52歲開始寫的第一本書，他的「社會契約論」就是從這本書開始發展的，盧梭及後世的法哲學及社會哲學，在許多論點均受益於霍布斯對人性及「自然狀態」的精巧研究，對於後人修正和創新觀點，參

　　不過，在論及約定之前，須先確立什麼是自然人的自由，自由究竟是經驗上的？抑或是規範性的？為解開盧梭問題，卡西勒區分「自然」的兩層意義，分析盧梭論「自然法」時使用第二層意義的「自然」（N2），此一概念有別於康德的「道德理性」，但本質上卻與它十分接近。[7]

　　首先，我們必須先了解第一層意義的「自然」，這是盧梭人性論的基礎假設，與古典的自然法概念所蘊含的那種抽象的、形而上的「自然」完全不同。[8]底下為說明方便，我將盧梭使用的第一層意義的自然概念（N1），以及與之不可分的情感——亦為第一層意義的情感（S1），以命題形式表述如下：

　　（N1）自然本性（"nature de l'homme"）：指人與生俱來的、獨立且自由的本性（第一層意義的自然）。

　　伴隨（N1）的，則是天生對世界所形成的感受（S1）：

　　照霍布斯原作閱讀比較，可得到脈絡化的深入理解；參考Thomas Hobbes, "The Elements of Law. Natural and Politic," in Hobbes, *Human Nature and De Corpore Politico*, ed. J. C. A. Gaskin（Oxford/New York: Oxford University Press, 1994）。

7　卡西勒對於盧梭自然法論使用「自然」概念的兩層意義分析，比較黑格爾對霍布斯自然法論的討論更為徹底。錢永祥指出，黑格爾曾簡要提到霍布斯使用「自然」概念有雙重意義的「曖昧」（Zweideutigkeit），認為他的「自然」概念似乎模糊了本能與理性兩層意義，但黑格爾對此並未詳細探討；參考錢永祥（1990），頁4。

8　詳見本書第二章2.2與2.4。

（S1）本能感受（"affection", "instinct"）：被動的情感（第一層意義的情感）。

　　盧梭的「人性論」強調人獨立而自由，這一點歸功於他對自然狀態的興趣和探索，這裡他感興趣的主要是第一層意義下的「自然」（天性及本能）。

　　從盧梭兩本重要的法哲學著作——《論人類不平等的起源與基礎》[9]及《社會契約論》，皆可看到其中提出關於人類生而「自由」與「平等」的描述，藉「意志」和「約定」等概念，主張（預設）每個人都是一個獨立個體。卡西勒認為盧梭這個關於個人「本性獨立」（independence）的預設（N1），是康德與盧梭思想契合的關鍵，即便是盧梭備受爭議的小說《新愛洛伊絲》（*Julie ou la Nouvelle Héloïse*, 1761）及晚年隨筆《一個孤獨漫步者的遐想》（*Les rêveries du promeneur solitaire*, 1782），在康德眼中，都不是作者為了宣揚讚頌放浪情懷及孤獨虛無而作的，相反的，在這兩部作品中的主角們，都在尋找著自己的所由和歸屬。

　　自然人，也是獨立的人（*homme indépendant*），這是盧梭

───────────

9　本書引用的法文版本為Rousseau, *Discours sur l'origine et les fondements de l'in*égalité parmi les hommes（1755）, présentation et notes par Blaise Bachofen et Bruno Bernardi. Paris: GF Flammarion, 2008; 參考英文翻譯版本為 Rousseau, *Discourse on the Origin of Inequality*, translated by Franklin Philip, ed. with an introduction by Patrick Coleman（Oxford/New York: Oxford University Press, 1994）。以下引用以法文版出處為主，參考英譯本或其他語言譯本時均一併註明出處及頁碼。

人性論的基本假設。即使自然狀態不是真實經驗中的事物，盧梭仍然認為在人性之中——即使是社會化的人身上，獨立性還是保有著，所謂獨立性，意指身體知覺天生是孤獨的，除了自愛（l'amour de soi-même, Selbst-liebe），[10]並愛至親的人以外，沒有人際關係中必須區分善惡的知識，對無關自己的他人抱持無差別（indifférent）的態度。[11]這個立場，使盧梭堅決反對18世紀當時思想界流行的、傾向性善論的「心理學樂觀主義」（psychologischer Optimismus），[12]不接受美化人性、違背真實；他支持霍布斯所主張的人性「自我保存」說，但也反對霍布斯的性惡論把人與人的關係看得過度緊張，而忽略了同類天生的憐憫或同情的力量（la force de la pitié naturelle）。盧梭指出：

10　卡西勒將盧梭原文"l'amour de soi-même"直譯為德文"Selbst-liebe"，字義與法文貼近而易懂。國內學者苑舉正在其盧梭譯著中，將這個詞譯為「自保之愛」，本書採直譯為「自愛」；比較參考盧梭，《德性墮落與不平等的起源》，苑舉正譯註（新北：聯經出版公司，2015），頁330。

11　論兒童教育時，盧梭同樣的看法："Persons pour maxime incontestable que les premiers mouvements de la nature sont toujours droits: il n'y a point de perversité originelle dans le cœur humain ; il ne s'y trouve pas un seul vice dont on ne puisse dire comment et par où il y est entré. La seule passion naturelle à l'homme est **l'amour de soi-même**, ou **l'amour-propre** pris dans un sens étendu. Cet amour-propre en soi ou relativement à nous est bon et utile ; et, comme il n'a point de rapport nécessaire à autrui, il est à cet égard naturellement **indifférent** ; il ne devient bon ou mauvais que par l'application qu'on en fait et les relations qu'on lui donne." （*Émile ou de l'éducation*, 1762）（粗體為筆者所加）

12　參考Cassirer 2012（1932），S. 68；卡西勒指出，盧梭一方面反對心理學的樂觀主義，另一方面也不贊同神學的悲觀主義（theologischer Pessimismus），即把人性墮落歸咎於原罪的說法。

　　〔霍布斯〕對自然狀態有兩個假設，它們彼此矛盾：人是強壯的，又是依賴的〔robuste et dépendant〕。人天生是脆弱的，所以彼此依賴，然而在他未長大強壯前，卻又完全自由。霍布斯沒有覺察，人〔原始人〕不會使用理性，〔……〕基於相同道理，他們也不會濫用天賦〔……〕，所以可以說原始人天性不是惡的，因為他們不知道什麼是善，他們能遠離犯錯，不是因有知識或法律限制，而是靠從容的熱情和對惡的無知〔……〕。我說的是同情，這是脆弱及會生各種疾病的人類身上，一個合適的原始稟賦，〔同情〕是人最普遍和有用的德性，因為它在人身上先於任何一種思考，它如此自然，就算是野獸也時而表現明顯的〔同情〕訊號。[13]（Rousseau 2008〔1755〕: 94-95）

　　從原始的同情，人對同類的痛苦能感同身受，於是開始產生「認同」（identification），認同的過程中，理性介入，意味著理性將漸漸取代（或壓抑）單純的情感。盧梭認為，理性使人轉向內在，思考痛苦的原因，並抽離對他人的同情，例如開始會理智地保持客觀距離、勸誡別人不要冒險。逐漸當理性發展到對社會有危害的程度時，沉睡的哲學家才從靜夢中驚醒（Rousseau 2008〔1755〕: 97）。

　　的確，當動物愈靠近，同情愈強烈，就會產生對受苦動

13　Rousseau 2008（1755），p. 94-95; 參考Rousseau 1994（1755），英譯本，p. 45。

物的認同。顯然，這認同在自然狀態中遠比在理性狀態中強大得多。理性引出虛榮心〔l'amour-propre〕，思考則更強化了它〔虛榮心〕，〔……〕就是這種哲學使人抽離並在目睹他人受苦時，暗自地說：「你想冒險就去吧，但我是安全的。」[14]（Rousseau 2008〔1755〕: 97）

隨著理性的增長，自然同情消失，社會出現道德上的不平等。在《論人類不平等的起源與基礎》第二部分開頭，盧梭用澎湃的文字描寫人類不平等的起源：

　　到達一地並劃出界線，然後聲稱這是「我的」並讓周遭足夠的人相信他的話，首先這樣做的人，就是市民社會的創立者。多少犯罪、戰爭、謀殺以及悲慘和恐怖是人類原來可以避免的〔……〕，如果當時有人說「不要相信那個騙子，你會輸掉，如果你忘了果實是屬於大家的，土地本身是不屬於任何人的。」[15]（Rousseau 2008〔1755〕: 109）

　　市民社會的開始，意味著自然狀態的結束。那麼自然狀態為何走到盡頭？自然人何以從快樂自由的狀態，變化成自

---

14 Rousseau 2008（1755），p. 97; Rousseau1994（1755），英譯本，p. 47. 關於 "l'amour-propre"的翻譯，英譯本譯為"vanity"，有虛榮和自負之意，亦有中文譯為「自尊心」，如沈清楷（2015），頁11。

15 Rousseau 2008（1755），p. 109; 參考Rousseau 1994（1755），英譯本，p. 55。

私、貪欲和掠奪的文明人？盧梭以「價值」的出現來解釋這個變化。自然人由家庭開始，漸漸發展較大的群居生活，當人們聚集時，開始出現知識和情感的累積。於是有了彼此觀察和比較：

> 　　如此人們開始彼此注視，並且希望自己被他人看見，公眾注目〔l'estime publique〕是一種獎賞。這就是善。更美的及更有力量的人，也更有權力或更優雅，更有思慮，這就造成第一個否定的地位，同時相對地造成同一時間的惡：最優先的選擇要求優雅與道德，從他人那裡得到欣賞或嫉妒；然後引起衝突的原因就是新的欲望，最後使人們從快樂與無辜變成現在這樣。[16]（Rousseau 2008〔1755〕:116-117）

　　比較帶來了權力和衝突，美的、好的事物更容易引起注意和欣賞，但這些價值其實是人們所確立的一種「公眾注目」（"l'estime publique"），它凌駕於所有其他事物之上。這麼一來，可怕的嫉妒心產生，欲望跟著源源不絕，自然人遠離快樂自在，變成現在這樣。我們要問的是，經由對某些事物的否定而確立公共價值，造就了第一個惡，那自然人的態度難道是全盤接受這種惡？自由本性是否經不起嫉妒和欲望的考驗？

　　換句話說，既然伴隨知識和情感，造就道德上不平等的事

---

16 Rousseau 2008（1755），p. 116-117; 參考Rousseau 1994（1755），英譯本，
　　p. 60。

實，亦即出現對自由的否定。但假使自由是真實的，對自由的否定只可能是一時的，很難想像自然人將全然失去自由。於是這裡的盧梭問題，其實是一個關於自由命題的根本提問：自由是否可能？

對這個問題，如果僅從盧梭的文字去解讀，很容易遇到兩難的瓶頸。卡西勒以辯證詮釋第一層意義的自然，區分此一概念中包含的（N1）與（S1）兩個面向，在理解上是一個突破。第一層意義的自然，主要用於分析個體的本性，人是否真的擁有自由的本性？對盧梭來說，這其實是一個假問題，因為對於無法在現實中發現的事物，我們不能妄下判斷地說它未曾有過，如何讓人設想自由是可能的，才是盧梭這裡的重點。當盧梭說人生而自由，那這個「自由」所指的獨立本性，到底可以如何設想？從未在現實中有過自由的人，如何能想像自由呢？

對這個疑難，卡西勒提出一個分析，他說自由與情感有關，這是人們閱讀盧梭時常忽略的關鍵點。自然人首先擁有被動的情感，受環境影響而自然流露本性，再來才是主動的情感，這是指自然人原有的自主判斷的能力，即所謂良知。為什麼情感與判斷有關？卡西勒認為，盧梭哲學強調情感有「直接性」（Unmittelbarkeit），因為只有自然流露的情感，才是自然人的自由狀態。[17]由於文明和利益的影響，人們往往是受欲望所驅使，在情感上失去自由，也無從得出良知自主判斷，因而就無法成為真正的道德主體。

自由的情感，並不是指七情六慾的宣洩，或情緒性的表

17　Cassirer 2012（1932），S. 45, 59, 64.

達。「情感的直接性」（Unmittelbarkeit des Gefühls），[18]是指它直接起於對象並引發理智，而與判斷那一刻結合為一體，在這個過程中，人並不是盲目接受對象的刺激，相反的，「自然情感」具有某種主動性，所以才稱得上是自由的。底下分析的自然法，就是以這個自由概念為基礎而發展的。

　　道德的起源是人與對象之間的關係，包括人與人的關係，那麼就牽涉到從被動到主動的情感（S2），如何產生是非判斷，這也是我們思考自然法的起源。

5.2. 從自然人到道德主體：第二層意義的「自然」

　　（N2）自然理性（"raison"）：指人自由地在經驗中感受事物、判斷道德是非的稟賦（第二層意義的自然）。

　　（S2）自然情感（"passion", "action"）：主動的情感（第二層意義的情感）。

　　如前面的分析，獨立自由的本性中有一種被動的情感（S1），使人與經驗的對象產生連結，才有所謂知識或情感的累積，這個被動情感即是天性本能或欲望，當人在不平等中失去自由時，本能欲望並未消失，只是受到「公眾注目」驅使和貪婪引誘，而在經驗對象時失去自主判斷的能力。因此，盧梭認為，若人們能夠知覺抗拒外在引誘，反抗壓迫，就可能奪回

18　Cassirer 2012 (1932), S. 71.

自由，這才是真正值得鼓勵人們去做的事，如此人們才能重獲
平等。[19]在這為自然權利及平等奮鬥的過程中，人類必須重新找
回自由天性及本能，這也是盧梭論社會契約的關鍵所在。

　　盧梭在《社會契約論》中先區分「約定」和「自然」（第
一層意義的自然），在「約定」逐步發展為「習俗」時，這個
「自然」同時也因人為教育的緣故，逐漸退步成了自私的又隨
眾的性格。關於人為教育的惡果，盧梭在《愛彌兒》有詳細的
討論。他區分三種教育：自然的教育、人為的教育、事物的教
育，同時還區分為了個體或為了全體的教育（個人教育，或公
民教育）。[20]「自然教育」就是盧梭極力想要提倡的，因只有順
從自然天性的教育才能教出道德的人。換言之，從盧梭的角度
來看，自然與道德正好是密切不可分的。

　　因此，人類社會不平等的現實與脫離自然教育有關，這種
現實如何形成？盧梭提到人為教育對自然人（l'homme naturel）
的影響，從孩子身上就可以發現：

　　　一個良好教育的實行者，是要教育出理性的人：然而

19　卡西勒引盧梭的話："la nature humaine ne rétrograde pas"——人的本性無法
　　倒退，我們無法抗拒所謂「進步」，但我們當然也不能任由其發展，重點
　　是要去*導引*它〔進步〕，由我們自己獨立地決定它〔進步〕的目標；引用
　　參考Cassirer 2012（1932），S. 69，斜體字為卡西勒的德譯文字中按原文所
　　加。這裡的「進步」是指自然人「朝向完善性」（自由）發展的過程，這
　　也是底下探討社會契約時（5.3）的重點。
20　參考Rousseau，《愛彌兒》，李平漚譯（台北：五南出版，1989），頁2-5;
　　盧梭在這裡推崇柏拉圖的《理想國》，認為這是一篇最好的關於公眾教育
　　的論文。

人們卻假裝以理性來教育小孩！如此一開始，就完蛋了，這是把教育當成工具。要是孩子們了解理性的話，那他們也根本不需要被教育。[21]（*Émile ou de l'éducation*, 1972〔1762〕: Livre II, 62）

盧梭主張的自然教育，正好反其道而行，盡可能降低人為的教育對於孩童天性發展的干預和扭曲，小心呵護孩童薄弱智性中自然理性的萌芽時刻。他說：

〔……〕教育是隨生命的開始而開始的，孩子在生下來的時候就已經是一個學生，不過他不是老師的學生，而是大自然的學生罷了。老師只是在大自然的安排之下進行研究，防止別人阻礙它對孩子的關心。他照料著孩子，他觀察他，跟隨他，像穆斯林在上弦到來的時候守候月亮上升的時刻那樣，他極其留心地守候著孩子薄弱的智力所顯露

---

21 原文為"Le chef-d'œuvre d'une bonne éducation est de faire un homme raisonnable : et l'on prétend élever un enfant par la raison! C'est commencer par la fin, c'est vouloir faire l'instrument de l'ouvrage. Si les enfants entendaient raison, ils n'auraient pas besoin d'être élevés." (*Émile ou de l'éducation*, 1762/1972: Livre II, 62) 此外，盧梭也提到對孩子的教育，是要傳達所知的經驗判斷，而不是改變孩子的天性去適應社會：「欠缺理性的女孩兒，缺乏基於智慧和風俗的經驗去做判斷，無疑地，她的好父親必須幫她。他有權利，他也有義務要說：我的孩子，這是一個誠實的人，或這是一個騙子，這是一個有常識的人，或這是一個瘋子。他必須知道這些禮俗，這些牽涉到其他人對他女兒的判斷。」（*Nouvelle Héloïse*, 2e partie, lettre II）；這段引文部分參考盧梭, 1996（1761）,《新愛洛伊絲》, 頁268及卡西勒的德文翻譯，經筆者改譯。

的第一道光芒。[22]（Rousseau 1989〔1762〕: 37）

　　依盧梭的觀點，人為教育無法教出理性的人，理性是自小從經驗中養成思考和判斷，直接與事物產生關聯。卡西勒也指出，盧梭強調的是「理性的直接性」（Unmittelbarkeit der Vernunft），[23]在道德的思辨中，理性就是關於善惡判斷的意志，或用康德的話語來說：實踐理性就是善的意志。如上一節的分析，自然人本來對於善與惡並沒有分辨，但因受社會狀態中公眾價值的驅使而生嫉妒和私心，衍生成道德上的不平等，人若保有自然理性才能分辨善惡。卡西勒引盧梭的話，說明（自然的）道德理性是由良知所驅使：

　　我們存在的原因不論為何，它〔原因〕都會幫助我們繼續發展，賦予我們跟本性相容的諸多情感〔……〕。在個人身上，這些情感是自愛、害怕痛苦、恐懼死亡，以及追求幸福。但是——毋庸置疑地——人若天性是合群的，或至少有能力變得合群，那麼這只能藉由人類共通的、其他的自然情感，因為僅就身體的需求來說，人當然會相互分開，而不太可能依存在一起。良知的驅使則建立在對自我與對同類的雙重情感上的道德系統。認識善，與愛善，是兩件不同的事，因為認識善不是人的天性，理性使人認識善，那它〔理性〕也會同樣帶領人的良知去愛善，因這個

22　此段引文經筆者翻譯，並參考盧梭，1989（1762），《愛彌兒》，頁37。
23　Cassirer 2012（1932），S. 71.

情感〔愛〕才是人與生俱有的。[24]（*Émile ou de l'éducation*,
1762: Livre IV, OC 4, 600）

　　卡西勒引的這段話，說明「理性」有兩個面向：它不只
是認識善的主觀「條件」，也是帶動自然情感使良知去愛善
的「能力」，前者是自然理性（N2），後者即是自然情感
（S2）。因為善（或惡）並不屬於人的天性，人依靠自然理性
去學習道德知識，但只有依賴愛的能力，知識才可能變成良知
與價值的選擇。

　　這裡出現一個疑問：道德良知既是出於愛同類的情感，那
麼人除了自愛，真的具有愛同類的本性嗎？對盧梭來說，答案
是肯定的，我們對同類的情感乃出於理性（N2/S2），不同於源
於獨立本性（N1）的自愛。所以，可想而知，在自然的兩個層
次上，同類之愛與自愛也有陷入矛盾衝突的時候，盧梭又該如
何看待兩者的關係呢？這是思考社會與人的關係必經之路。[25]

　　盧梭內在的糾結，也在於此。[26]他的獨立孤單，反而逼近
他思考社會組成的可能條件，他說：只有離開社會，才能思考
什麼是社會。他同樣主張，孩子應離開社會，才能學習如何於
社會生活。這聽起來很矛盾，但卡西勒卻給了一番精巧詮釋。[27]

---

24 原文引自Cassirer 2012（1932），S. 86-87；筆者此段中文翻譯，參考了卡西
　　勒在其註腳（S. 87）的德文翻譯。

25 參考Cassirer 2012（1932），S. 70-71。

26 關於盧梭在各階段處於自我和同類之間的掙扎，參考卡西勒生動的描寫；
　　Cassirer 2012（1939），S. 94-95。

27 Cassirer 2012 (1939), S. 86.

他指出，盧梭的確否定人性之中的社會驅力（Sozialtrieb），
但他並未否定人性內含了**原初社會性**（*ursprünglich-soziale
Anlage*）：[28]人天性自愛而獨立於社會的傾向，並未泯除人有組
織社會的天生能力，義務和良知亦可從其中導出。[29]簡單地說，
就是人要終生孤老，還是與同類共存，都是原本自己可以決定
的。這個詮釋化解了對立，所根據的就是自然的第二層意義，
並帶入底下關於社會契約和自然法的探討。

這裡就第二層意義的自然，可先釐清一般的誤解：以為道
德主體性只與抽象理性相關，卡西勒透過上述分析，強調理性
的情感面向，他解釋盧梭的自然人具有情感的直接性（也是自
由的一個面向），在這個意義下，自然人是自由的人，義務與
良知均源自其自身的**決定**（Bestimmung），這就是道德主體的
原型。[30]在法律出現之前，自然理性的一個重要的作用，就是使
自然人具有道德主體的能力，這一點是盧梭辯證詮釋的結果，
底下論社會契約時再以（NS）命題分析。[31]

不過，這裡要先回頭來想一個問題：盧梭論第一層次的
自然時，指出自然人因其理性介入，使人抽離對於同類的憐
憫（pitié），導致自負與虛榮心（l'amour-propre, 或譯自尊

---

28 "Trieb"是指「內在驅使的欲望」，而"Anlage"是指「本有的性質與能力」，
   "soziale Anlage"譯為「社會性」，指有參與社會的本能與能力（但不必然有
   參與的欲望）。

29 同上註。

30 近年中文文獻對於理性的研究，參考錢永祥，《動情的理性：政治哲學作
   為道德實踐》（新北：聯經出版公司，2014）；在盧梭與康德之後，黑格
   爾延續其思想的發展，參考錢永祥，同上，頁222-223。

31 詳見本書底下5.3的分析。

心），[32]這是道德不平等的起源，那這裡論第二層次的自然，理性為何有此轉變？為何帶來的是善？而不是帶來惡？

　　盧梭透過社會實驗，或者可說直接透過自然主義的教育理想，提出解答。他認為，理性的人需要有自然教育的搖籃，在社會中，自由及情感不被抑遏，這樣自由的人才具有善的意志。盧梭晚年，在《懺悔錄》（*Confessions*, 1782-1789）寫下無法教育自己孩子的遺憾，他感受孤獨的生命，與童年所受教育壓迫有關，早在《愛彌兒》中，他便提出道德應出於自然的模仿（善意志），而不是被強迫接受的模仿：

　　　　我知道這些模仿來的美德，是猴子的美德，善的行動只有依它自身而做的才是善的，並非因為模仿別人的行為。如果到了某個年齡，孩子心裡依然對事物沒有任何感受，就要讓孩子們模仿我們希望養成的習慣，並且等待孩子們能出於分辨和對善的熱愛而做。人是模仿者，動物更是如此；模仿力是自然給予人的美好天賦，但它〔自然的模仿〕卻在社會中退化為惡。[33]（*Émile ou de l'éducation*,

---

32　參照第五章，註14說明。

33　盧梭法文原文為"Je sais que toutes ces vertus par imitation sont des vertus de singe, et que nulle bonne action n'est moralement bonne que quand on la fait comme telle, et non parce que d'autres la font. Mais, dans un âge où le cœur ne sent rien encore, il faut bien faire imiter aux enfants les actes dont on veut leur donner l'habitude, en attendant qu'ils les puissent faire par discernement et par amour du bien. L'homme est imitateur, l'animal même l'est ; le goût de l'imitation est de la nature bien ordonnée ; mais il dégénère en vice dans la société." （*Émile ou de l'éducation*, 1762: Livre II, OC 4, 140）。

1762: Livre II, OC 4, 140）

在《論人類不平等的起源與基礎》中，盧梭描繪了18世紀歐洲社會的道德現象，以自然狀態和文明狀態的對比，設想在自然狀態中的人如何獨立而自由，以對照文明人的從眾及媚俗。盧梭另一部作品《新愛洛伊絲》（1761），寫於《論人類不平等的起源與基礎》和《社會契約論》中間過渡時期，反映盧梭內在的糾結，卡西勒指出，這三部著作構成盧梭道德哲學的全貌，在詮釋上，它們彼此交織與互補。

盧梭寫《新愛洛伊絲》時，已是歐洲知名作家，康德和許多同時代的作者一樣，也在第一時間讀到他這本剛發表的小說，根據友人的描述，康德被這本小說吸引，他認為這個作品並不單純是一部表達男歡女愛的理想愛情小說，而是盧梭思考「道德主體」如何形成的一個關鍵的寫作，康德本人曾引底下這段文字來證明自己的看法。[34]

> 我的感覺告訴我，我的本性是好的，所以我順從自己的情感。〔……〕快樂的本能引導我向善。無可抑制的熱情不斷湧現；它卻扼殺了原來的本能：我該怎麼做才能將它消滅？從秩序的觀察中，我體認到道德的美好〔……〕；但所有這些又如何違背我自身的利益〔……〕？〔……〕而且終究是透過自然，美好的本質和對美的熱愛才如此徹底加諸於我的靈魂，因此只有從這裡才能取得我自身的規

34　參考Cassirer 2012（1939），S. 103。

範，只要它不被扭曲的話；但我如何確定，日復一日依然可以保持這內在圖像的純粹性？若它除感官性質外並無任何其他可以類比的形態？難道不是眾人皆知，陷於混亂的感覺會使判斷和意志腐化〔……〕？〔……〕因為心靈以千百種方式欺瞞著我們，而且只按照一種一向可疑的原則行事；理性則只有向善的唯一目的；對生活而言，理性的規範是明確、清楚、簡單的，而且理性只有在一種情況下才會出錯，那就是當理性陷入非關理性的那些無益的思考時。[35]（*Nouvelle Héloïse*, 3e partie, lettre XVIII, XX）

在這本書信體的小說中，盧梭清楚地使用「理性」來觀照靈魂的激情和失序，康德認為這是作者尋找「道德」根源的過程，而且如卡西勒所說，書信體比理論更合適傳達道德的聲音

35　盧梭原文為"Je me sentois bien née, et me livrois à mes penchants〔……〕. Un heureux instinct me porte au bien; une violente passion s'élève; elle a sa raison dans le meme instinct: que ferai-je pour la détruire? De la considération de l'ordre je tire la beauté et la vertu〔……〕mais que fait tout cela contre mon intérêt particulier?〔……〕Enfin, que le caractère et l'amour du beau soient empreints par la nature au fond de mon âme, j'aurai ma règle aussi longtemps qu'il ne seront pas défigurés. Mais comment m'assurer de conserver toujours dans sa pureté cette effigie intérieure qui n'a point parmi les êtres sensibles de modèle auquel on puisse la comparer? Ne sait-on pas que les affections désordonnées corrompent le jugement ainsi que la volonté?〔……〕. Car le cœur nous trompe en mille manières et n'agit que par un principe toujours suspect, mais la raison n'a d'autre fin que ce qui est bien, ses règles sont sûres, claires, faciles dans la conduite, et jamais elle ne s'égare que dans d'inutiles spéculations qui ne sont faites pour elle."（*Nouvelle Héloïse*, 3e partie, lettre XVIII, XX）這段中文翻譯參考了卡西勒的德文翻譯，Cassirer 2012（1939），S. 104，註16。

和掙扎。透過主角們的書寫往來，可見「理性」似乎是根源於自然天性與情感的，因此當情感澎湃時，理性能適時且自然地（由個人內心自由發起的）約束情感，使人性不陷於混亂。而理性當然不是與生俱來，而是來自經驗和教育的鍛鍊，所以盧梭認為，人類需要的是正當的教育，而不是那些到處所見的、人為而違反自然模仿的教育。如何才能把人教育成為自己（真正的人），而不是面貌相仿一致的公民（公眾的人）？這是盧梭畢生都在思考的問題，對康德那時正在構思的道德哲學和法哲學，亦有很大的激勵。36

　　另一方面，盧梭也在同時期出版的《社會契約論》中，描述了人類相互依賴的生活制度（例如家庭）如何基於約定而產生和維繫，強調家庭持續的組成並不是基於自然，而是依靠「約定」的義務和權利來支撐的，這看法呼應著《新愛洛伊絲》的信念：人天生是獨立和自由的，環境造成相互依賴的必要時，制度隨之建立一套道德規約、箝制人的自由，制度束縛人性，必須從另外的角度來證明哪些制度是合法及正當的，盧梭自然法論的旨趣亦在於此。

　　《新愛洛伊絲》和《社會契約論》的內在關聯性愈清晰，卡西勒的盧梭辯證詮釋欲結合「人性論」與「自然法論」的嘗

---

36 卡西勒引康德在1764年出版的〈評論「對優美與崇高的情感之觀察」〉一文，指出康德支持盧梭的見解，兩人都對18世紀思想界流行一種所謂「美好靈魂」的理想（das Ideal der "schönen Seele"），持批判的態度，康德認為盧梭反覆思索情感和理性的掙扎，其重點正是在尋找道德意志的根源，因此康德說：「在道德的所有性質中，只有真正的道德才是崇高的。〔……〕」；引自Cassirer 2012（1939），S. 104。

試就愈具有說服力，這也是本文的主要論點之一。盧梭的人性論強調自然與平等，從以上的討論，第一層意義的「自然」大致可被界定為人性「獨立／自由」的本能，它呈現為自然欲望及出於自愛和憐憫心的情感。

按照盧梭在《愛彌兒》和《新愛洛伊絲》中的說法，不當的人為教育導致第一層意義的自然（人類普遍依存於經驗的感覺、本能、欲望、情感）逐漸失去或扭曲，人因而不自由，那麼社會生活條件所依賴的第二層意義的自然（理性），如何具體轉化成實現道德平等所需的善意志，如何在不平等的實證法制度中證成自然法的規範性？在《社會契約論》中，盧梭如何一致地捍衛自然與自由？

5.3. 從不平等到社會契約

社會契約的基礎是每個人的意志決定，[37]這個意志決定與理性有關，卡西勒提出一個盧梭關於意志的命題，指出意志內在於理性（N2），由於這整個詮釋可用「自然的靈魂」（die Seele der Natur）之說來簡稱，在討論之前，底下先以（NS）代稱這個盧梭命題。

（NS）自然的靈魂：理性是自然人朝向完善性發展的能力（perfectibilité），理性所具有的直接性，就是意

---

37 霍布斯說：「締結契約是意志的行動。」（"For to Covenant, is an act of the Will"）——Thomas Hobbes 1909（1651），*Leviathan*, chap. 14, p. 106。

志（volonté）決定；道德原則源自理性直接的判斷（直
覺），這就是說——道德原則源自意志的決定。

由於盧梭把意志（連同理性）看成是自然的靈魂，而不把
自然當成抽象的形式，這對一開始理解（NS）或許有些困難，
底下不妨將此一命題再予簡化，得出底下（NS'）代稱的簡化命
題，以便我們先分析道德意志的性質。

（NS'）自然的道德意志：自然人以欲求自由的意志，為
自己決定道德的原則。

簡化的（NS'）命題指出，道德原則是意志（理性，N2/
S2）欲實現自由所訂立的，這是盧梭一貫的道德哲學立場：意
志的道德習性（Ethos des Willens）。[38]相較於17至18世紀當時
流行的道德情感論，例如狄德羅（Denis Diderot, 1713-1784）和
亞當・斯密（Adam Smith, 1723-1790）等人提出「道德情感」

---

38 "Ethos"，源自希臘文"ἔθος"（ethos），有習慣、性格、特質、風俗、道
德等含義，相當於拉丁文"mores"，英文譯為"character", "custom", "habit",
"morals"等，德文譯為"Gewohnheit", "Charakter", "Sitte", "Brauch"等。亞里
斯多德在《修辭學》中將"ethos"、"pathos"及"logos"並列為三種說服的藝
術，指除了訴諸知識邏輯（logos）或訴諸情感（pathos）之外，有另一種
訴諸道德習性（ethos）的——即訴諸群體共通道德性格與習慣，使所言能
使人們信服；參考Aristotle, *The "Art" of Rhetoric*, translated by John Henry
Freese（London: The Loeb Classical Library, 1926），Book I, 1, 14及I, 2, 3-7,
pp. 15-17。盧梭使用「意志」一詞，指涉人的自然具道德習性的靈魂，卡西
勒稱盧梭此一立論為"Ethos des Willens"，中文譯為「意志的道德習性」似
較貼切。

（moral sentiments）的客觀意義，[39]盧梭反其道而行，認為道德不是來自經驗性的情感（例如所謂同情心），也不是來自觀念性的抽象推理——如當時的柏拉圖主義者之見，[40]盧梭認為道德是意志的洞見，卡西勒稱之為理性的「道德直覺」（moralische Intuition）。

卡西勒分析，盧梭是一位道德直覺主義者，強調的是人有實現自由的意志，唯有意志才確保人渴望自由的靈魂，並不因失去自由而減滅，還能在不平等的壓迫下認識並確立道德原則，朝向實現自由的可能性。後來康德哲學主張理性為道德立法之說，也應重新放回到這個脈絡，才不至於被抽象地曲解。卡西勒稱這個盧梭命題為——「自然的靈魂」（die Seele der Natur），意指盧梭筆下的「自然」（人性）是動態的靈魂生命，不是抽象的形式。[41]

有了這個初步的理解，接下來才能分析社會契約的性質。隨著盧梭思考脈絡，首先遭遇的問題是：失去自由的人如何能

---

39 17、18世紀英國盛行經驗主義的倫理學，大致分成兩派，一派是與神學意志論有關的機械論（mechanism），另一派是反對機械論的道德情感論，以1759年亞當・斯密發表《道德情感論》（*Moral Sentiments*）最為人熟知，因他將道德情感應用於經濟學，從所謂「經濟」（economic）角度，檢討善惡之分的思考模式，參考Charles Taylor, *Sources of The Self. The Making of the Modern Identity*（Harvard University Press, 1989），chapter 15, p. 259。

40 18世紀柏拉圖主義亦反對經驗論，以Henry Moore、Ralph Cudworth、Benjamin Whichcote及John Smith等哲學家為代表，他們被稱為劍橋柏拉圖主義者（Cambridge Platonists），卡西勒認為，這支柏拉圖主義與後來的浪漫主義（romanticism）發展有關，詳見Charles Taylor（1989）, ibid., pp. 249-250。

41 Cassirer 2012（1939），S. 70.

反抗不平等？市民社會的諸多不平等、與意志相違的現象，使
多數人有相對的被剝奪感，意志遭遇挫折與痛苦，而如盧梭
所言──人的本性無法倒退（"la nature humaine ne rétrograde
pas"），[42]自然狀態不過是一個用來對照現實的假設，那麼渴求
自由的意志，將如何導引建立一個理想的社會？

對這個問題，盧梭提出的道德直覺，對理想社會的洞見，
關鍵在於意志和約定。他在《社會契約論》中說：

> 既然任何人對於自己的問題，都沒有任何天然的權威，
> 既然強力並不能產生任何權利，於是便只剩下來約定，
> 才可以成為人間一切合法權威的基礎。[43]（Rousseau 1943
> 〔1762〕：70）

所謂強力（la force），[44]這裡指的應該是外在施加的力量，
強者欺凌弱者所使用的力量。盧梭進一步分析，強力迫使人屈
服，本身並不需要藉由「服從的義務」或宣稱「權利」來確保
力量。無論如何解釋，我們都無法從強力（現實）導出義務或
權利（概念）。那麼能導出權利的現實基礎為何？按盧梭的分

---

42 參照第四章註43、第五章註19的說明。

43 "Puisqu'auem homme n'a une autorité naturelle sur son semblable, et puisque
la force ne produit aucun droit, restent donc les conventions pour base de toute
autorité légitime parmi les hommes."（*Du contrat social ou principes du droit
politique*, chapitre IV, p. 70）中文翻譯參考Rousseau（盧梭），《社會契約
論》，何兆武譯（台北：唐山出版社，1987），第四章，頁14。

44 有關"force"的概念，以及尼采對它的理解和批判，有待進一步的研究。

析，就只有人與人之間的約定，以「權利／義務」為內涵的法律統治，其權威的現實基礎便在於「約定」。

從這段《社會契約論》的文字，無法看出「約定」與「自然法」的關係，也無法了解「約定」和「自然」如何相容。問題是：倘使一切順從自然便是良善的、好的，那約定若非顯得多餘，否則就只是藉由約定來設下「自然的限制」（即遵循「自然法」）。這是盧梭問題的另一關鍵：約定之中的「自然」所剩為何？盧梭是否有意揚棄自然狀態、轉而趨向社會全體的統治意志？

有關這些問題的解答，是極具爭議的，卡西勒的辯證詮釋卻從盧梭的文本中，確實析理出盧梭在《社會契約論》中並未放棄自然法效力，這個突破是本書底下要分析討論的重點。

第六章

人性、道德主體與自然法

6.1. 盧梭的自然權利論

近代以來，論證國家主權「正當性」的理論模型，主要是社會契約論，以霍布斯和盧梭兩人為兩種類型的代表：霍布斯提出的是「一對一」（"one to one"; "one with another"）的社會契約論，而盧梭提出的則是「一對整體」（"one to all"; "s'unissant à tous"）的社會契約論。

「一對一」的模型（霍布斯），強調每一個人基於理性，和另一個人訂立如下的約定：彼此願意放棄個人部分的自然權利，並同意接受以保障和平為目的的國家統治。[1]而相對的，

---

1 參照Thomas Hobbes 1909（1651），*Leviathan*, chap. 17, p. 132；德國政治哲學家Iring Fetscher指出，霍布斯的「一對一」的社會契約模型，在內容上同時涵蓋了兩個契約──社會的契約（pactum associationis; Gesellschaftsvertrag）及統治的契約（pactum subjectionis; Herrschaftsvertrag），深入分析詳見Iring Fetscher, Einleitung, in: Thomas Hobbes, *Leviathan*（1651）, 6. Aufl., übersetzt v. Walter Euchner, herausgegeben und eingeleitet v. Iring Fetscher（Frankfurt/M.: Suhrkamp, 1994）, S. XXVII。

「一對整體」的模型（盧梭），則強調每一個人基於理性，為保有自然權利，與全體訂立如下的約定：所有人同意接受以全體普遍意志為基礎的國家統治，並為此必須暫時放棄所有的自然權利。[2]這兩種契約模型的差異，主要在於是否把「國家」（公民整體）視為具有權利能力（道德地位）的主體。[3]

對盧梭而言，在社會狀態中，不僅個人為道德主體，國家－公民整體或人民（peuple）一也應該是具備道德能力的主體（主權者）。比較前面（NS'）命題所陳述的個人的道德意志：自然人以欲求自由的意志，為自己決定道德的原則；同樣的推理亦可適用於整體的話，這裡我們可以推知，盧梭在《社會契約論》中提出的「普遍意志」（la volonté générale），可被理解為：社會整體以欲求自由的意志，為「國家」決定政治的道德原則。

盧梭關於「意志」本身的這個基本假設，說明並不多，他把重點放在說明「普遍意志」與自然法的關係：人人不分出身，都應享有平等和自由的權利，這就是普遍意志的立法根據。以人的自然理性來類比，國家的「普遍意志」也是源於道德理性，原理跟上述（NS）命題類似。盧梭告訴我們，依普遍意志去立法，這樣的法律才能確保社會狀態中的所有人，都平等地享有自然權利。

這裡法文所指「自然權利」（le Droit Naturel）或自然法

2　參照Rousseau 1943（1762），*Du contrat social*, chapitre 6, p. 90。

3　詳見本書第三章的討論。

（la Loi de Nature），[4]都是指依自然理性導出的法規範，在盧梭的用語中，法與權利相互指涉，又彼此關聯。重新再看本文導論中提出的盧梭精簡命題（R'），可以知道兩者的對應關係，儘管這是個表面上簡明易懂的命題，但一般受實證主義法學方法影響的研究者，出於對自然法概念的陌生或誤解排斥，可能難以理解命題中所指的「權利」何來，[5]需要進一步解說：

（R'）「（盧梭自然法）精簡命題」／「自然主義自然法命題」：自然法，就是自然人的天賦權利。

在這個（R'）命題中，自然人的天賦權利，就是後世所稱的「天賦人權」，精簡命題給出這個「自然法」的定義，主要根據盧梭《論人類不平等的起源與基礎》中論述的「自然權利」。

《論人類不平等的起源與基礎》全書除了作者序、本論和附註之外，主要分成兩個部分，第一部分是盧梭從探求自然狀態著手，去追問人類（或哲學家）如何形成對於自然法的認

4　Rousseau 2008（1755），p. 148; Rousseau 1943（1762），p. 118, 185.

5　實證主義法學視「權利」和「義務」為相對的概念，而且通常主張「義務」優先於權利，亦即由一項法律義務的存在，從而導出與它相應的一項權利。當然，著名的柔性實證主義法學家 Gustav Radbruch及H. L. A. Hart也承認一些先於實證法而存在的自然權利。有關自然法學將權利視為法律概念的核心，及其跟實證主義法學（包括分析法實證主義與歷史法學派等）的比較，亦可參考Leo Strauss（1953/2005），《自然權利與歷史》，pp. 110-133, 288, 337。

識？第二部分進一步探討自然的不平等（天賦差異），本來並無特別的意義，為什麼在社會中卻演變成巨大不平等的權力關係？盧梭一開始在序言中提到：

> 〔……〕它〔la Loi；自然法〕既稱為法則，所以不僅凡受它約束的人，必須有知覺地願意服從於它，而且因它是自然的，可見它還必須是由自然的聲音直接表達出來的。〔……〕去思考它〔人類靈魂最初及最簡單的運作〕，我想我在其中察覺到兩個先於理性而存在的原則：第一個原則使我們熱切關心我們的幸福和自我保存，另一個原則使我們在看到任何有感覺的生物——尤其是我們的同類，遭受滅亡或痛苦時，會產生一種自然的厭惡。透過我們所具有調和及結合這兩個原則的心靈能力——在此無須引入所謂社會性的原則，就是自然權利〔le droit naturel〕的一切規則的來源；後來理性被迫將這些規則〔自然法則〕重新建立在其他的基礎之上，是因在它〔理性〕的延續發展中，理性達到使自然窒息。[6]（Rousseau 2008（1755）：56）

---

[6]　此處中文翻譯參考Rousseau 1994（1755）英譯本，pp. 17-18；英譯者將引文最後一句所稱"toutes les règls du droit naturel"譯為"all the rules of natural right"，應是貼近盧梭用詞的譯法，因盧梭經常使用大寫的"Droit Naturel"以涵蓋「自然法」概念（此字亦同時有「自然權利」的意涵），但這裡使用小寫的"droit naturel"，字義上專指「自然權利」應是精確譯法；此外，德文翻譯多使用"Naturrecht"以同時指涉上述兩重意義，亦可見盧梭自然法論的用語並非固定，須注意其字義指涉的重疊。

　　在這裡，盧梭指出，自然法——即自然權利的一切規則，均源於自愛和憐憫心，理性後來發展愈來愈成熟，而取代了自然的聲音，方才被迫從其他基礎去論證並重新建立自然法。如此從概念上分析，盧梭的自然法概念，自始並不複雜，它所指的，就是自然人滿足幸福和自我保存所需的基本權利，換言之，自然權利是一切法則的核心。

　　延續這個看法，在《論人類不平等的起源與基礎》第二部分中，盧梭進一步提出，即使在專制政治底下，人民根據自然法而有保存自由和生命的權利，這些是無論如何都不可被取消的自然權利。他說：

　　我們從權利的觀點，繼續省察〔歷史〕事實，我們會發現專制政治的建立出於人民自願之說，既無可靠的根據，也缺乏真實性。〔……〕因為自由是人的一切能力中最崇高的能力，〔……〕財產權只是源自慣習和人類制度，任何人可以隨其意願而放棄財產，但自然賦予我們的基本而重要的禮物〔天賦〕是不同的，像生命和自由〔la vie et la liberté〕，這是任何人都享有的，而且我們得懷疑，任何人有出賣自己的自由的權利。〔……〕一個人拋棄了自由，便貶低了自己的存在，拋棄了生命，便是極盡可能把自己的存在取消了，而且世上沒有任何財富及利益能夠抵償失去的生命和自由，因此，無論為了何種代價而取消生命和自由，都是抵觸自然以及理性的。[7]（Rousseau 2008

─────────────

7　此處中文翻譯參考Rousseau 1994（1755）英譯本，pp. 74-75；部分比對中

〔1755〕：134-135）

　　盧梭的自然權利說影響至今，後世討論不斷，亦有質疑的
聲音。19世紀中，以John Austin為代表的實證主義法學家，主
張這裡所指的自然權利只具有道德意義，並不是法律意義下的
權利，就這點來說，Austin的分析顯然僅承認實證法，而認為
自然法是形而上的道德律令，不算是適切定義下的法律（law
properly called）。為了證明自己的主張，Austin還特地從羅
馬法中的人的概念，分析人並無與生俱來的道德地位（moral
status），因此人也就無所謂天生的平等權利。[8]不過，Austin和
後來的實證主義法學者，即便主張人民的法律義務來自於主權
者所制定的法律規則，人民因此所承擔的義務，有些會對應於
他人的權利，但有些則根本沒有相對的權利可言，按這麼說，
法體系就是由相對義務和絕對義務所構成的，亦即法概念的核
心是義務，並非權利。

　　然而，一般人對於法律語彙的理解，不可能無視權利的存

　　文譯本，盧梭著，《論人類不平等的起源和基礎》，李常山譯（台北：唐
　　山出版社，1984），頁125-127，經筆者改譯。

8　參考John Austin: "Every Law（properly so called）is an express or tacit, a direct
　　or circuitous *Command*. By every command, an Obligation is imposed upon
　　the party to whom it is addressed or intimated. Or（changing the expression）
　　it *obliges* the party by virtue of the corresponding sanction. Every Obligation or
　　Duty（terms, which, for the present, I consider as synonymous）is *positive* or
　　negative. In other words, the party upon whom it is incumbent, is commanded to
　　do or perform, or is commanded to forbear or abstain."——Austin, *Lectures on
　　Jurisprudence*, 1861-1863, 2. Edition（London, 1861）, Lecture XII, p. 4。

在，在一般人的法律認知中，法律義務甚至是從屬於權利的，這個常識由來久遠，與現代自然法論的原理有密切的關聯，權利並非義務的從屬概念，相反的，自然法學更看重權利源於人性渴求的「自由」（liberté; freedom），認為這才是支持整個法律制度存在的理由。

當然，盧梭如此能深入人心的現代自然法的命題，仍有兩個需要釐清的重點：它有什麼特殊之處？（相較於過去的自然法論），以及它在社會狀態中是否持續有效？（相較於國家法的自然法效力）底下先釐清第一個問題，接著引入卡西勒的辯證詮釋，幫助我們釐清第二個問題，即盧梭《社會契約論》中那個著名的、卻令許多人疑惑的「法律」的定義：

> 這個由人們決定的事物，它〔事物〕的普遍性，就如同決定它的〔全民〕意志一樣的普遍。就是這個做決定〔acte〕本身，我稱之為「法律」。[9]（Rousseau 1943〔1762〕:169）

就第一個問題，有關現代自然法的特殊之處，研究18世紀法國政治的托克維爾（Alexis de Tocqueville, 1805-1859）曾說，當時文人及思想家之所以重新尋找理性及自然法基礎，是為了設想政治及法律如何改變，才能使社會從封建走向民主的革命。[10]因此，當時「自然法論」探討的對象是「理性（自然）

9　Rousseau 1943（1762），p. 169; Rousseau 1977（1762），p. 40。

10　托克維爾認為，革命先行者腓特烈大帝（即普魯士國王腓特烈二世，支持

法」，而非古代及中世紀自然法理論中的抽象或形而上的事物；理性自然法論的核心，並非尋找自然狀態中可能存在的普遍法則，而是在尋找超出現實法律的實踐原則。

在具體實踐上，盧梭提出的自然法理論，提供了一個被後人稱為「平等自由」（equal freedom）或「平等肯認」（equal recognition）的實踐原則，[11]其推論先由自然法所蘊涵的人性、自由及平等的道德意涵為基礎，進一步論述社會民主制度的可能性及正當性。[12]

就第二個問題，由於自然法的概念分歧，從古代到現代都有極豐富的論述，[13]為了釐清盧梭如何使用第二層意義的「自然」來闡述自然法，他結合人性論的意義何在？我們回顧前面

文化藝術發展，實行開明專制）以及當時各國統治者，都未能預見法國大革命的進展，這是因為大革命與歷史上無數革命不同，它具有獨特的新面貌，所以在革命最終爆發前並未被人們察覺；參考Tocqueville（2015），p. 59。「〔……〕反宗教只是這場偉大革命的一個插曲；是大革命眾多面貌中一個顯著而短暫的特徵；是先於大革命，為大革命做準備的那些思想、激情、特殊事件的產物，而不是源於大革命本身。將18世紀的哲學視為大革命的主要起因之一是有道理的，因為18世紀哲學確實具有深刻的反宗教性。」（Tocqueville, 2015: 65-66）。

11　詳見Charles Taylor, *Philosophical Arguments*（Harvard University Press, 1995），Chapter 12, pp. 237-242。

12　本書底下7.2有進一步的討論。

13　關於自然法學及歷史的中文文獻，參考吳經熊在美國教書期間的英文著作*Fountain of Justice*，1959；中譯為《正義之源泉：自然法研究》，法律出版社，2015。林立，〈古典自然法思想〉，《輔仁法學》，第16期（1997），頁1-21。林文雄，〈探討自然法的意義〉，《月旦法學》，第64期（2000），頁48-54。

第二章探討古代到近代自然法論的發展，[14]對照盧梭所提出的、以「自由／（道德）權利」為基礎的新自然法論，有一個獨特之處是值得注意的。

6.2. 自由與肯認

在《論人類不平等的起源與基礎》中，盧梭藉著論述社會起源，提出了一個重要的概念：「相互肯認」（"s'apprécier mutuellement"），他指出社會建立的基礎在於人們彼此形成肯認，因此任何犯罪行為都被轉化成為一種差辱（詆毀）的形式。[15]在自然法的傳統中，19世紀的德國觀念論哲學所致力發展的「肯認理論」，大致皆可回溯到盧梭這個概念。[16]

盧梭在《社會契約論》裡提出的肯認，意指承認人皆是自由的：

---

14 本書第二章關於古代、中世紀及近代自然法研究，最初綱要參考Ralf Dreier 的法哲學課程講義（德文，未出版），部分內容詳見陳妙芬，《法理學課程講義》（未出版）。因自然法學的歷史悠久且文獻龐雜，本書所呈現的概要脈絡分析，提供梳理現代自然法論的背景知識。

15 參考Axel Honneth（1992），S. 29，註19；Honneth提到盧梭這個概念對黑格爾發展「肯認理論」（Anerkennungslehre）的影響。

16 當代法國哲學家傅柯對於歐洲歷史如何形塑「主體性」、「社會」及「規範」所做的深入研究，詳見Henrique Pinto（2003），尤其是第八章。傅柯認為自我與他人（她者）的關係不是本質性的（非關性質），所謂「主體」（subject）並不是一種「本質」（substance），而是一種「形式」（form），他用「自我與其自身的關係」（rapport à soi）來說明自我如何不斷尋找自身，這個過程並不是在發現既存的自我本質，而是超越（經由轉化、克服）自我的一種實踐，參考比較Pinto（2003），p. 82。

　　　取消個人的自由，就是取消他作為人的性質。[17]（Rousseau
　　1943〔1762〕: 73）

　　盧梭將肯認與自由放在一起：自由，既是肯認的前提，
也是肯認的目的。這聽起來似乎是矛盾的：一方面，一個自由
的人，根本無須要求肯認，亦即是否得到他人承認，都無損於
自己的自由。另一方面，一個不自由的人，當他要求自由人
給予肯認時，除了獲得權利地位之外，是否因此即變為自由
的人，依舊是個疑問，因為自由並不等同於權利地位，自由
除了包含權利地位（liberty），還應當包含做決定的意志自由
（freedom）。盧梭將自由與肯認所做的連結，顯然超出自由主
義者一般的理解，在他的設想中，「自由」（liberté）是內在於
人性的意志與情感的，唯有個人決定的自由能確實實現，才可
能想像進一步從個人而至全體的普遍意志，因此他提到：

　　　主權者行動時──因他唯一的權力是立法權，只能
　　根據法律而行，而法律又僅能是真確的普遍意志的立法
　　〔actes authentiques de la volonté générale〕，所以唯有當全

17　原文為"Renoncer à sa liberté, c'est renoncer à sa qualité d'homme."（*Du contrat
　　social ou principes du droit politique*, partie livre 1, chapitre 4）
　　"Puisqu'auem homme n'a une autorité naturelle sur son semblable, et puisque
　　la force ne produit aucun droit, restent donc les conventions pour base de toute
　　autorité légitime parmi les hommes."（*Du contrat social ou principes du droit
　　politique*, chapitre IV, p. 70）中文翻譯參考盧梭，《社會契約論》，何兆武
　　譯，第四章，頁14。

民集合在一起時，主權者才可能行動。[18]（Rousseau 1943〔1762〕: 329）

盧梭這個說法，相當簡短，以致常有一種衍生的誤解：以為盧梭的社會契約論把集體主義置於個人自由之上，如此將全盤誤解盧梭的「自由的哲學」（"the philosophy of freedom"），[19]忽略他的自由概念自始建立在自然的第一層意義上，整個社會契約、人民主權及普遍意志的理論，最終都要回歸到實現人的自由。

就盧梭所言，普遍意志（volonté générale）是國家及其實證法正當性的基礎，那麼真正的問題是：普遍意志的內涵為何？盧梭的社會契約論與自然法論是否互相矛盾？相對於國家實證法，自然法是否具有效力？針對盧梭理論備受討論的這些難題，德國著名公法學家Georg Jellinek主張，在盧梭的社會契約論中，普遍意志既然取代了自然法，那麼在國家法中自然法即失去效力，由此推知——盧梭的國家理論是反對任何基本人

18　Rousseau 1943（1762），*Du contrat social*, Livre III, chapitre 12, p. 329; 參考 Rousseau 1977（1762），德譯本，S. 98。

19　Leo Strauss指出：「盧梭可說是第一個創立『自由的哲學』的人，自由的哲學後來在德國觀念論中得到發展的形式，它〔德國觀念論〕和盧梭及霍布斯之間的關係，黑格爾是最明白不過的了。黑格爾注意到，在康德和費希特的觀念論，以及『某些反社會主義的自然權利系統』〔"the anti-socialistic systems of natural right"〕——這類自然權利系統理論反對人天生具有社會性，同時『把個人的存有視為首要和最高的前提』——它們之間有著密切的關係。」——Leo Strauss（1953），p. 279; 參考Strauss 2005（1953），中譯本，《自然權利與歷史》，彭剛譯（新北：左岸文化，2005），頁386。

權清單的。不過，Jellinek這個觀點被卡西勒反駁。[20]卡西勒指出：「盧梭〔……〕並未放棄此一原則―即基本人權是不可讓渡的，但他並不主張這個原則與國家是對立的，毋寧他主張的是，此一原則不僅經由國家而實現，也是國家所堅守的。」[21]

另一個辯護可能性，來自德國觀念論哲學家費希特（Johann Gottlieb Fichte, 1762-1814）的《自然法的基礎》（1796-1797）（*Grundlage des Naturrechts*; *Foundations of Natural Right*），他在書中透過演繹法證明：原始權利（Urrecht）的概念是由人的自由推導而出的，自由又是自我意識（Selbst-bewußtsein）的構成條件，因此權利是內在於自我意識的，這個結論又稱為「自我意識的權利原則」。[22]換句話說，沒有權利，哪來的自我意識？

費希特這個演繹的權利概念，寫於他32歲初生之犢的時期，早於康德發表法哲學著作，也比黑格爾更早提出概念的辯證邏輯（正、反及合題）。他透過上述對自由及權利的理解，把盧梭所區分的普遍意志（volonté générale）與全民意志

20　卡西勒反駁Georg Jellinek的論點及背景，詳見Guido Kreis, "Cassirer und Rousseau: das Problem eines universellen Gerechtigkeitsprinzips," in: Cassirer（2012）, S. 155-156。

21　原文出自Cassirer, *Philosophie der Aufklärung*, ECW XV, 276, 引自Guido Kreis, a.a.O., S. 156，註11。

22　Johann Gottlieb Fichte, *Grundlage des Naturrechts. Nach Prinzipien der Wissenschaftslehre*, Zweiter Teil（Jena und Leipzig: Christian Ernst Gabler, 1797）, §16.

（volonté de tous）做了一番精細的解釋。[23]他說，所有人在自由條件底下締結社會契約，在此過程中難免有些個人的意志（自由）會彼此產生衝突，無論是基於身分或利益而生的衝突，都使彼此對立的權利主張相互「抵消」，因此這些衝突的複數意志並不會被加入（計算成）普遍意志，因為只有抵消所有衝突之後「剩下」的共同意志，才算為普遍意志。亦即在概念上，普遍意志必然只是全民意志的限縮，因此我們不應、也不可能把「普遍意志」過度解釋成某種支配性的權威。[24]

　　如同費希特的理解，卡西勒也舉出盧梭原文的段落，指正一般對普遍意志的誤解。他說：

23　Johann Gottlieb Fichte（1796-1797），*Foundations of Natural Right. According to the Principles of the Wissenschaftslehre*, ed. Frederick Neuhouser, translated by Michael Baur（Cambridge University Press, 2000），p. xii; p. 98; 尤其是費希特在此處的註腳a，及譯者註2，引證英語學界對"the general will"與"the will of all"區分的類似解讀。費希特也批評盧梭，但主要是關於「文化」（culture）與道德進步（moral progress）的不同立場，參考James A. Clarke, "Fichte's Critique of Rousseau," *The Review of Metaphysics*, Vol. 66, No. 3（March, 2013: 495-517）。

24　法國哲學家孔多塞（Marquis de Condorcet, 1743-1794）分析盧梭式的普遍意志，雖然認為有待補充，但仍持肯定見解，參考Bernard Grofman and Scott L. Feld, "Rousseau's General Will: A Condocetian Perspective," *The American Political Science Review*, Vol. 82, No. 2（June, 1988: 567-576）。Margaret Canovan, "Arendt, Rousseau, and Human Plurality in Politics," *The Journal of Politics*, Vol. 45, No. 2（May, 1983: 286-302）。雖然黑格爾又再區分國家與市民社會，但他贊同盧梭的基本立場，亦即將意志（will）作為國家建立的原則，參考David James, *Hegel's Philosophy of Right: Subjectivity and Ethical Life*（A&C Black, 2007），p. 72。David James, *Art, Myth and Society in Hegel's Aesthetics*（A&C Black, 2011）。

　　純粹就形式來看，他〔盧梭〕當然已盡力把「普遍意志」和「全民意志」做清楚和確實的區分——在《社會契約論》中有不少段落，似乎看起來普遍意志的內容是純粹由量來決定的，即看似由個別票數的簡單加總就能計算。這裡無疑有著論說上瑕疵——但這些瑕疵並不影響盧梭基本思想的核心。因為盧梭所指的國家，絕非一個單純的「聚合組織」，一個由眾多個人意志組成的利益共同體或利益平衡。（Cassirer 2012〔1932〕: 32）

6.3. 卡西勒的盧梭辯證詮釋

　　由以上探討，可知現代自然法的主體性概念，從霍布斯到康德的兩百多年間，經過盧梭的中介而發展建立，因此了解盧梭的人性論轉折及對康德的影響，也是深入掌握自然法論的基礎功課。[25]這裡可以歸納出卡西勒的「盧梭辯證」中兩個核心：

　　（A）「自由與權利」的辯證；
　　（B）「盧梭與康德」的辯證。

　　一方面，卡西勒要論證（A）：「自由」如何透過自身的否定，重新在「權利」中得到肯認。另一方面也要論證（B）：如

25　L. Foisneau et D. Thouard（Éd.）, *Kant et Hobbes. De la violence à la politique*（Paris: Vrin, 2005）, p. 57.

何透過康德觀點，檢討盧梭對道德的否定，重新定位「道德」
的目的和內在價值。

　　就（A）來說，自由是自然人的本性，自然權利，始於對自
由的否定的否定。這些權利不等同於自由，但它們是自由的必
要條件。這使人性論與自然法論產生緊密的連繫。

　　就（B）而言，康德能親近社會生活，個性上亦傾向維護人
有社會性，但康德閱讀盧梭的反社會論，卻並無絲毫違和感，
反而指出，盧梭並非真的反社會性，他真正反的是——虛偽矯
情的社會關係。盧梭對實際社會的否定的否定，並不得出消除
社會、重返自然狀態的結論，而是要反抗並改變現狀，建立理
想社會，所以提出「一對整體的」社會契約論。

　　卡西勒比較盧梭與霍布斯的觀點，認為就社會契約的性
質來看，兩人主張雖不相同，但盧梭基本上同意霍布斯對自然
狀態的人性假設，人都是趨利避惡的，是自愛而非愛人的。不
同的是，盧梭認為，自然人對他人只是感覺疏離（陌生或無
感），本性上倒不至於會相互殘害與嫉妒，這種霍布斯所謂利
己傷人的侵略性，應是受了社會人為教育使然，不屬於自然。
盧梭因而主張，只要能改變教育，自由的教育可以培養人欲求
自由的意志，以及所需的理性判斷能力，這個脈絡中的道德主
體性，是屬於每個人的過程。亦即：

　　　〔在笛卡兒哲學中〕面對難以否認的客觀真理，非個人
　　的主體明證性，似乎到了盧梭變成了〔關於個人〕主體明

證性，指向某個要求其主體性的特定歷史主體。[26]（Philip Knee 1987: 241）

這段引文出自Philip Knee（1953-）的〈卡西勒論《盧梭問題》之筆記〉（"Note sur *Le problème Jean-Jacques Rousseau de Cassirer*"），簡單中肯地道出，Cassirer藉《盧梭問題》想要凸顯現代「主體性」（subjectivity）應如何詮釋的問題。從客觀真理的明證性走向主體明證性，就會涉及到某個歷史主體的感性經驗（美學經驗）的反思。這裡「主體明證性」（les évidences subjectives），可被視為美學所要討論的概念，近似於個人感性直覺的印象：這種主體的感性有其真實性，但是尚未被證實為客觀，因此，它不借助溝通及對話的理性（raison discursive），而是借助情感的理性（raison sensitive）。[27]Knee提到對盧梭《愛彌兒》的看法：

> 這個廣義的「情感理性」，依盧梭觀點是與「推理理性」及智性理性互相對立的──後者確實經常使我們混淆。我們在這個脈絡中理解到，為什麼愛彌兒的教育要讓

---

26 Philip Knee, "Note sur Le problème Jean-Jacques Rousseau de Cassirer," *Laval théologique et philosophique*, Vol. 43, N° 2（1987: 235-248），p. 241，原文："Les évidences d'un sujet impersonnel, face à des vérités objectives qui s'imposent, semblent devenir chez Rousseau des évidences subjectives renvoyant à un sujet historique particulier qui revendique sa subjectivité."底下6.4將進一步分析盧梭「主體明證性」的美學意涵。

27 Knee（1987），p. 241.

感官占了重要的地位，因為感官的形成確保了理性的發展，並使接收者在適當時機能朝向理性。[28]（Philip Knee 1987: 241）

對照盧梭在《愛彌兒》說道：

我存在，並擁有感官，借助這些感官使我產生情感。[29]（Rousseau, *Émile ou de l'éducation*, 1762: 570）

我們已經是行動與思想的存有者；為了成為人，我們只要做的是成為愛與感性的存有者，也就是說，以情感去完善化理性。[30]（Rousseau, *Émile ou de l'éducation*, 1762: 570）

盧梭對自由的理解，影響康德在數年後發展出《道德的形上學基礎》（1785）、《實踐理性批判》（1788）及《道德

---

28 "D'où cette 'raison sensitive' plus large que Rousseau oppose à la 'raison discursive' et intellectuelle qui justement nous trompe bien souvent. On comprend dans ce contexte pourquoi l'éducation d'Emile donne autant de place aux sens, puisque c'est leur formation qui assure le développement de la raison et permet de s'adresser à elle le moment venu."（Philip Knee 1987: 241）.

29 原文為"j'existe et j'ai des sens par lesquels je suis affecté."（Rousseau, *Émile ou de l'éducation*, 1762, p. 570）。

30 原文為"Nous avons fait un être agissant et pensant ; il ne nous reste plus, pour achever l'homme, que de faire un être aimant et sensible, c'est-à-dire de perfectionner la raison par le sentiment."（*Émile ou de l'éducation*, 1762）。

形上學》（1797）等重要的道德哲學和法哲學著作，兩人先後
發展出現代自然法論「道德主體」的基礎。依卡西勒的詮釋，
「自由」（liberté, Freiheit）實際上是「風俗」（Sitte）及「道
德」（Sittlichkeit）之間的橋梁，對此康德和盧梭有一致的看
法。

　　依盧梭的自然法論，在社會約定的生活狀態中，人性「自
然」朝向自由的實現，理性訂立的道德原則，證立自然法的效
力，人為統治的正當性須以自然法為依據，建立平等的社會。
盧梭把筆下的「自然人」轉化為「道德主體」，藉此證成人類
皆擁有的自由權利，並能宣稱這些權利有道德根據，屬於自然
法（指自然權利、道德權利，或套用天賦人權的說法），不可
任由約定被侵犯或剝奪。

　　儘管康德大多同意盧梭觀點，但兩人還是有一個重大差
異，我以（C）來代稱這個卡西勒分析的差異命題。

　　　（C）差異命題：盧梭與康德皆區分「風俗」（Sitte）與
　　「道德」（Sittlichkeit），前者是社會約定的行為準則，後
　　者是個人出於良心的自由法則（Freiheitsgesetz）。但不同
　　的是，盧梭強調道德法則是一項個人自由的決定，康德則
　　強調道德法則的普遍性。

　　卡西勒認為，盧梭看「道德」較傾向從人性自然的角度，
沒有清楚的定義和內容，也沒有明確連結道德和法律的論述，
康德則將道德定義為「普遍法則」，律令是道德法則的內容，
法律須符合道德律令才是有效的，康德晚年致力提出法律的道

德形上學基礎，就是在探討法律與道德的關係。[31]不過，康德
這方面的努力因年邁沒有竟成，他對現代自然法論的影響較有
限，無法跟他的道德哲學影響力看齊。

　　相對的，盧梭在盛年之時的著作，幾乎構成了今日我們所
知的現代自然法理論的全貌，[32]卡西勒對盧梭的法概念有如下的
描述：

　　　　對法律即普遍的同意〔die "allgemeine Stimme"〕，〔盧
　　　　梭的〕這個信念熱情，貫穿他〔盧梭〕所有關於政治的
　　　　著作和構想。「但這如何可能實現」，盧梭在他〈政治
　　　　經濟〉〔"Économie politique"〕這篇文章中提出自己的疑

31　參考比較Cassirer 2012（1939），S. 123-129。對於道德情感與主體性的關
　　聯，康德早期與後期看法不同，關於康德後期倫理學的兩點特色──（1）
　　以意志的自律為最高道德原則；（2）將一切情感因素（包括道德情感）
　　排除於道德主體之外，以及席勒對第二點的批評，參考李明輝，〈康德
　　的「道德情感」理論──與席勒對康德倫理學的批判〉，《揭諦》，卷7
　　（2004年7月，頁37-76）。
32　在盧梭之後，18世紀末到20世紀二戰之前，從歷史主義、社會主義到分析
　　法實證主義等許多思想陣營，不再如此致力於探討自然法和天賦人權，轉
　　而把法律的觀念放在歷史、社會階級和語用分析等不同脈絡中考察，如此
　　一來，法律漸被理解為一般經驗的產物或認識對象，而不是盧梭堅信的
　　「普遍人民意志的決定」，更非康德主張的「普遍自由法則的具體化」。
　　尤其在二戰前夕，隨著民主憲政體制在歐陸各國逐漸實現，以及推動社會
　　平等的法案日有進展，人們對實證法的信賴和接受度大增，卻因此逐漸失
　　去對於「惡法」的認知和警覺，甚至失去善的意志和道德良知。德國納粹
　　統治時期造成的災難是最駭人的實例之一，二戰之後自然法學復興，理性
　　自然法重新受到重視，天賦人權之說也成為1948年《國際人權宣言》的基
　　礎，而盧梭研究直到今天還持續影響著我們及後代的人。

問，「人們服從，不是因為受高於自己的他人命令，人們
盡其義務，不是因為有個主人會讓自己比別人更自由，人
們如何能不以傷害他人來獲取自己的自由？」〔盧梭說〕
「這些是法律所造成的驚奇，只有拜這法律之賜，人們才
可能得到正義和自由。這是全體意志的機制健全，在立的
法律中恢復人的自然的平等。這神聖的聲音，告訴每個公
民遵從公眾理性的規範，教導每個公民去根據自主判斷的
原理而行動，且不與自身所為矛盾」。[33]（Cassirer 2012
〔1939〕:118）

比較康德和盧梭的法理論，我認為回到盧梭的天賦人權
理論，可以補充康德尚未解決的法律效力的證立問題。這裡
所說的法律效力的證立，指的是證明一項立法內容是否合法
（rechtmäßig）？是否在形式上及實質上皆具備法律的性質？這
是盧梭與康德都致力探討的問題，儘管兩人的推論過程不同，
但結論卻是一致的：唯有從人民普遍意志決定的法律，才具有
「合法性」（Rechtmäßigkeit）。換言之，用盧梭的話來說，
什麼是「法律」？——「法律」，就是普遍意志的同意（die
Stimme der allgemeinen Wille）。在現實中，我們該如何檢視所
有實證法（人為法）的效力呢？按前面對意志的分析，國家人
民的普遍意志也是自然的精神性的過程（NS），意志始終追求
自由的實現，從個人自由到全體人民普遍平等的自由，即成為
檢視人為法的合法性條件。如此，透過「主體—自由意志」，

---

33 此段引文中的盧梭原文翻譯，參考Cassirer 2012（1939）, S. 118的註解。

與人性相通的現代「自然法」成為檢視實證法「合法性」的條件。在理念上，國家法的「合法性」與「正當性」是同一個問題，要從實質上去檢驗所有法律的效力，透過追求「自由」拉近自然法與社會的距離。

　　卡西勒指出，康德不僅同意盧梭在《社會契約論》中的論點，並且為盧梭辯護：

　　事實上，盧梭的表達方式——如其他地方〔盧梭其他著作〕也常見的——欠缺充分的明確性，留給人不同的解釋空間。然而，康德卻能把握他〔盧梭〕的基本見解，主張從唯一的意義去〔理解〕，而且他〔康德〕犀利又明確地研究了這個意義。如有關知識批判的著作，他〔康德〕也在法哲學中非常嚴格地區分「合法權利」〔"quid juris"〕與「事實」〔"quid facti"〕為兩個不同的問題。對康德來說，社會契約的事實性〔Faktizität〕不僅不重要，而且亦不可能；但依康德所言，它〔社會契約〕的意義不會因此而消失，也不會變得不值得一問。「人民藉由這個行動，自己組成了國家，」康德在《法理論的形上學源始基礎》中說明，「其實只有根據這個〔約定的行動〕理念，它〔社會契約〕的合法性才可能被設想，這就是最初的契約〔der ursprüngliche Kontrakt〕，根據這契約，人民中每個人都放棄外在的自由，以使自己成為全體的部分，或說成為被視為國家的人民的一部分，而又立即恢復擁有〔之前放棄的外在自由〕」。這樣的契約，「根本不須被當成事實的假設（是的，也根本不可能是事實）」；它〔社會契約〕是

　　「**理性的單純理念**〔eine bloße Idee der Vernunft〕，具有毋
庸置疑的（實踐的）真實性：亦即它〔理念〕約束每一個
立法者，制定法律要如同是根據全體人民的普遍意志**所能**
〔können〕導出的一般，而且要尊重每個意欲成為公民的
受統治者，彷彿每個人都參與共同的意志去決定立法。因
為，這就是每一個公共法律是否具有合法性的試金石。」[34]
（Cassirer 2012〔1939〕: 122）

　　盧梭的「平等的自然權利」，就內容比較，可說是康德所
主張的「自由的普遍法則」的具體化，這裡權利與普遍法則的
差異，假使能化約為具體或抽象的表述不同，或有助於我們進
一步再借康德來閱讀盧梭。然而，康德未完成最後的法哲學體
系，儘管他的體系保留了這個解釋可能性，但也僅止於假設此
一相容性的理解，無法做過多的描述。底下我以（C'）來代稱
這個假設性的相容命題。

　　（**C'**）相容命題：同樣主張人是目的，康德提出自由的
　　普遍法則（das allgemeine Gesetz der Freiheit），與盧梭的自
　　然權利（R'）是相容的。

　　（C）和（C'）分別指出盧梭與康德的異同。有趣的問題
是，兩位哲學家都區分道德和風俗，也在這兩端之間來回確立

---

34 此段引文中的粗體字強調部分，有的是康德原文所有，有的是卡西勒所
　加；參考Cassirer 2012（1939），S. 122。

自由的條件，兩人也都遭到後世分歧的評價，康德被後人視為實證主義法學的前導，盧梭因社會契約論而被質疑為集權主義者，兩人都因重視道德主體與理性立法，為實證法效力提出證立理論，本來關於自然法的論證，反倒常被忽略，卡西勒的辯證詮釋正好有助釐清這個誤解。

從上述自然法命題（R）到（C'）的分析，中間須注意連結（N2）/（S2）自然理性與感性概念，才能對現代自然法有完整的分析。有了此一主體性的分析，法律理性要透過人的意志決定，而法律的規範性與意志普遍性，幾乎可說是同一件事的兩種表述而已。更基進地說，正當的權威只有人本身，沒有人可以聲稱自己擁有支配他人的正當權力：

> 我們約定，法律不是由強力來制定的，我們並沒有服從正當權力的義務，沒有人有自然的權威，也沒有強力可以制定法律，在約定之中，正當的權威只有人本身。[35]（Rousseau 1977〔1762〕: 570）

按盧梭的看法，如上述分析的理性，並非天生的，只有透過理想中的教育，才能使意志與良知互通，盧梭在《愛彌兒》

---

35 盧梭原文為"Convenons donc que force ne fait pas droit, et qu'on n'est obligé d'obéir qu'aux puissances légitimes〔……〕. Puisque aucun homme n'a une autorité naturelle sur son semblable, et puisque la force ne produit aucun droit, restent donc les conventions pour base de toute autorité légitime parmi les hommes." (*Du contrat social ou principes du droit politique*, partie livre 1, chapitre 3, 4)

寫道：

> 良知！良知！神聖的本能，不朽及上天的聲音，它〔良
> 知〕是一個存在者更可信賴的引導者，他〔存在者〕本身
> 雖然無知和有限，但卻是聰明和自由的；〔良知〕是分辨
> 善與惡的可靠的仲裁者，使人得以肖似神，是你〔良知〕
> 使存在者的本性達到完美，讓人的行動帶有道德性；沒有
> 你〔良知〕，我就感受不到什麼可以讓自己高於動物之
> 處，而這樣悲傷的動物性，因為沒有規則的理智、沒有原
> 則的理性，而讓我一再陷入錯誤的迷途中。[36]（Rousseau,
> 1972〔1762〕: 53）

簡言之，教育的目的是讓人自由，並成就人的道德主體
性，雖然自然狀態不可復返，人在社會狀態下，仍能成為平等
的道德及權利（法律）主體。[37]國家實證法不可剝奪的平等權

36　原文為"Conscience! Conscience! Instinct divin, immortelle et céleste voix ;
　　guide assuré d'un être ignorant et borné, mais intelligent et libre ; juge infaillible
　　du bien et du mal, qui rends l'homme semblable à Dieu, c'est toi qui fais
　　l'excellence de sa nature et la moralité de ses actions ; sans toi je ne sens rien en
　　moi qui m'élève au-dessus des bêtes, que le triste privilège de m'égarer d'erreurs
　　en erreurs à l'aide d'un entendement sans règle et d'une raison sans principe.
　　Grâce au ciel, nous voilà délivrés de tout cet effrayant appareil de philosophie :
　　nous pouvons être hommes sans être savants ; dispensés de consumer notre vie
　　à l'étude de la morale, nous avons à moindre frais un guide plus assuré dans ce
　　dédale immense des opinions humaines."（Rousseau, *Émile*, Livre IV, 1972
　　（1762）: 53）此段引文的翻譯，參考Cassirer 2012（1932），S. 73。

37　法文"droit"與德文"Recht"字義相近，都含有多種意涵，德希達論文的英

利，就是這內在於每個人自我意識的自然權利。[38]

晚近對於社會契約及自然權利的討論，都會回溯到近代及現代自然法論，眾多學派之間的討論也都大量引用或重構盧梭理論。其中尤以女性主義及性別觀點的討論，適時補充了18世紀無法預見的熱門議題。

盧梭在社會契約論中，沒有像在教育理論中提到性別的差異及分工，這一點使他的社會契約論，不至於招致女性主義理論的批評，反倒可能有助於包含性別觀點，例如Carole Pateman在《性契約》（The Sexual Contract）書中提到：在所有古典社會契約論者當中，盧梭是唯一反對奴隸制及任何類似契約的（Pateman 1988: 9）。[39]

如上面盧梭觀點的分析，平等自由是法律權威的唯一基礎，那麼性契約（例如婚姻或娼妓制）只要不違反這個實踐原則，便不與社會契約矛盾。值得思考的問題是：什麼樣的性契約實際上違反了實踐原則？這個問題很複雜，有待當代才發展較成熟的性別研究，做補充與回答，這裡無法簡化地處理。

可確定的是，在盧梭與康德時代，剛萌芽的主體性哲學，後續發展了兩百年之久，主體性分析所使用的語彙更加多樣。

文譯者曾說明此字在英譯上遇到的困難，參考Jacques Derrida（1992），Translator's note, p. 230。

38 Johann G. Fichte, *Grundlage des Naturrechts. Nach Prinzipien der Wissenschaftslehre*, Erster Teil（Jena und Leipzig: Christian Ernst Gabler, 1796），§8.

39 Carole Pateman, *The Sexual Contract*（Oxford: Polity Press, 1988），p. 9; Pateman在此處亦指出，如同奴隸制的不平等契約也包括婚姻及娼妓等「性契約」，雖然盧梭並未提到後者。

主體性哲學的出現，使自然法論產生巨大變化，催生出自然權利論：從霍布斯到盧梭論自然狀態，以至康德美學，確立感性在思考上的運用，論證自然人成為權利主體的條件，這點確立之後被後人沿用、解釋及運用在各種議題上。

不過，自然權利論迭經考驗，下一章將探討二戰後的自然法研究，如何從頹爐中再站起來，如何延續盧梭及康德論自由與善的意志，同時啟發新的辯論，各從不同立場為法治奮鬥。

在此之前，有必要深入說明自然權利的主體概念，因卡西勒的新康德美學詮釋，而有了清晰的分析架構，這是一個以自然主義人性論為前提、不需特定宗教或倫理學，均可適用的主體分析架構。底下我以研究現代主體性著稱的哲學家查爾斯‧泰勒（Charles Taylor, 1931- ）為例，分析他與卡西勒相似的看法，以更清楚地說明主體的分析架構，以及什麼是權利主體。

6.4. 小結：權利主體的感性關係

上一節提及，加拿大哲學家Philip Knee讀卡西勒的盧梭詮釋，指出此一詮釋的開創性結論：自然權利的主體，指的是個人「要求主體性的」歷史主體。這個結論的重要意義是：以往笛卡兒哲學中無關個人、具有普遍性的「主體的明證性」，原是一個透過方法論懷疑（感官論證、夢境論證、惡靈論證）得出的知識論預設——即使懷疑一切，那個可以懷疑一切的「我」必須存在，這個「我」是普遍存在於每個人身上的「思考我」，也就是「我思」（Cogito），藉由我思的存在所得出的

「主體明證性」，無法被懷疑、具有明顯及客觀意義；[40]然而，這個笛卡兒式的主體性（知識論預設），在盧梭哲學中已轉換成個人的「主體明證性」（les évidences subjectives），這是美學的感性概念，更清楚地表達個人「要求主體性的」感覺，引導意向、思考及分辨等主體能力的建構。

如前面分析，這種感覺摒除了人為習性，回歸自然人本性，人因而感受「自由」或「不自由」（要求主體性、要求平等肯認），這種感覺不是放任與混亂的，精確地說，它是主體（自由的人）與思辨對象之間的感性關係（the aesthetic relation），使人有反思的能力辨別何時、何地、自己怎樣思考和行動，並承擔好壞後果與責任。

按卡西勒的看法，盧梭式主體的感性關係不能被簡化，否則就易落入習見誤解，把它簡化為主客的相對（或對立）關係，這點是卡西勒美學的獨到見解。按盧梭所言，歷史大海之中，被壓迫的個人要求主體性，意指要求「自由」，即要求本性擁有、但卻因無知失去或被剝奪之物，此物不是外面的客體，而是人原有的「（自然）權利」。如上面分析，為理解盧

---

40 笛卡兒式主體（「我」）是普遍存在於每個人身上的「思考我」，也就是「我思」（Cogito），一般簡要稱「我思故我在」的「我在」，並非指（經驗上）「身體我」或「整體我」（身心合一）的存在，而僅指「思考我（我思）的存在」，中文通稱「我思故我在」的「故」並沒有推論關係（笛卡兒原文沒有此意），而只是基於理性直覺所形成的知識論預設，藉此（我思的存在）說明主體的普遍明證性——「我思」的主體明證性，無法被懷疑、具有明顯及客觀意義，因此這個笛卡兒式的主體性，雖然具有普遍性，但卻是抽象的知識論設計；參考比較Philip Knee（1987），p. 240-242。

梭論自然權利，必須區分「自然」的兩層意義，因盧梭稱「自然人」的本性（自然的第一層意義），以及本性與理性的意志（第二層意義的自然）之間是動態的關係（NS），由（第二層意義的）自然方才導出權利，所以稱為自然權利——意指自由的人（主體）本就擁有的。

卡西勒指出，除了確立自然權利的概念，盧梭的自然權利論中，還有一個十分關鍵的用詞——「感覺」（sentiment, Sentimentalität；也譯為「情感」、「感受」），這是連結第一層與第二層意義的自然（自然人成為主體）時，為證明個人的主體性，盧梭最重視的概念。卡西勒認為，盧梭說明主體明證性使用「感覺」一詞，包含多層含義，以致常被簡化誤解，他引述上面那段《愛彌兒》中的話及其他段落，深入分析盧梭說的「感覺」：

> 〔愛彌兒〕揭示了盧梭的感覺論之特色，因它有一個新的面向，造成它與18世紀其他感覺論的各種方向，皆有十分鮮明與強烈的差異。盧梭說的感覺（sentiment），根源於他的自然觀及自然感受，但感覺會由這一層提升到另一個新的世界——感覺指出到理智（intelligible, Intelligible）的途徑，並在理智中真的完成感覺。因此，盧梭說的感覺，意指兩個世界中的公民（Bürger zweier Welten）。去看這個基本關係之所以困難，甚至對盧梭的歷史評斷一再出現誤解，主要原因在於盧梭的語言表達，具有一種繁複曲折的特色。在盧梭的用語中，用來說感覺所顯現的兩個基本不同的面向，都是用同一個說法。「感覺」（sentiment,

Gefühl）這個詞，有時是自然主義的用法，有時又帶有理想主義。有時感覺是單純〔被動〕的感受，有時是指〔主動覺察而形成的〕判斷及道德決定。感覺的雙重意義，雖然有關盧梭的研究文獻幾乎不曾注意到，卻必須被細心看待。41

　　卡西勒分析主體的證明，所需要的感覺，是一種連結上述兩個世界的感性關係，當感覺在理智中（intelligible）真正完成時，有兩個可辨識的主體性特徵：（主體有感覺）自己做了什麼判斷（Urteil, judgment），以及自己在做什麼（Tun, action）。具體想像如上面引盧梭《愛彌兒》的話，試想自然人成為「主體」的內在變化：自然人自出生到「主體性」形成，必經感覺及情感的變化、學習傾聽自然聲音、形成自由的意志、以判斷是非。如上述「主體」就是「自由的人」，也必定是「有反思判斷力的人」，在盧梭的脈絡中，可以把這三個當同義詞用。藉由盧梭的轉折，要求主體性的個人，成為要求自由的人，亦即要求（法律上）平等地相互肯認為自由的權利主體，共同建立和維繫法治社會，因此「權利主體」並非抽象的存在，而是社會之中與他人並存的歷史行動者（歷史主體）。

　　類似的看法，出現在泰勒研究現代主體性的名作《自我的來源》（*Sources of The Self*）書中，他探討現代主體概念所預設的「同一性」（identity），指出現代主體性以兩個道德理念（two moral ideas）為基礎——日常生活的意義（the significance

41　Ernt Cassirer 2012（1932），S. 73-74.

of ordinary life）及普遍的善（universal benevolence），而第三個重要基礎則是個人與「自我」的感性關係：

> 我們看到一直持續發展的，還有另一大重要理念，就是自由的、自我決定的主體〔subject〕。所謂自由，有消極的意義，指推翻一切以宇宙秩序的圖像、去實質地定義人（理性存有者）的目的論之說法。但除此之外，自由亦有積極的意義——現代主體的關鍵，就是它被賦予了反思的能力（reflexive powers），反思能力是人（不論男女）身上擁有的不同種類的內在性質（the different kinds of inwardness），這些就是〔從神或權威脫離的〕自由的理性（disengaged reason），及創造的想像力（the creative imagination）[42]（Taylor 1989: 395）

按泰勒分析，盧梭式的「主體」，具有向內形成（inwards）的感性能力，所以如上面所述，主體的同一性，甚或主體存在與否，不假外求的證明，最重要與直接的證明，在於人有無創造的想像力與判斷力，亦即美學所說的反思性的判斷力。這個建構性的主體概念，經由卡西勒的盧梭詮釋，有了清晰的輪廓。

不過，泰勒也指出，自由概念所對應的權利，在語義上值得商榷。他說：

42　Charles Taylor（1989），p. 395.

　　權利的概念（the notion of a right），又叫做「主觀的權利」（a "subjective right"），在西方法律傳統中，權利被理解為一種法律特權，視為歸屬於行為者所有的（quasi-possession）。最早一開始，權利指許多不同的歸屬性：像是某些人有權參加特定集會，或有權提供法律意見，或有權收取過河費，諸如此類。17世紀進行的自然法論改革，有部分使用這類權利的語言，來表達普遍的道德規範。於是，開始出現談論「自然的」權利（"natural" rights），直到今天用在設想人皆有的生命與自由的權利。在某一方面來說，生命的普遍及自然權利（a universal, natural right to life），並不是什麼新的說法。真正改變的，其實是形式（form）。以往談的方式是，有一個自然法（a natural law）反對傷害無辜生命。古今談論的結果都一樣，就是禁止殺害無辜。但差別不在於禁止什麼，而是在主體的位置（the place of the subject）。法律〔依古典自然法〕是我必須遵守的，〔……〕基本上，我處於法律之下（I am *under* law）。相反的，主觀的權利〔依自然權利論〕，是由其擁有者能夠並應該據以行使（can and ought to act on）而產生效果的。以往〔古典的〕自然法是以自然權利的形式（in the form of a natural right），給予你一個豁免的特權（an immunity），這是你被賦予的一個角色（a role），藉以建立與實現生命權。但如今不同的是，你的同意是必要的（your concurrence is necessary），因此現在你的自由程度

跟著提高了。〔……〕（Taylor 1989:11）[43]

　　上述細微分析，泰勒要說的是，依照「古典自然法」，原來語義上，所謂自然權利只有形式意義，它實質的意義是給予人某種豁免的特權（immunity）——使人免於受侵害，這包括一般人的生命權，或中世紀封建領主得以豁免納稅的特權。而相對的，霍布斯與盧梭說的「自然權利」（natural rights），具有實質的意義，自然權利為個人或自我的權利。值得探討的是，自霍布斯到盧梭及康德形成這項語言意義的轉換：權利由消極性的豁免，轉變為積極性的自由，實質地改變了古典自然法的內容，而這轉變代表什麼長遠意義？

　　泰勒認為，依現代自然法論，從人性導出的自然權利，被視為人的屬性（property），而且是好的、值得追求的益品（goods），[44]這點似乎是與古典自然法論最大的區別，他說：

　　　　〔現代〕對自由有不同的構想，區分成上述消極和積極的定義，這兩者的區分主要在對於反思的能力（reflexive powers）有不同立場及定義，積極定義的理論一般都根據對內在來源（an inner source）的某些概念，而消極定義的理論則一般都激烈批判所有這類概念。但超出所有爭議的一點，即自由為一項益品之重要地位（the centrality of

---

43　Charles Taylor, *Sources of The Self. The Making of the Modern Identity*（Harvard University Press, 1989）, p. 11.

44　「益品」（goods）是指善的、好的、有價值的，而且為通常可分配的事物，所以譯為「益品」二字較簡單和貼近倫理學的廣義用法。

freedom as a good），已是現代世界中普遍信念。[45]

　　泰勒的看法，除了指出定義之爭，主要還反映了現實情況，亦即不管盧梭或康德如何積極定義自由，現在的法律與經濟制度的設計，幾乎把擁有一切權利當作自由，並使個別權利變成一項有價值的東西（a good, 益品），可以被交換、被分配。這個現象與引發的問題——權利分配能否（如何）保障自由？正是20世紀中葉以後學者研究法治、分配正義與基本善，所關注的焦點，底下第七章和第八章有仔細探討。

　　回顧第二章分析，古典自然法以托馬斯為代表，他說的「秉性」是朝向善與正義的，其自然目的是人性的完善化（perfection），而盧梭筆下的本性，轉換為獨立與自由，目的是反壓迫和追求平等。如以泰勒上述區分來看，古典自然法尚無自由的概念，霍布斯探討的自由則是消極意義的，直到盧梭才產生積極定義的自由，確立了反思能力為主體性特徵。如泰勒所言，自然權利論宣告現代主體性的開端。

　　對自然法研究來說，有關托馬斯（及亞里斯多德）到霍布斯及盧梭的人性論，它們的變化及差異，並不止於倫理學意涵，就方法論來說，如前幾章分析，他們都設想了意志與道德直覺，差別在於現代哲學發展了美學，創造出的概念語言及分析架構，突出感性在思考上的運用。

　　卡西勒繼《盧梭問題》之後，於1944年發表《人論：人類文化哲學導論》（*An Essay on Man. An Introduction to a*

45　Charles Taylor, ibid..

Philosophy of Human Culture），溯源分析古代、中世紀神學至現代人性論的推理，指出人運用反思判斷與「象徵能力」（symbolic power，或譯符號能力），建構理解自己與世界的符號象徵系統。[46]

從這個角度來看，霍布斯與盧梭的自然主義中，複數型「權利」（rights）也象徵了（或指涉）人的性質（properties），這裡「權利」與「主體」為創造性的概念，而且建立在自然主義的符號系統上，其內涵容許許多解釋可能性。例如，洛克便曾主張將某些自然權利（例如生命權），歸為不可剝奪或不可讓渡的權利（inalienable rights），嘗試區分無條件的及有條件的權利。當然，這方面的討論涉及價值取捨問題，例如權利之間的衝突，或社群與個人的衝突，為晚近熱門議題「價值衝突」研究重點之一。

現代自然法論，精確地說，就是個人的自然權利論，由個人而組成團體和社會，缺一不可。自然人如何成為權利主體？這裡有美學（感性）關係的分析架構，但仍需要制度和實踐，現代人要求主體性的歷程，就像19世紀耶林說的：「為權利而奮鬥是一個人格的詩篇。」[47]

46　參考Ernst Cassirer, *An Essay on Man. An Introduction to a Philosophy of Human Culture*（Yale University Press, 1944），pp. 76, 80，以及討論康德美學的部分，p. 83ff.。

47　Rudolf von Jhering（1872），耶林在代表作《法的目的》中更直言：法律是實現權利的工具，他並非意指去利用法律，此言意思是指──法律應該實現權利。

第三部分
當代的論辯

第七章

超制定法之法
自然權利論證

7.1. 最低限度的自然法

從18世紀後期，現代自然法論提出的「自然權利」概念，被運用在實際的社會改革，最著名的例子，就是1776年美國獨立宣言（*United States Declaration of Independence*），以及1789年法國《人權和公民權宣言》（*Déclaration des droits de l'homme et du citoyen*，簡稱《人權宣言》）。除此之外，法國作家及法學家德古熱（Olympe de Gouges, 1748-1793）比照1789年《人權宣言》的格式，在1791年發表了《女性及女性公民權利宣言》（*Déclaration des droits de la femme et de la citoyenne*），她刻意仿照《人權宣言》，擬定了前言和十七個條文，宣稱女性應與所有人一樣擁有平等的自然權利，如底下第一、四、五條的內容，對照原文和中文翻譯：[1]

1　Olympe de Gouges, *Déclaration des droits de la femme et de la citoyenne*, https://www.ldh-france.org/1791-DECLARATION-DES-DROITS-DE-LA/.底下這段引

Article 1: "La femme naît libre et demeure égale à l'homme en droits. Les distinctions sociales ne peuvent être fondées que sur l'utilité commune."

第一條：「女性生而自由，並且擁有和男性一樣平等的權利。社會區別只能是為公共的利益而存在。」

Article 4: "La liberté et la justice consistent à rendre tout ce qui appartient à autrui ; ainsi **l'exercice des droits naturels** de la femme n'a de bornes que la tyrannie perpétuelle que l'homme lui oppose ; ces bornes doivent être réformées par **les lois de la nature et de la raison**."

第四條：「自由與正義，在於將所有屬於他人的東西還給他；女性行使自然權利的限制，就是男性持續的暴政所施加的諸多限制，這些限制的革除，必須借助自然法和理性法則。」

Article 5: "**Les lois de la nature et de la raison** défendent toutes actions nuisibles à la société ; tout ce qui n'est pas défendu par ces lois sages et divines ne peut être empêché, et nul ne peut être contraint à faire ce qu'elles n'ordonnent pas."

文中的粗體為筆者所加。美國1776年的《獨立宣言》也將自然權利視為不可剝奪的天賦人權，詳細討論參考Leo Strauss（1953），p. 1。

第五條：「自然法和理性法則，才能抵抗所有對社會有害的行為；所有那些被這些明智和神聖法律所捍衛的事，就不能被限制；而且這些法則所未規定的事，就不能限制人不能去做。」

在《女性及女性公民權利宣言》的第一條、第四條和第五條中，如上面法文及中譯並列的內容，當時女性要求與男性一樣擁有平等的「自然權利」，躍然紙上，形同歷史的見證，為現代自然法論提出的「道德／權利主體」留下印跡。然而，這個見證在當時卻曇花一現，德古熱發表宣言不過才兩年，就在1793年因散播政治宣傳而遭逮捕判刑，死於獄中。法國大革命終以血腥暴力收場，那時代才萌芽不久的「自然權利論」，雖在人類思想中發酵茁長，但在現實的政治舞台上，自然法的理論澹然隱沒。

在19世紀到20世紀中出場的亮眼新星，如歷史主義、馬克思主義和其他反現代性的學說，都是以反自然法論為標竿，它們批評現代自然法論的「權利」概念流於空洞和形式化、不足以反映人們實際上生存條件的差異。反自然法論（anti-natural law theory）的立場，非常多樣，其光譜涵蓋了右翼保守派到左翼社會主義改革派，而且反對理由不一而足，不過，它們的出發點是一致的，那就是排斥自然法論的形上學色彩。

為了與自然法論的形上學區隔，反自然法論的立場也被通稱為「法實證主義」（legal positivism）。由於法實證主義者（legal positivists）摒棄自然法，僅關注和研究「實證法」（positive law）——即成文法與習慣法，造成道德哲學與法律

漸行漸遠，終於導向一種偏離正義理論的「法律形式主義」
（legal formalism），[2]埋下日後「惡法亦法」思考模式造成的危
機。

　　反自然法與反形上學的風氣，在19世紀中的英國學界達到
高峰，英國哲學家邊沁（Jeremy Bentham, 1748-1832）提出的
效益主義（utilitarianism），就是一支嚴厲批判自然法論的道德
哲學，他以「效益」（utility）取代正義的概念，主張英國應效
仿當時歐陸各國推動進步的成文法，因為由民主議會的立法者
制定「成文法」（codification of law），法有明文且內容能夠與
時並進，比習慣法及自然法更能反映社會需求、增進人民的幸
福。按邊沁的說法：

> 權利是法律生出的孩子；從真實的法律，產生出真實
> 的權利；但是從想像的法律──自然法，將生出想像的權
> 利。自然權利沒有任何意義：自然和無法感知的權利，是
> 可笑的修辭，無意義的踩高蹺。[3]（Bentham 1843: 501）

2　哈特指出，法實證主義若被當成形式主義，那法學者將如「投幣式機器」
　　（slot machine），參考H. L. A. Hart, "Positivism and Separation of Law and
　　Morals," *Harvard Law Review*（1958: 593-629），p. 610.

3　"Rights is the child of law; from real law come real rights; but from imaginary
　　laws, from 'law of nature', come imaginary rights ⋯. Natural rights is simple
　　nonsense: natural and imperceptible rights, rhetorical nonsense, nonsense on
　　stilts."──Jeremy Bentham, "Critique of the Doctrine of Inalienable, Natural
　　Rights," *Anarchical Fallacies: Being an Examination of the Declarations of
　　Rights Issued During the French Revolution*, Vol. 2 of Bowring（ed.）, Works,
　　1843, p. 501.

　　邊沁以嘲笑的口吻說：自然權利是無意義的踩高蹺
（"nonsense on stilts"）。關於人是否擁有自然權利？邊沁給出
斬釘截鐵的答案：不，我們根本沒有任何自然權利！（"There
are no such things as natural rights."）[4]他批判自然權利論的分析和
膾炙人口的名言，主要出自一篇著名手稿——〈不可剝奪的自
然權利論批判〉（"Critique of the Doctrine of Inalienable, Natural
Rights"），這篇被編輯收錄於1843年出版的論文集《無政府的
謬誤》（*Anarchical Fallacies*）書中，此書收集了邊沁自1791年
開始對法國《人權宣言》的一系列激烈評論的文字，裡面可見
邊沁生產大量的手稿，儘管多數並未完成和出版，但藉由這些
手稿文字，學者仍能挖掘研究他的理論。[5]

4　Jeremy Bentham（1843）, ibid..

5　英國倫敦大學（UCL）法學院為了編輯出版邊沁的手稿著作，促進學者
　　利用與研究邊沁的著作檔案，已展開十多年的「邊沁計畫」（"Bentham
　　Project"），目前仍在持續進行。關於邊沁對自然權利論的批判，至今研究
　　顯示褒貶不一，甚至對邊沁論點的理解也大相逕庭；參考Philip Schofield,
　　Director of "Bentham Project", "Jeremy Bentham, the Principle of Utility, and
　　Legal Positivism", *Current Legal Problems*, Vol. 56, Issue 1（1 January 2003:
　　1-39）。英國著名倫理學家G. E. Moore指出，邊沁自己也犯了自然主義的謬
　　論（naturalistic fallacy）——亦即將語言中形容某對象的述詞（predicate）
　　「善」或「好」（'good'）當成所指對象的「自然性質」（或本質，natural
　　property），並以為在語言使用上，可用其他自然性質來取代「善」或
　　「好」；相反的，依Moore的看法，所有的自然性質都是獨立存在的「實
　　質」（substance or matter），某對象包含的一切自然性質若被除去，則該對
　　象就不復存在了，但如Moore所言，「善」或「好」是表現於所指對象的某
　　一種性質（property），但它並非自然性質，因為顯然某一對象的「善」或
　　「好」性質被去除後，此對象的存在依然不受影響；詳見Moore, *Principia
　　Ethica*, revised edition, ed. T. Baldwin（Cambridge, 1993, first published

　　檢視邊沁對自然權利論的分析，可見他的修辭與評論相當犀利，把握了當時自然權利論的兩個弱點：（一）自然權利的意義模糊不清，以及（二）自然權利的絕對神聖性，使革命因此被正當化，將使政府無可立足。為了說明方便，我將第一點簡稱為「意義難題」，將第二點簡稱為「法治難題」。邊沁所指的兩個弱點，也是自然權利論在理論和實踐上遇到的難題，日後反實證主義者均嘗試去釐清和克服。

　　首先，就「意義難題」來說，邊沁從日常語言的分析，指出人們使用「權利」的概念，受普通法或習慣法的影響，所謂「自然權利」，只是革命者造出來的，一般人難以清楚地理解這個用語的意義。此外，就「法治難題」來說，他則指出，政府的角色就是在創造和維護法律，假如自然權利論可以成立的話，動輒革命的理由將無所不在，造成政府無法成立和運作；換句話說，若自然權利存在，那這種權利也等於沒有一般，因為「無政府」就是無法可治的混亂狀態。[6]站在效益主義倫理學的立場，少數道德家或革命家鼓動、惑使人們相信「自然權利」，所帶來的無政府狀態，恐將不斷發生，因而完全背離了大多數人民的福祉。

1903），chap. 1, § 14。Schofield引用上述Moore論點，但認為邊沁不主張「自然性質」就是「實質」，所以其效益主義與Moore的直覺主義有相當大的差距，參考比較Schofield, ibid., p. 1；Schofield也指出，邊沁的方法論遭到了包括Moore在內許多學者的誤解，參考Schofield, "Jeremy Bentham and H. L. A. Hart's 'Utilitarian Tradition in Jurisprudence'," *Jurisprudence*, Vol. 1, No. 2（2010: 147-167）。近期中文邊沁研究，參考張延祥，《邊沁法理學的理論基礎研究》（北京：法律出版社，2016）。

6　Bentham（1843），ibid..

　　由於上述兩點切中要害，追隨者眾。受到邊沁的效益主義倫理學的影響，攻擊自然法與自然權利概念的文章漸多，與自然權利正好相對的「義務」（obligation）概念，很快地取代了「權利」，在實證主義的大旗下，制定法的「權威性」、人民的「守法義務」和「服從義務」等概念，變成學者主要研究對象。跟隨邊沁的腳步，反自然法論者認為，「權利」是由成文法和習慣法認可的一種請求的地位，在這個意義下的權利──即「法律權利」（legal rights），從此在概念上與「道德權利」（moral rights）有了鮮明區隔。

　　不過事實上，19世紀以來國家推動成文法的進程，遇到重重險阻，並不如擁護成文法運動的學者設想的那樣平順，一方面各個階級和政黨之間的對抗，使立法不易達成共識，另一方面民主體制的薄弱使獨裁者伺機而起，1933年德國納粹政權崛起，在短短10年左右的執政期間，制定和實行了各種違反人道的法律，而跟隨「惡法亦法」的執行與司法審判，卻毫無反省與制衡的力量。[7]

　　面對戰後殘局，學者紛紛思考對策，展開一連串針對納粹不法的辯論，在實務上，1945年之後的國際人權法及民主

7　關於台灣轉型正義的司法解釋與反省，參考黃丞儀，〈戒嚴時期法律體制的未解難題與責任追究〉，《記憶與遺忘的鬥爭：台灣轉型正義階段報告（卷三）──面對未竟之業》，台灣民間真相與和解促進會著（新北：衛城出版，2015），頁15-70。有關台灣與國際間對轉型正義認知與實踐的落差，參考陳俊宏，〈聯合國處理轉型正義的原則〉，《記憶與遺忘的鬥爭：台灣轉型正義階段報告（卷2）──記憶歷史傷痕》，台灣民間真相與和解促進會著（新北：衛城出版，2015），頁143-160。

國家的憲法，也開始明文納入「自然權利」的保障，將之視為人人皆擁有的「基本權利」（basic rights），以有效約束國家統治的權力，為國家實證法劃出一個合乎自然法的限度與標準。重要的例子如1945年通過生效的《聯合國憲章》（*Charter of the United Nations*）、1948年聯合國發布《世界人權宣言》（*Universal Declaration of Human Rights*），以及1949年戰後的德國通過《基本法》（*Grundgesetz*）等，皆明定基本權利是高於制定法的普遍人權。我們看到《聯合國憲章》第一條揭示聯合國的宗旨之一為：

> 促進國際合作，以解決國際間屬於經濟、社會、文化及人類福利性質之國際問題，且不分種族、性別、語言或宗教，增進並激勵對於全體人類的權利及基本自由的尊重。（《聯合國憲章》，1945: Article 1）[8]

此外，二戰後初期最足以代表自然權利論的精神和內涵的，當推上述《世界人權宣言》，如其中序言、第一條及第二條的內容：[9]

> 鑑於承認人類家庭所有成員的固有尊嚴、平等和不移的

---

[8] The United Nations, *Charter of the United Nations*, 1945, https://www.un.org/en/about-us/un-charter. 參考中文版略加修改。

[9] The United Nations, *Universal Declaration of Human Rights*, 1948, https://www.un.org/en/about-us/universal-declaration-of-human-rights. 參考中文版略加修改。

權利，乃是世界自由、正義及和平的基礎；鑑於對人權的忽視及侮蔑已發展為野蠻暴行，這些暴行玷污了人類的良心，而一個人人享有言論和信仰自由、並免於恐懼和匱乏的世界的來臨，已被宣布為普通人民的最高願望；鑑於為使人類不致迫不得已鋌而走險、對暴政和壓迫進行反抗，有必要使人權受法治的保護；鑑於有必要促進各國間友好關係的發展；鑑於聯合國國家的人民已在聯合國憲章中重申他們對基本人權、人格尊嚴和價值以及男女平等權利的信心，並決心促成更自由的社會進步和生活水平的改善；〔……〕因此，現在大會宣告這一世界人權宣言，作為所有人民和所有國家努力實現的共同標準，以期每一個人和社會機構經常銘念本宣言，努力通過教誨和教育，促進對權利和自由的尊重，並通過國家的和國際的漸進措施，使這些權利和自由在各會員國及其管轄領土的人民中，得到普遍和有效的承認和遵行。（《世界人權宣言》，1948: Preamble）

人皆生而自由；在尊嚴及權利上一律平等。人各賦有理性良知，應和睦相處，情同手足。（《世界人權宣言》，1948: Article 1）

人人皆享有本宣言所載之一切權利與自由，不分種族、膚色、性別、語言、宗教、政見或他種主張、國籍或門第、財產、出身或他種身分。且不得因一人所屬國家或地區之政治、行政或國際地位之不同而有所區別，無論該

地區係獨立、託管、非自治或受有其他主權上之限制。
（《世界人權宣言》，1948: Article 2）

接在上面前言和條文之後，《世界人權宣言》第三條到第三十條明定的基本人權包括生命權、各項自由權、平等權、訴訟權、隱私權、財產權、參政權、人格權、工作權、受教育權、著作權等等，整個宣言僅有三十個條文，卻明白規定了這些權利超乎國家，必須受到普遍的法律承認和保護。這個極具理想性的架構，也成為日後國際人權法發展的基礎，國際性的監督和司法機構陸續成立，如歐洲人權法院就扮演了重要角色。

自然法和實證法之間的衝突，並不會因為上述人權宣言的出現而自動化解。戰後初期，關於「惡法亦法」的理論難題，究應如何釐清和破解？在國家法律體系的框架中，如何論證自然權利優先於其他法律？甚至優先於其他價值（如效益、法安定性）？對這個主題提出解答的學者無數，其中最著名的例子，就是德國法哲學家羅德布魯赫（Gustav Radbruch, 1878-1949），他稱自然法為「超制定法之法」，藉此檢視「制定法之不法」，提出知名的判斷公式──通稱為「羅德布魯赫公式」（Radbruchsche Formel）：當制定法達到「常人所無法忍受的不義」時，即失去法的效力。這個判斷公式於1946年提出後，成為戰後德國面對納粹不義政權留下的法律爭議，最重要的法理判斷依據，直到1990年兩德統一之後，至今仍直接影響有關「轉型正義」（transitional justice, 亦稱retroactive justice）

的法理論和實務見解。[10]

　　在羅德布魯赫之後，不少著名法理學和法哲學家紛紛提出類似的主張，蔚為一股「自然法復興」（renaissance of natural law）的風潮。即使是屬於反自然法傳統的實證主義代表，如上述英國法理學家哈特，儘管堅定地支持法實證主義的核心主張——「法律與道德的分離命題」（"the Separation Thesis of Law and Morals"），[11]同時延續邊沁立場清楚地指出——「自然權利」的本質就是「道德權利」（moral rights），[12]但他仍提出「最低限度的自然法」概念，肯定法律應符合一定的正義標準，並稱這個標準就是「自然法的最低限度內容」（the "minimum content of natural law"）。[13]哈特認為，法實證主義接受的是經驗性的自然法，[14]這是一個非形上學的版本，也就

10　詳細討論參考黃忠正，〈論Radbruch公式〉，《政大法學評論》，第132期（2013年4月，頁115-162）。

11　H. L. A. Hart, "Positivism and Separation of Law and Morals," *Harvard Law Review*（1958: 593-629）. 評論哈特及分離命題的中文文獻頗多，常見出處參考莊世同，〈法律、道德與自然必然性：論哈特的自然法最低限度內容〉，《政治與社會哲學評論》，第64期（2018年3月，頁1-47），頁1註1。

12　H. L. A. Hart, "Are There Any Natural Rights?," *The Philosophical Review*, Vol. 64, No. 2（Apr., 1955: 175-191），pp. 176f..

13　相關研究參考Shadia B. Drury, "H. L. A. Hart's Minimum Content Theory of Natural Law," *Political Theory*, Vol. 9, No. 4（Nov., 1981: 533-546）；莊世同，〈法律、道德與自然必然性：論哈特的自然法最低限度內容〉，《政治與社會哲學評論》，第64期（2018年3月），頁1-47。

14　哈特所支持的經驗論自然法版本，與霍布斯和休謨的分析相近，相關研究參考Elena Pribytkova, "'The Minimum Content of Natural Law'——H. L. A. Hart's Project to Reconcile Natural Law and Legal Positivism?," *Zeitschrift für*

是一般經驗能夠認識的內容：「這〔自然法的最低限度內容〕是普遍被承認的一些行為原則〔universally recognized principles of conduct〕，其基礎在於關於人類、所處自然環境及目標的基本真實〔elementary truths concerning human beings, their natural environment, and aims〕。」[15]

　　哈特與其後繼者拉茲（Joseph Raz, 1939- ）為法實證主義的辯護，基本上延續了邊沁質疑自然權利論的立場，[16]如前面說明的關於「意義難題」及「法治難題」兩項質疑。這兩點質疑，經常被誤解為是針對「自然權利」，但從邊沁乃至哈特和拉茲發展的論述中，可以發現他們反對的是「自然權利論」的濫用和粗糙論證，而不是反對「自然權利」本身——所以他們力證自然權利是「道德權利」（moral rights），法治保障自然權利有兩種可能性：第一種可能性是，經由立法程序將自然權利訂為法律原則，使這些法律原則在個案的法律論理中，成為必須考量的前提；第二種可能性則是，自然權利雖非明訂的法律原則，亦非法律權利（legal rights），但它們具有的道德權利的意

Rechtsphilosophie, Vol. 1（2013, 3-15），p. 4。

15　H. L. A. Hart, *The Concept of Law.* Third Edition, with a Postscript edited by Penelope A. Bulloch and Joseph Raz. And with an Introduction and Notes by Leslie Green（Oxford University Press, 2012），p. 193.

16　從拉茲研究發表歷程，可見其思路延續性及創新之處，參考Joseph Raz, "Rewiew: Hart on Moral Rights and Legal Duties," Reviewed Work: *Essays on Bentham* by Herbert Hart, *Oxford Journal of Legal Studies*, Volume 4, No. 1（Spring, 1984），pp. 123-131; Raz, "Legal Rights," *Oxford Journal of Legal Studies*, Volume 4, No. 1（March, 1984），pp. 1-21.（https://doi.org/10.1093/ojls/4.1.1）.

義，在特殊的艱難個案中，仍可被明確地納入法律論證的邏輯和判斷之中，這屬於司法裁量或法官造法的範圍。在嚴格界定法律與道德的概念的前提下，上述這兩個可能性，依然可使法律論理達成法治（rule of law）的基本要求——滿足合法性與正確性的要求。這一點，涉及自然權利與法治在理論與實踐上的關聯，對理解這支柔性法實證主義（soft legal-positivism），[17] 以及二戰後新的自然權利論走向，非常重要，在底下第二節以後將有詳細探討。[18]

　　二戰結束至今，在自然法復興的風潮下，面對柔性法實證主義的細緻論述，新的自然權利論亦開始成形。首先，針對納粹政權不義案例的審判，與哈特立場針鋒相對的美國法理學家

17 筆者認為哈特與拉茲的立場，均屬於柔性法實證主義，因為相對於概念法學或純粹法學的剛性法實證主義——拒絕任何道德原則影響法律推理與裁判，他們兩人都主張「道德原則」及「道德權利」（自然權利）確實可能影響法律推理、對裁判產生拘束力；另外，就法律與道德在概念上的相關性，拉茲的主張可被歸為「排他的法實證主義」者（exclusive legal positivist）——法律與道德在概念上完全分離，但這不代表他就是剛性法實證主義者，因為主張在概念上嚴格區分法律與道德，並不等同主張法律絕不受道德的影響；比較王鵬翔，〈反對安置命題〉，《中研院法學期刊》，第7期，（2010年9月），頁151-152。

18 自哈特的《法律的概念》第二版於1994年問世後，對這支分析法實證主義研究熱度一直不減，並有一些新的見解出現，參考H. L. A. Hart, *The Concept of Law*, Third Edition, 2012, Introduction by Leslie Green；Leslie Green, "The Concept of Law Revisited," *Michigan Law Review*, Vol. 94（May, 1996），pp. 1687-1717。Ronald Dworkin先前指出，哈特是一位道德哲學家，因為他思考法官審判應遵循的法律規則，與其思考有關「道德義務」和「法律義務」的理性規則是一致的，參考Dworkin, *Taking Rights Seriously* 2013（1977），p. 20。

富勒（Lon L. Fuller, 1902-1978），提出以「實證法的道德」來說明實證法的效力標準。按富勒的說法，道德可被區分為兩大類——涉及個人需求欲望及期待的「動機道德」（morality of aspiration），以及涉及個人外在行為的「義務道德」（morality of duty）；自然法論或自然權利論所強調的，主要是實證法與動機道德的關係，而法實證主義則強調實證法與義務道德的關係。由於義務道德的作用，社會秩序才得以建立與維繫，這是法治的必要條件，因此富勒進一步分析義務道德的兩個元素：「法律的內在道德」（internal morality of law）——法律制定本身應符合民主與正當程序，以及「法律的外在道德」（external morality of law）——法律適用時應符合平等原則等基本要求。[19] 富勒將美國聯邦憲法保障的正當法律程序（"due process of law"，如美國聯邦憲法增修條文第五條及第十四條規定），運用於實證法的道德分析，提出法律應符合的八個原則——（1）一般性、（2）公布公開、（3）不溯及既往原則、（4）明確性、（5）一致性、（6）可行性、（7）安定性、（8）實際與官方行為一致；[20]他稱這八項是法律的內在道德原則，並將之定

---

19 參考Lon L. Fuller, "Positivism and Fidelity to Law: A Reply to Professor Hart," *Harvard Law Review*, Vol. 71, No. 4（Feb., 1958: 630-672）, p. 645; Fuller, *The Morality of Law*, revised edition（New Haven/London: Yale University Press, 1964）, pp. 96-97。

20 參考Lon Fuller, *The Morality of Law*, 1964, ibid., pp. 42-46。富勒強調，這些原則看似不證自明，但他引述中世紀阿奎那的自然法推理（*Summa Theologica*, Pt. I-II, ques. 95, Art. 1），指出分析這些原則的必要性，參考Fuller, *The Morality of Law*, 1964, ibid., p. 98。

位為一種「有所保留的自然法」（a "qualified natural law"）。[21]

　　依照富勒的理論，經由法治（rule of law）的確立，法律扮演平衡價值及目標衝突的角色，因此法律應當超越多元價值，它本身並不代表哪一種道德觀或宗教觀，這些各式各樣的價值觀，都將在民主與「正當法律程序」中相互競爭比較，最後現實中得出的決定，必定只能反映某一種價值或妥協而已。[22]他的理論多集中於討論關於個人行為的義務道德，並且主張──動機道德涉及個人的自由選擇，法律對此不宜干預太多。他這種程序主義式的法治理論，[23]調和了法實證主義與自然法論的對立，但因理論上抽離了個人動機與自由的前提，衍生程序主義可能流於形式主義、少數與弱勢權利保護不足的問題，導致上述他稱的「有所保留的自然法」（a "qualified natural law"），實際上恐怕變成虛名。[24]

21　富勒原文寫道：“Do the principles expounded in my second chapter represent some variety of natural law? The answer is an emphatic, though qualified, yes."（Lon Fuller, *The Morality of Law*, 1964, p. 96）。

22　即便如此，富勒的法治理論仍包含實質的道德依據，相關論點參考 Colleen Murphy, "Lon Fuller and the Moral Value of the Rule of Law," *Law and Philosophy*（2005）24: 239-262。

23　如富勒自稱，他所提出的實證法的內在道德性標準（the internal morality of law），為一種「程序性的自然法」版本（"a procedural version of natural law"），參考 Lon Fuller, *The Morality of Law*, 1964, ibid., pp. 96-97。

24　對 Lon Fuller 的法哲學研究，近年有新的進展，2018年7月日本舉辦第一屆國際法哲學會議（IVR），邀請加拿大法理學家 Kristen Rundle 分享她對 Fuller-Project 的研究成果，Rundle 在主題演講 "Fuller's Relationships" 中指出，Fuller 之所以與自然法論保持距離，主因是他反對美國一些自稱為自然法論者的見解，但這並不影響 Fuller 對於法律形式與實質的看法──例如他主張的程序性或規則性的正義概念，的確與現代自然法論或康德主義有相近之處；

　　在富勒之後，1970年代，美國哲學家羅爾斯（John Rawls, 1921-2002）對當時傾向程序主義式的法治理論，有不少深刻反思，他提出「自由的優先性」及正義原則，掀起跨越法政和社會各領域的廣泛討論，此後陸續出現的研究，包括美國法理學家德沃金（Ronald Dworkin, 1931-2013）提出的「權利命題」（"rights thesis"）和「資源平等」（"equality of resources"）理論，以及德國法哲學家德萊爾（Ralf Dreier, 1931-2018）提出基本權利及抵抗權的憲法論證，還有阿列克西（Robert Alexy, 1945-）主張將「基本權利」納入法律論證，都是當代極具代表性的新自然法論或新自然權利論。

　　就自然法的研究脈絡來看，我們或許可將1970年代當作新世代的開頭，這時以「正義」和「基本權利」為核心的法律或政治哲學，都有一個共同特點，就是將「道德哲學」的方法引入法體系，藉由縝密的推論導出「權利」主張，他們的方法與論點雖有差異，但就結果而言，並未脫離由霍布斯、洛克、盧梭及康德為代表所連貫而成的自然法論的脈絡。羅爾斯在《正義論》的序言中，就清晰地點出社會契約論的成果和疑難，直言這些正是他發展理論的資產。

　　在本書研究過程中，我亦發現，對於新世代自然法論的脈絡深入研究，更有助於我們理解當代的道德哲學及法政哲學，因為包括羅德布魯赫、哈特、富勒、芬尼斯、羅爾斯及德沃金等人的理論，不僅都觸及了自然法論的主要概念——自由、平

　　參考K. Rundle, "Fuller's Relationships," The 1st Japan-IVR-Conference Keynote Speech（Kyoto, July 7, 2018）。

等、正義與法治，甚至他們思考的方向也清楚地承續了霍布斯以來的社會契約論，在他們的著作中，不難找到企圖克服社會契約論疑難問題的蛛絲馬跡，循著自然法研究的脈絡，提出「道德／權利主體」的盧梭和康德學說，經常被引用，成為歷久不衰的研究課題。

回顧盧梭研究，德國哲學家黑格爾在《法哲學綱要》（*Grundlinien der Philosophie des Rechts*, 1821）書中，曾引述盧梭的《愛彌兒》，認為盧梭代表一種視「道德」高於法律的觀點。[25]從本書前幾章的分析可知，上述黑格爾的說法是非常簡略的，亦極易被斷章取義。研究盧梭的自然法論，可知盧梭的社會契約論中，自由與普遍意志是緊密結合的，而「道德」概念並不凸顯，甚至沒有重要的角色。如前面一章的分析，對盧梭和康德來說，「主體」與「權利」之間的建構性的關係（亦稱

---

25 Georg Wilhelm Friedrich Hegel, *Grundlinien der Philosophie des Rechts* 1986（1821）, § 126, S. 239.黑格爾把「道德」（Moral）視為從屬於「倫理性」（Sittlichkeit）及「自然法」（Naturrecht），如黑格爾早期處理自然法的論文〈論研究自然法的不同方式，其在實踐哲學中之地位，以及自然法與實證法學的關係〉（亦簡稱自然法論文）——Hegel, "Über die wissenschaftlichen Behandlungsarten des Naturrechts, seine Stelle in der praktischen Philosophie und sein Verhältnis zu den positiven Rechtswissenschaften"（1802/03），參考Paul Cruysberghs, "Zur Rekonstruktion eines Systems der Sittlichkeit im 'Naturrechtsaufsatz'," in Heinz Kimmerle（Hrsg.）, *Die Eigenbedeutung der Jenaer Systemkonzeptionen Hegels*（Berlin: Akademie Verlag, 2004）, S. 71。有關黑格爾視自然法為「絕對倫理性」及此概念的意涵，參考顏厥安，〈否定性與絕對倫理——由黑格爾之自然法論文談現代社會之危機〉，《國立政治大學哲學學報》，第5期（1999），頁235-262。

為美學關係，或感性關係）──成為自由的人，才是自然法論提出「自然權利」的依據，換句話說，「自由」的概念架設了法律與道德的橋梁。26

從主體的自由概念出發，其實是盧梭和康德發展出來的、一個新的理論出發點，由此思考社會的結構性原則，十分重要。如我在前兩章的說明，盧梭和康德的自然權利論證，建立了現代國家的法治原則的基礎。盧梭和康德已注意到，自然權利的主體不能僅是一種抽象的道德地位（moral status），道德主體必須同時為法律上的「權利主體」，這樣才能確保自然權利是「超制定法之法」，以此約束主權者的權力，這就是我們今天熟悉的「法治」（rule of law）原則的由來。

自康德時代到二戰結束，沉寂約一百五十年的自然權利論，在復興時期卻遇到理論和實踐上的雙重困難：（一）就理論來說，雖然二戰後國際人權法的發展過程，可以用「自然權利的明文化」來形容，對於成長於戰後的法哲學家們，自然權利因此從形上學的理念，轉身變成可被「安置」於制定法中的「基本人權」，但是法律制度尚包含其他價值與原則，自然權利是否真的優先於其他價值與原則？並非毫無疑慮，主要難題在於──盧梭和康德式的「法治論證」預設了自由意志的存

---

26 在本章第二節中，我將詳細說明羅爾斯使用「建構論」一詞詮釋康德哲學，與此有關；參考John Rawls, "Kantian Constructivism in Moral Theory," *The Journal of Philosophy*, Vol. 77, No. 9（Sep. 9, 1980: 515-572）; repr. in Rawls（1999）: 303-358。自羅爾斯於1980年提出「建構論」一詞來詮釋康德哲學的方法，這個詞就廣被接受和使用，而羅爾斯提出此一詮釋，也被譽為是他對道德理論最重要的貢獻。

在，但自由意志是一個純粹理性的假設，無法承載法治的具體內涵。另外，（二）在實踐上，暫時不考慮上述理論難題，即使法律制度承認自然權利的優先性，這些權利的具體化需要資源，基本和合理的資源分配究應以個人為考量？抑或社群福祉應高於個人福祉？亦即當權利行使彼此產生衝突時，這些權利背後的價值衝突該如何解決？

　　針對第一點理論上的困難，首先提出解方的代表，就是新世代羅爾斯的正義論。為了延續盧梭和康德探討人性、道德與自然權利的關係，羅爾斯以新的方式詮釋社會契約論，提出適用於今日多元社會的正義原則——正義即公平（justice as fairness），他說這是一個程序性的正義概念，一般將它稱為「程序正義」，但如羅爾斯所說，其實稱它為「正義的規則性」更加貼切。除了羅爾斯之外，另有一支約自1980年代在德國開始的基本權利理論，由德國法哲學家德萊爾提出「正確性命題」與「適當性命題」，主張法律應具有這兩個規範特徵，接著他與另一位德國法哲學家阿列克西又共同主張「安置命題」——舉出如戰後德國在基本法中明定基本權利，作為緩和及解決實證法與自然法衝突的方案。

　　其次，就第二點實踐的難題，羅爾斯在正義論中，提出了與前述程序正義主張相應的「基本善」概念，而支持羅爾斯此一實踐策略的，主要有菲尼斯提出亞里斯多德式的「自然」與「善」，以及努絲邦主張的「基本能力清單」。在基本善的前提下，羅爾斯進一步闡述「公民不服從」（civil disobedience）的可能性，同樣的，德萊爾不僅探討公民不服從，還進一步主張「抵抗權」（Widerstandsrecht, right to resistance）的憲法意

義，他與羅爾斯雖在用語上有一些歧義，但都指出了抵抗權的實踐意義。從羅爾斯、德萊爾到阿列克西，這三人有一個共同點，就是深受康德哲學及方法的影響，他們善用精確的語言和概念分析，使康德的自然法論得到新的理解，在底下第二節到第五節中，我將詳細說明他們的論點。

最後，歸結本章研究的心得，我想指出，自然權利論經由當代幾位法哲學家的努力，將盧梭和康德筆下的「道德主體」更具體化為「法律／權利主體」。不論是對程序正義與基本善的理解，或是證成抵抗權及公民不服從的可能性，他們在方法上均深受康德主義的「建構論」（constructivism）影響。如我們在前幾章已看到卡西勒的盧梭詮釋，關於自然法論主張——法治與自然權利有不可分割的關係，康德主義在方法上回溯「自然人性」與「自然理性」，強調人的理性不是脫離經驗的，我們在一個自由的人身上，發現其判斷力與認知之間有一種建構性的關係——簡稱為感性關係（或美學關係），人為自由的主體，在此關係上認知自然權利，並且能自發性地驅動道德實踐的動機。

7.2. 羅爾斯的正義論證：正義的規則性

在邊沁的時代，自然權利論已欲振乏力，再經十九世紀後期的社會革命和成文法運動，沉寂了一百多年的自然權利論，直到羅爾斯以正義論之名另起爐灶，才成功地吸引了世人目光，自1971年羅爾斯發表《正義論》（*A Theory of Justice*）一書

以來，至今相關的研究無可計數。[27]然而，多數研究似乎偏重他的正義原則（底下簡稱「正義論證」），而他積極開展的「自然權利論證」，反倒被忽視。

　　事實上，羅爾斯在書中使用的「正義」的概念，並非十分清晰，在許多地方，它的角色甚至只在凸顯權利或自由的重要性，彷彿羅爾斯是借正義之名，為他構想中的法治與自然權利的關係，穿上醒目的外衣。在《正義論》的導論中，羅爾斯直言，他要嘗試銜接盧梭和康德的社會契約論，在全書的大半篇幅中，他不斷強調法治和「自由的優先性」（the priority of liberty）相關，提出「法治」的兩個核心：（一）程序正義，以及（二）基本善。羅爾斯使用的「正義」概念，如他所言，只是一種程序性的概念，目的是實現基本善。

　　《正義論》發表後約10年間，羅爾斯在思考許多回應和批評時，也開始反省和提出自己的方法主張，主要成果就是1980年發表的〈道德理論中的康德式建構論〉（"Kantian Constructivism in Moral Theory"）一文，[28]在這篇論文中，羅爾斯自承採納了康德的方法，他以清晰的英文傳達對康德哲學的理解，分析道德理論（moral theory）如何使用「建構論」的方法，不僅去除康德理論給人的艱澀的形上學印象，同時使建構論成為當代分析哲學的新亮點，而羅爾斯自己就是康德式建構

27　John Rawls, *A Theory of Justice*（1971）, revised edition（Harvard University Press, 1999）. 中文文獻例如錢永祥，〈羅爾斯與自由主義傳統〉，《二十一世紀》（2003年，2月號），總第75期；謝世民，〈羅爾斯與社會正義的場域〉，《政治與社會哲學評論》，第9期（2004年6月），頁1-38。

28　詳見第七章註26。

論的代表。他分析建構論的方法：

> 康德式的建構論，其主要特色為：它提出一套特定的、關於人的構想〔a particular conception of the person〕，作為合理的建構程序中的要素〔an element in a reasonable procedure of construction〕，此一程序得出的結論，確立了最初的正義原則的內容〔the content of the first principles of justice〕。用另一種方式來說，就是：〔建構論〕它的觀點，是先從建構一個特定程序開始，藉此提出某些合理的前提，在這個建構的程序中，人們〔persons〕被界定為理性的行動者，經由他們彼此的同意，才確立了最初的正義原則。29

如上面一節提到的，盧梭與康德試圖建立「主體」與「權利」之間的建構性的關係（亦稱為美學關係，或感性關係），使用了理性的概念——或第二層意義的自然的概念。30羅爾斯進一步把康德的道德哲學方法稱為「建構論」，指出其有兩個特徵：（一）定義基本的道德概念為「善」、「好」和「人的道德價值」，在分析這三個基本概念時，僅使用其他的道德概念，不涉及道德以外的概念，其次（二）主張所有的道德原則都必須是自明的命題（self-evident propositions），亦即有關如何正確地使用這三個基本道德概念的理由，是不待證明的自明

29　Rawls（1980），p. 516.
30　詳見本書第五章5.2的分析。

之理。

依上述這兩點，正確地使用道德概念，涉及對於道德語言和推理的後設理論（meta-ethics），而建構論的特色在於它訴諸「理性的直覺主義」：[31]主張由人的理性思慮──在沒有個人私利、角色、地位、歸屬、性別或年齡等考慮因素介入情況下（著名的假設「無知之幕」，"veil of ignorance"），所導出的道德概念與原則，其客觀性和真實性僅建立在「實踐理性／理由」（practical reason）的基礎上，因此是完全獨立於事實理由的。這一種訴諸理性直覺的論證，是後設的道德理論常使用的一種方法，而羅爾斯的康德式建構論是其中的一種，也被認為最具開創性。[32]

這裡的問題是，「實踐理性／理由」為完全獨立於事實理由，究竟是什麼意思？羅爾斯說，他運用康德式的建構論所得出的正義概念與原則，稱為「正義即公平」（justice as fairness），他說這是一種程序性的正義概念──或更貼切的說法，就是「正義的規則性」（justice as regularity），並且指出，這是一個涉及道德情感的理論：

31　參考Ana Marta Gonzalez, "John Rawls and the New Kantian Moral Theory," in Thom Brooks and Fabian Freyenhagen（eds.）, *The Legacy of John Rawls*, Chapter 8, Continuum（2005: 152-176）, p. 14.

32　詳見Christine M. Korsgaard, "Realism and Constructivism in Twentieth-Century Moral Philosophy", *Journal of Philosophical Research*, 28（Supplement）: 99-122（2003）, p. 105; Korsgaard, "Realism and Constructivism in 20th Century Ethics," in Korsgaard, *The Sources of Normativity*（Cambridge University Press, 1996）, Prologue and Chapter 1; Ana Marta Gonzalez（2005）, ibid., pp. 1, 13-17。

　　很清楚地，原初狀態〔original position〕是一個純粹假想
的情境。它的所有假設都不必要實際發生，儘管我們仍然
可以想像，它〔原初狀態〕所設定的限制條件如何影響原
初狀態中人們的思慮。原初狀態的構思，無意於解釋人的
行為，而僅是嘗試解釋人的道德判斷、協助解釋人何以有
正義感。正義即公平〔justice as fairness〕，是一個涉及我
們的道德情感〔moral sentiments〕的理論，如我們由反思平
衡〔reflective equilibrium〕所達到的理智判斷中所顯見的。
這樣的道德情感——在某個程度之內，被假設影響我們的
思考和行動。因此，原初狀態的構思，雖然也是行為理論
的一部分，但由它根本不會導出一種結論——即實際狀態
與原初狀態相同。由它必然導出的結論是——原初狀態的
人們所接受的原則，就是我們的道德推理與行為的必要前
提。33

　　如前面分析的建構論方法，羅爾斯的正義概念，必須僅由
其他道德概念推演而出，那麼他所根據的其他道德概念為何？
羅爾斯說，正義概念的前提，首先直接涉及的是「人的道德價
值」（moral worth of person），正義便是由此推演而來，緊接
著，關鍵的問題：「人的道德價值」是如何產生的？如果這是
源自理性直覺，那什麼又是理性直覺呢？對這關鍵的問題，羅
爾斯接著說明，原初狀態中人們接受正義原則的反思平衡，可
能需要嚴格的演繹論證，但他的推理卻是十分直覺性的：

33　Rawls 1999（1971），p. 104.

要注意的是，接受這些原則，不必與心理學的定律和可能性相互關聯。無論如何，在理想上，我想要說明人們之所以承認這些原則，是在充分描述原初狀態的情況下，人們必定會做的唯一選擇。這樣的推論，可能必須是一種嚴格的演繹論證〔deduction〕。當然，原初狀態中人們有一定的心理假設，因為許多各種假設皆與人們的信念與興趣有關。這些心理假設與其他假設，一樣都在描述這個最早的原初情境。但是，從這些假設的推論，很清楚地可以是完全演繹性的，就如政治和經濟的理論那樣。我們應該採取一種道德的幾何學，並嚴格地進行名符其實的論證。可惜我將給予的推理與此差之甚遠，因為它一直是非常直覺性的。然而，重要的是，謹記我們理想上要達到的目標。[34]

顯然，在羅爾斯的推論中，人的道德價值（moral worth）與理性直覺，彼此是相互關聯的，而且直覺接受的道德原則也是不證自明的。理性直覺接受的理由，完全獨立於事實理由，這並非指與經驗無關。事實理由，指的是人實際上做出的選擇與評價，而理性直覺所依據的經驗則是生活世界的共同體驗，與個人和社群的認同有關。因此，理性直覺當然不是空想而來，必須與經驗相結合。羅爾斯指出，在社會契約論的文化傳統中，對於人的道德價值的認知，來自社群對於自由與平等的信念。

如盧梭與康德所言，人天生是自由的，而自由的意義，就

34　Rawls 1999（1971），pp. 104-105.

在於擁有自然權利。用建構論的語彙來說，「自由」就是一個人擁有權利的內在與外在狀態，剝奪一個人的權利，就等於剝奪他作為人的存在。在羅爾斯的描述裡，有時自由與權利似乎沒有兩樣，即是出自建構論的用法。這裡所謂建構，不是無中生有的，要建構一個合理的正義理論（或權利理論），其根基必須是真實的經驗：

> 關於正義的理論，要證明〔justifies〕其構想為合理，並不是以某一既定秩序為前提，去證明其為真，它〔正義理論〕必須與我們對自我和理想的深刻理解相容，而且歷史與傳統展現在公共生活中，它〔正義理論〕就是在此所能找到的最合理的〔reasonable〕一個理論。亦即，對我們的社會生活來說，找不到比這個更好的基本理論了。（Rawls 1999〔1980〕: 306-307）

在這段引文中，羅爾斯強調真實的經驗，包括人對自我與社會生活的深刻理解。他心中的正義理論（或自然權利論），不同於任何宗教或道德教條，它必須是合理的（reasonable），即由人自己的思慮，不假外力強迫，就會找到的最好的理論。而所謂最好的，或最合理的正義理論，所指為何？羅爾斯坦言，這裡他要提出的「正義即公平」（justice as fairness），就是民主社會眾多的政治意見，均能共同接受的「最合理的」理論。也就是在這個意義下，可以說「正義即公平」是建構憲政

民主秩序的最好的理論。[35]

　　羅爾斯延續自然權利論的立場，認為「憲政民主」（constitutional democracy）的制度性設計，有一個絕對重要的特徵：即唯有透過基本權利（和基本自由）的充分保障，以保證每個公民是自由和平等的。[36]如我們在前面兩章的探討，現代自然權利論主張國家必須實現「法治」（rule of law），才能建立及維繫以人民「普遍意志」為基礎的憲政民主秩序，而「法治」的核心就是基本權利（或稱基本自由）、以及為了充分保障這些權利（自由）所需的政治結構設計——包括權力分立、權力制衡、程序正義等皆是。

　　經由上述建構論的論證，羅爾斯在《正義論》中，提出與法治相關的「自由的優先性」（the priority of liberty）概念，並且在這個主要概念之下，進一步推演出「權利的優先性」（the priority of right）及「機會的優先性」（the priority of opportunity）。關於「自由的優先性」，他說：

> 　　現在我想考察，那些在法治原則下受到保護的人權〔rights of the person〕。一如過去，我想做的並不是將這些概念〔rights〕運用到正義原則上，而是想要闡明自由的優

35　如羅爾斯所言，"The central ideas and aims of this conception I see as those of a philosophical conception for a constitutional democracy. My hope is that justice as fairness will seem reasonable and useful, even if not fully convincing, to a wide range of thoughtful political opinions and thereby express an essential part of the common core of the democratic tradition."（Rawls 1999〔1971〕, p. xi

36　Rawls, ibid., p. xii.

先性〔the priority of liberty〕的意義。我在前面說過，關於
形式正義的構想，即規律與無私的執行公共規則，而將此
用於法體系，就是法治〔the rule of law〕。有一種不正義，
是由法官和其他官僚的缺失造成的，因他們未能適用正
確的規則，抑或未能正確地解釋規則。就這個部分來說，
最清楚的情況倒不是那些極大的錯誤，如貪污和腐敗，或
如濫用法體系去懲罰政治上的異己，而毋寧是因成見和歧
視所造成的細微的扭曲，這些扭曲使法官和其他官僚在法
律程序中歧視某些群體。執行法律的規律和無私——也就
是公平，我們可以稱之為「正義的規則性」〔"justice as
regularity"〕。這個詞比「形式正義」〔"formal justice"〕來
得更貼切。（Rawls 1999〔1971〕: 206-207）[37]

---

[37] 原文為"I now wish to consider rights of the person as these are protected by
the principle of the rule of law. As before my intention is not only to relate these
notions to the principles of justice but to elucidate the sense of the priority of
liberty. I have already noted（§10）that the conception of formal justice,
the regular and impartial administration of public rules, becomes the rule of
law when applied to the legal system. One kind of unjust action is the failure
of judges and others in authority to apply the appropriate rule or to interpret it
correctly. It is more illuminating in this connection to think not of gross violations
exemlified by bribery and corruption, or the abuse of the legal system to punish
political enemies, but rather of the subtle distortions of prejudice and bias as these
effectively discriminate against certain groups in the judicial process. The regular
and impartial, and in this sense fair, administration of law we may call ‚justice
as regularity'. This is a more suggestive phrase than ‚formal justice'."——John
Rawls, *A Theory of Justice*, revised edition, 1999, pp. 206-207。

這段話指出，公平無私的法律，應適用於所有的人民，用白話來說，就是「法律之前人人平等」。羅爾斯進一步指出，「法治」與「自由」（或自由權利）的關係：

> 法治顯然與自由〔liberty〕密切相關。這一點不難理解，只要我們思考法體系的概念，以及它與正義的內在關聯性——〔法體系〕依正義的規則性須符合的規範要求。（Rawls 1999〔1971〕: 207）[38]

當法體系符合正義（意指規則性）的標準，我們稱之為「法治」，而極權不義的法律只具有形式意義，對於人民權利缺乏穩定和實質的保護，當然就不算是法治。以社會契約論為原型，羅爾斯提出原初狀態的假設，模擬社會契約的訂立和遵守，推論出建構法治的基本條件，並且精巧地導出其內容，並稱之為「正義兩原則」（two principles of justice）。羅爾斯的方法和論述十分精細，為方便說明，我將羅爾斯此一推論及主張稱為「正義論證」，它因細膩地連結了法治與自然權利的概念，而備受矚目和討論。

如前面提及，自然權利是一種道德權利，但如何使之轉化為法律權利？卻是法治難題，因為若沒有法治與公共權力為支柱，人權宣言不僅是空談，也有如一種強加於人的、粗暴的道

---

[38] "Now the rule of law is obviously closedly related to liberty. We can see this by considering the notion of a legal system and its intimate connection with the precepts definitive of justice as regularity."——John Rawls, *A Theory of Justice*, 1999, p. 207.

德主義。[39]了解法治與權利的關係之後，接著我們才可能仔細觀察、甚至評論羅爾斯提出的正義原則。

　　羅爾斯的正義論證，為避免陷於道德主義的紛爭，而另闢蹊徑。他以建構論的方法，分析人們必然自發地接受正義兩原則的理由，有兩個：（一）原初狀態中的人性使然，對於約定必然信守，因為就只有一次機會，並無退路，而與其他可能的社會結構原則比較，選擇正義兩原則為基本社會條件是最佳方案；以及（二）信守的約定可望藉由共同的遵守，使社會結構在一段時間內，維持著正義兩原則，這將使人性心理趨向穩定性（psychological stability），激發共同維護這個社會結構的心理欲望，這就是社會的正義感（sense of justice）的產生，進而自發性地接受正義兩原則。[40]

　　由這兩點分析，原初狀態中的人性並不（尚未）擁有任何道德感，每個人是基於衡量當下與未知的利害關係的考量，才選擇了「正義兩原則」為最合理的（the most reasonable）制度性的構思——可稱之為「正義的構思」（conception of justice），它最初與正義感無涉，直到日後形成的公共理性（或公共道

39　對這一點，Joseph Raz有精闢的分析，詳見Raz（2007），"Human Rights Without Foundations," University of Oxford Faculty of Law Legal Studies Research Paper Series, Working Paper No. 14/2007, March 2007；Raz（2013），"On Waldron's Critique of Raz on Human Rights," Columbia Law School Public Law & Legal Theory Working Paper Group, Paper Number 13-359（August, 2013）。相關辯論參考Jeremy Waldron, "Human Rights: A Critique of the Raz/Rawls Approach," New York University Public Law and Legal Theory Working Papers, Paper 405（2013）。

40　John Rawls 1999（1971），pp. 153-154.

德）方才將它定義為社會的正義原則——簡稱為「社會正義原則」。如羅爾斯所言，依建構論的方法，這裡要注意的是，人們對於正義的構思和選擇，僅是出於充分的理性思慮的結果，而不涉及任何道德性的評價。

更精確地說，在上述的分析中，社會正義原則僅是一個程序性的概念——而且是具有時間性的，因為它的實際內容無法預先給定，人們必須在不同的社會和文化中去找出最好的方案。因此，羅爾斯強調，正義兩原則既是程序性的，同時也是價值中立的，所以它是放諸四海皆準的、最小限度的正義構思（the minimum conception of justice）。

依建構論的方法，正義兩原則——基於上述經驗假設的兩個理由，進而由人性心理推演建構而成——僅包含原初人性所欲求的基本的自由，除此之外，並未夾帶特定的道德性的內容。羅爾斯強調，這些基本自由，構成人們追求其他利益或價值的基礎，這就是所謂「自由的優先性」。從上述思考及傾向直覺式的論證，羅爾斯首先提出了他主張的正義原則，因其內容有兩部分，因此也稱為正義兩原則，如底下的表述：[41]

（TR-1）〔正義的第一原則：平等自由原則〕

對於最廣義的基本自由，每個人應享有平等的權利，如同其他人所享有的一樣。

---

[41] 羅爾斯在《正義論》中依理論推演，先後對正義兩原則做了至少三種表述，但其內容大致相同，僅增加必要條件的補充，因此這裡的（TR-1）及（TR-2）為結合他前後表述的內容，參考Rawls 1999（1971），pp. 53, 266。

（**TR-2**）〔正義的第二原則：差異原則〕

對於社會和經濟的不平等，應安排使其符合下列兩個條件：

（**TR-2a**）符合公平儲蓄原則，以合理滿足最不利者的最大利益（**公平儲蓄原則**）；

（**TR-2b**）符合機會平等原則，使連結的各種職位和工作對所有人開放（**機會平等原則**）。

分析上述正義兩原則，有兩個問題需要釐清：（一）依照正義第一原則，每個人應享有的基本自由權利，只要符合「平等」的前提，這些基本自由的範圍仍有可能受到某種限制，而可能的限制條件為何？這個問題需要進一步釐清；以及（二）依照正義第二原則，「公平儲蓄原則」（the just savings principle）及「機會平等」（fair equality of opportunity）的意義並不清楚。因此，羅爾斯接著提出兩個優先性規則，作為補充說明：[42]

（**PR-1**）〔第一個優先性規則：自由的優先性〕

正義兩原則有先後次序，基本自由僅能為了維護自由才受限制，如下列兩個情況：

（**PR-1a**）基本自由之受限縮，必須是有助於加強所有人享有的全部自由；

42　Rawls 1999（1971）, pp. 266f..

（**PR-1b**）限制平等的自由，必須能為最不利者合理接受。

（**PR-2**）〔**第二個優先性規則：正義優先於效率及福利**〕

正義的第二原則，必須優先於效率原則及追求利益最大化原則。而機會平等又優先於公平儲蓄原則[43]（即TR-2b優先於TR-2a），如下列兩個情況：

（**PR-2a**）機會平等的限縮，必須有助於增加機會較少者所享有機會；

（**PR-2b**）超出一般範圍的儲蓄措施，必須有助於平衡和減輕加諸於支出者的負擔。

羅爾斯將上面的四種情況（PR-1a, PR-1b, PR-2a, PR-2b），描述為限制基本平等自由的特殊情況，用意在於強調實際發生原則性衝突時，必須把握原則適用的核心價值。也就是說，上述正義原則的適用順序，以TR-1為最優先，其次是TR-2b，再其次為TR-2a。以實例來說，人們享有的基本自由及權利，例如言論自由、遷徙自由、婚姻自由等，一般來說並不會影響社會追求效率及福利，因此應當得到最優先的保障。而其他的基本自由，如財產權和工作權等，因涉及對他人財產或工作機會的平等保障，必須遵守「機會平等原則」——即財產與工作職位的

---

43 羅爾斯所主張的公平儲蓄原則，其設計考量的是世代正義的問題，為此要求——社會應有一定比例的資源被合理地保留給未來世代。這個原則於今格外重要，尤其羅爾斯寫作時似乎尚未考慮稀有和自然資源的短少，以及可能發生的人口結構變化影響，不過有關公平儲蓄和世代正義的問題，超出本書所能負載，僅能留待日後探討。

獲取機會對所有人開放，才能限制個人的財產與工作自由，並且僅在滿足機會平等的前提時，才能依「公平儲蓄原則」採取增加個人負擔的財稅措施，以確保加諸於最不利者的負擔為最輕、可被合理接受。

上述的補充說明，雖然看來合理，仍不免過於簡略，在理論和實踐上都可能遭遇困難。儘管如此，就法治的正義內涵，羅爾斯導出的正義兩原則仍是現今討論和應用最廣的。由此延伸的爭議和辯論，汗牛充棟，在此無法盡數，底下在第五節，除了補充重要的相似觀點之外，將特別就分析法實證主義代表拉茲的批判論點，以及哲學詮釋學代表呂格爾的補充論點，加以探討，因這兩人代表了截然不同學派的立場，不僅著名且影響甚遠。

就羅爾斯的自然權利論立場來說，基本自由——既如人性欲求的如此根本和優先，那麼自由本身的道德意義，成了接下來羅爾斯探討的重點。為了進一步說明自由的善與好，羅爾斯在程序性的正義論證之後，再提出關於「基本善」的概念和構思，底下稱之為「基本善論證」。正義論證與基本善論證的結合，最終將指出的是：當人們自發地選擇和接受正義兩原則，依法擁有基本權利（basic rights），即可針對自己的人生計畫，得到生活基本所需、發展個人或群體的目標。

7.3. 羅爾斯的基本善論證

羅爾斯提出基本善的論證，意在指出：法治的目的正是守住「基本善」（the primary goods），基本善，也可說是我

們檢驗法治的最低道德標準。同樣如正義論證，羅爾斯依建構論的方法，首先以經驗假設的理由，以及從原初人性心理（動機），推演導出最基本的欲求目標，他稱這是「善的薄理論」（a thin theory of the good），依此論證，在不斷發展變化的社會結構裡，善的薄理論必須被守住，才能確保正義兩原則不被放棄和改變，否則人將失去對法治的信心和遵守的意願。如羅爾斯所言：

　　與目的論的理論相反，某個事物是好的〔good〕，只有當它在權利的原則〔the principles of right〕下與生活方式相符。但要建立這些原則，有必要依靠某個善的概念，因為我們必須假設原初狀態中人們的動機〔motives〕。這些假設不可以影響權利概念的優先地位〔the prior place of the concept of right〕，因為要證明正義原則，善的理論〔the theory of the good〕必須被限制在最基本的範圍內。這樣有關基本善的理論，我稱之為善的薄理論〔the thin theory of the good〕：它的目的是守住基本善〔the primary goods〕的前提，不負人們為此接受正義兩原則。當這個善的薄理論完成、可以解釋何謂基本善時，我們才能無拘無束地使用正義原則，繼續去發展我所稱的善的完整理論〔the full theory of the good〕。（Rawls 1999〔1971〕：348）

　　基本善的薄理論（the thin theory of the good），同樣是在建構論方法下進行的，羅爾斯提醒：基本善就是假設原初狀態的人性動機，如維持生命、安全和財產等自由，以及自尊和自

信。羅爾斯特別強調，基本善也包含了「正義感」（sense for justice）。[44]人們將「正義感」看作是維繫良善社會秩序的必要態度（attitude），從而發揮正義感是一個公民的品格，換言之，正義感是人人都不可少的基本善。 羅爾斯這麼說：

> 前面我已提過，一個人許下承諾，就是進入到社會實踐並接受承諾可能帶來的利益。這些利益為何？社會實踐又是如何發生作用？回答這問題，我們假設許諾的標準理由，就是為了要建立和穩固小規模的合作，或小規模的個別成本類型。這裡承諾的角色，跟霍布斯〔Thomas Hobbes〕加諸主權者的那種承諾，是相類似的。主權者透過國家有效維持刑罰的效能，如此以維持和穩固社會合作的系統，人民便能在不受強制的情況下，跟他人之間建立承諾，如此建立和穩定他們的日常作為。這種日常作為很難發動和持續。特別是在訂立合約之時，顯然要人們如此作為是十分困難的，因為總有一個人要先於他人做出承諾。因為這第一個人會認為第二個人不會承諾，所以合作就不可能進展。困難在於第二種承諾的不穩定性〔instability of the second kind〕，即使後來承諾的人可能遵守其承諾。在這樣的情境中，若要保證有人率先做出承諾，除了確保接下來他人亦必遵守承諾，別無其他可能。只有如此，才可能讓合作的雙方都獲得合作帶來的利益。承諾的實踐，確實就是為了這個目的。也因此，我們通常

44　Rawls 1999（1971），p. 305.

以為是出自道德要求而做的行為，實際上有時是我們經
過理性思慮、為求自利而加諸於自身的〔deliberately self-
imposed for our advantage〕。承諾，因此是出於公共的意圖
〔the public intention〕所為，意在制定義務，此一義務的存
在能促進個人的目的。我們希望這個義務存在，並讓大家
周知其存在，我們希望他人知道我們認知這個拘束，並有
意要服從它。當我們都為了同樣理由進入這個實踐，我們
就有義務要做到接受正義原則〔the principle of fairness〕的
承諾。如此解釋承諾（或訂立合約），可用於發動和穩固
合作的形式，如我引用皮瑞查德〔H. A. Prichard〕所言。他
的討論提出了重要的論點。我也如他一樣假設，每個人知
道，或至少理智上會相信，他人具有一種正義感〔a sense
of justice〕，並會有正常有效的欲望去實現他的誠信義務
〔his bona fide obligations〕。（Rawls 1999〔1971〕: 304-
305）

在上面這段分析中，羅爾斯不諱言地把「接受和承諾遵
守」正義原則，解釋為一種理性的自利行為，藉此賦予了正義
感〔sense of justice〕不同於以往道德理論的意義。正義感，
通常被看作是一種個人的心理狀態，或說是一種道德情感，但
羅爾斯提醒我們，具備正義感是一種能力，它的普遍存在，具
有維繫社會基本結構於不墜的作用，亦即「正義感」是每個人
為了追求平等而自願奉獻的能力，因它引導出正向的道德態度
（或稱道德能力），有益於人們追求自己的目標，所以擁有正
義感（道德能力）即屬於基本善：

〔……〕為了解釋許多社會價值〔the social values〕，我們需要一個理論來說明行動的善〔the good of activities〕，尤其當每個人基於肯定那些社會制度，而自願依正義的公共構想而行動的善〔the good of everyone's willingly acting from the public conception of justice〕。對於這些問題的思考，我們可以使用完整的善理論〔the full theory of good〕。有時候，我們會檢視正義感和道德情感的出現及作用方式；有時我們會注意到，在一個公平的社會中，集體的行動也是善的。當我們已擁有正義的構想，當然就沒有理由不去使用完整的善理論。然而，關於正義感〔the sense of justice〕是否為善的問題，此一重要提問，顯然是根據薄的善理論而提出的問題。我們想知道的是，在一個具備良善秩序的社會中，對其人民而言，擁有及維護『正義感』是否屬於善（基於薄的善定義）。當然，正義的情感若屬於善，必然是在此種情境中。也就是說，假使依照薄的善理論，擁有正義感的確屬於善，那麼具備良善秩序的社會，便能如人們期待的那樣穩固。擁有正義感〔having a sense of justice〕，不僅引導出它自身的正向道德態度，而且從理性人民的觀點來看，當他們不受正義的要求，單純只看自身處境時，也會認為這些道德態度是有益的。這樣的接合，我稱之為正義與善的一致性〔congruence〕。（Rawls 1999〔1971〕：350）

在上面這段引文中，由正義感導引出的道德態度，看來是不證自明的。用羅爾斯的話來說，這些就是理性的道德態

度。一個具備良善秩序的社會，因人們擁有正義感而得以穩定持續。羅爾斯強調，他所主張的正義兩原則，僅有基本善（包括正義感）的道德預設，其他超出基本善的道德價值仍然值得追求，甚至是有些人的重要目標，但它們不屬於正義的範疇。因此，就道德哲學的立場來說，正義兩原則採取了中間的——介於完善主義和效益主義之間（between perfectionism and utilitarianism）的立場。[45]羅爾斯以下面的結語，道出他的中間立場：

> 最後，我們應該記得正義理論的限制。它不僅把道德的許多面向放在一邊，而且也不解釋什麼是對待動物和自然界其他事物的正確行為。正義的構思只是道德觀點的一部分。我並不主張，為了賦予人們正義的義務〔to be owed duties of justice〕，我們必須假設人們必然具備正義感的能力〔the capacity for a sense of justice〕。因此看起來，對於沒有正義感能力的生物，我們無須要求他們要堅守正義。但是，由上述觀點，並不能推論出這些生物可被隨意對待。（Rawls 1999〔1971〕：448）

這裡，我們有必要了解建構論（或契約論）的正義論證，與完善主義或效益主義有何根本不同，以便能適切地評價羅爾斯的論點。[46]底下簡單的對照分析，有助於我們了解羅爾斯後來

45　Rawls 1999（1971），p. 287.

46　關於動物權及環境保護等議題，羅爾斯的正義論證與拉茲的法治論證，

遇到的挑戰。

　　如羅爾斯所言，完善主義和效益主義都屬於目的論的（teleological）道德理論。[47]依照完善主義，正義與其他道德價值相互關聯、構成一個整體，彼此並無優先順序，人生應盡可能實現道德的完善。[48]相對的，依照效益主義，正義只是所有道德價值中的一個，人生不是追求任何道德的完善，而是以避免痛苦、擁有幸福為目的。羅爾斯主張的正義原則，正好居於其間，也就是同意——人生應追求幸福，但仍要以正義為優先的道德價值，至於是否追求其他道德價值，則是更高道德善的理論所探討的，而且最重要的——即使為了實現道德的完善，我們也不應犧牲正義的價值。

　　底下這段書中結語，道出了羅爾斯肯定契約論的簡約道德觀、一心為其辯護的堅定立場：

　　　　首先，對於平等的基礎，契約論觀點很簡單，但值得強調。人們擁有正義感的最低限度能力〔the minimum capacity for the sense of justice〕，即可保障每個人的平等權利。每

不約而同都表明個人權利與其他生物的利益相容——"Rights ground requirements for action in the interest of other beings." （Raz 1986:180）；參考Brenda Almond, "Rights and justice in the environment debate," *Just Environments: Intergenerational, International and Inter-species Issues*, eds. Daivd Cooper and Joy Palmer（Routledge, 2005）, pp. 7-8。

47　Rawls, ibid..

48　依羅爾斯的分析，尼采與亞里斯多德分屬兩種完善主義，尼采代表追求極致的一派，而亞里斯多德代表的溫和派，採取訴諸人性直覺的目的論，因此受到更廣的支持；參考Rawls 1999（1971）, p. 286。

個人的權利主張，都要根據正義原則來加以評判。平等受
到支持，是基於自然的事實，而不只依賴不具實質力量
的程序規則。平等，並不預設每個人的內在價值高低，也
不預設每個人的善的構想如何相互比較。凡是能給出正義
的人，就應得到正義的對待〔are owed justice〕。（Rawls
1999〔1971〕：446）

以上的對照說明，我想已足夠呈現正義論證的特殊地位。
從自然法的研究脈絡來看，接下來重要的問題是：無論完善主
義、效益主義或契約論的中間立場，這些對於正義的分析和論
證，如何被納入現代社會的法體系和法治的理論中？而且在理
論上，自然法或自然權利的地位是否依然存在？在實踐上，自
然權利（或羅爾斯定義的基本自由）扮演什麼角色？

對於上述重要問題的思考，大致可區分為三種立場，一
邊是與羅爾斯觀點一致或相近的，例如菲尼斯、努絲邦、德沃
金等人理論，另一邊則是持相反觀點的，以拉茲為代表，這兩
派大致反映出傳統自然法學與法實證主義的對立，此外還有第
三種立場，以德萊爾與阿列克西為代表的分析自然法論，他們
從法治國原則提出的中介理論——安置命題，描述自然權利被
納入法治國體系的事實，在21世紀引起極多討論，值得深入發
掘。

羅爾斯提供了有力的理論對照，讓我們可以清楚地比較他
與其他人的觀點，更深入理解正義與法治的連結。底下簡要說
明與羅爾斯相似的觀點，接著下一章將詳述德萊爾與阿列克西
的新自然法論，以及拉茲的反對與解方。

7.4. 支持自然權利：相似觀點

英國法哲學家菲尼斯（John Finnis, 1940- ）在《自然法與
自然權利》（*Natural Law and Natural Rights*, 1980/2011）書
中，[49]提出一種新古典自然法論（the new classical natural law
theory），他所支持的自然法論與中世紀阿奎那頗近似，採取實
踐理性分析推論模式，從正義的概念分析中推導出自然權利，
因此自然權利是一種道德權利，此一推論呼應古典的法源位階
理論，他將這套實踐理性分析稱為「自然法方法」（the natural
law method），[50]並且用來對照與比較羅爾斯的正義論。以近年
法哲學辯論中出現的術語來說，菲尼斯的新古典理論可被歸為
「包容的非實證主義」（"inclusive non-positivism"），[51]因他的

49　John Finnis, *Natural Law and Natural Rights*, 2nd edition（Oxford University
　　Press, 2011）. 1st edition published 1980.

50　John Finnis（2011）, *Natural Law and Natural Rights*, ibid., p. 103.

51　參考Robert Alexy, "On the Concept and the Nature of Law," *Ratio Juris*, Vol.
　　21, No. 3（September 2008, 281-299）, p. 286。按Alexy的分析，反對法實
　　證主義的主張，可分為三種：（1）「排他的非實證主義」（exclusive non-
　　positivism）主張——違反道德的實證法，就是無效的；（2）「包容的非實
　　證主義」（inclusive non-positivism）主張——實證法若極度違反道德（極
　　端惡法），即是無效的；以及（3）「超級包容的非實證主義」（super-
　　inclusive non-positivism）主張——肯定法治底下的實證法應為有效；Alexy
　　自稱支持「包容的非實證主義」，並曾把Finnis歸為「超級包容的非實證
　　主義」，後來又改稱Finnis也屬於「包容的非實證主義」，但Finnis對這
　　三種分類不以為然，他提出細緻分析加以反駁；詳見Robert Alexy, "Some
　　Reflections on the Ideal Dimension of Law and on the Legal Philosophy of John
　　Finnis," *The American Journal of Jurisprudence*, Vol. 58, No. 2（2013）, pp.
　　97-110，以及John Finnis, "Law as Fact and as Reason for Action: A Response

自然法論兼顧法律的理想與現實層面，主張極度違反道德的實證法（極端惡法）是無效的，這一點與前面提及的羅德布魯赫立場接近。菲尼斯從正義的概念中，分析導出人跟人之間的平等尊重與對待，指出這是相互主體性的道德義務，也同時是相互主體性的權利，如底下他的分析：

　　從完全一般性的用法來說，正義的完整概念包含三個元素，並且只要具備這三個元素，正義的概念就可用於所有的情況。第一個元素可被稱為**指向他者**（*other-directedness*）：〔……〕它〔正義〕是互為主體的〔'inter-subjective'〕或人際的〔interpersonal〕。〔……〕正義的主要概念中，有第二個元素是**義務**〔*duty*〕，指應償還之**債**〔*debitum*〕或歸還屬於他人的事物，同時他人對此擁有相對的權利〔a right〕。〔……〕正義的主要概念中，包括第三個元素，可稱之為**平等**〔*equality*〕。比起前兩個元素，它〔平等〕顯然更是一種類比的意義：也就是說，它〔平等〕可以用在十分多樣的方式。例如，有2＝2這種「算數的」平等〔the 'arithmetical' equality〕，也有1：1＝2：2或3

to Robert Alexy on Law's 'Ideal Dimension'," *The American Journal of Jurisprudence*, Vol. 59, No. 1（2014），pp. 85-109。近年Alexy、Finnis、Raz等法哲學家的熱烈辯論，帶動法律與實踐推理方法研究，像鄧衍森教授認為，當代自然法論代表John Finnis主張的「自然法理論，無非是一種用好理由做選擇與行為的理論」，參考鄧衍森，〈自然法學理論〉，《法理學》，鄧衍森、陳清秀等主編（台北：元照出版社，2020），第十章，頁282。

: 2 = 6 : 4這種「幾何的」平等〔the 'geometrical' equality〕
〔……〕。我想要的正義的概念，必須是足夠精確的，才
能進行實踐合理性〔practical reasonableness〕的分析，而
且為符合古典及常見的實踐理性分析，此一正義概念的涵
蓋範圍也必須夠廣。因此，我的正義理論不會（像羅爾斯
那樣）只限於「社會的基本制度」〔the "basic institutions
of society"〕。它〔我的正義理論〕也不會（像亞里斯多
德傾向於限制其理論）僅局限於政治社群中成熟和自由
平等者之間的關係。在我的理論中，父母對待子女的方
式，也可能是不義的。我所解釋的正義的條件，也不會
（像哈特的理論那樣）限於「等者等之，不等者不等之」
原則〔the principle "Treat like cases alike and different cases
differently"〕的意涵。我的理論包括──對於人與人之間應
如何相待的判斷原則（或一個人應受怎樣對待的權利），
不論他人是否接受相同對待；依我的用法，在**任何**情況下
〔in *all* cases〕一律禁止刑求的原則，就是一個正義的原
則」〔a principle of justice〕。最後，不待多言，它〔我的
理論〕也不會局限於（像羅爾斯所設想的）那樣理想的社
會條件──〔在那種理想條件下〕每個人都完全接受正義
的原則與制度。所以，我的理論中包括有關戰爭、懲罰、
面對不義法律之公民義務等主張，以及包括社會崩解和個
人抵抗的其他情況。[52]（Finnis 2011:161-164）

52　參考John Finnis（2011），*Natural Law and Natural Right*, ibid., pp. 161-164。
　　引文中的斜體字型，為原文所有。

　　菲尼斯在上述引文中，提出廣義的正義的概念，使其涵蓋所有關於人際關係的原則，不論社會或個人處於何種狀態，為實踐正義，必須將人與人之間的平等對待和尊重，視為每個人擁有的自然權利，也因此，他在《自然法與自然權利》書中，進而提到統治者一樣受自然法與自然權利的拘束：「糟糕的人做出的壞的統治，從此一事實並不能推出，統治權力不是源於自然法。」[53]（Finnis 2011: 251）

　　此外，關於自然法與正義的理論，近年以美國女性主義哲學家努絲邦（Martha C. Nussbaum, 1947- ）的名作《正義最前線》（*Frontiers of Justice*, 2007），[54]最足以代表承接羅爾斯正義論的新一代自然權利論，她說自己站在社會契約論的基礎上，如羅爾斯一樣，取過去理論的優點，指出其不足之處，然後再提出補充式的自然權利論。努絲邦認為，過去社會契約論忽略了跨國人民、動物及身心障礙者等三者的權利，因此她一方面支持羅爾斯的正義原則與基本善論證，另一方面透過「能力」（"capabilities"）的概念來補充「權利」（"rights"）的不足。[55]在2016年新作《憤怒與寬恕》（*Anger and Forgiveness*, 2016）中，努絲邦延續「能力取徑」（capabilities approach）與自然權利論，並做了底下相關的補述：

53　Martha C. Nussbaum, *Anger and Forgiveness. Resentment, Generosity, Justice*（Oxford University Press, 2016），pp. 173-174.

54　Martha C. Nussbaum, *Frontiers of Justice: Disability, Nationality, Species Membership*（Harvard University Press, 2007）.

55　M. C. Nussbaum（2007），ibid., pp. 23-25.

〔……〕如我探討政治正義〔political justice〕的其他
著作，這裡我同樣認為，一個最小限度的正義的社會，應
符合一個主要的必要條件，即社會保障一套基本的人類
機會或能力〔"capabilities"〕，並使其達到一個適當的起
始標準。這些基本能力是多元的，而且每一種基本能力
均有內在性價值〔intrinsic value〕，〔這些能力的內在性
價值〕獨立於它們所能創造的其他益品〔goods〕。一個
社會若為了繁榮或經濟成長，而忽視這些基本能力，這
樣的社會就不可能達到最小限度的正義。〔……〕我同
意羅爾斯的看法，亦即我們必須能夠提出政治構想〔the
political conception〕，而且不是以一種概全的理論教條，
面對公民各持眾多合理的、卻彼此歧異的理論教條時，它
〔政治構想〕要能展現對這所有公民的平等尊重〔equal
respect〕。[56]（Nussbaum 2016: 173-174）

除了菲尼斯的新古典自然法論，以及努絲邦的政治自由主
義（包含女性主義）之外，還有近年在台灣常被討論的平等主
義論者，例如已故美國法哲學家德沃金（Ronald Dworkin, 1931-
2013），也有類似支持自然權利論的觀點。德沃金在《至高的
美德：平等的理論與實踐》（*Sovereign Virtue: The Theory and
Practice of Equality*, 2000）一書序言中提到：

---

[56] Martha C. Nussbaum, *Anger and Forgiveness. Resentment, Generosity, Justice*
（Oxford University Press, 2016）, pp. 173-174.

　　我們可以不顧平等嗎？任何一個政府，統治所有公民並
得到他們授予的權力，如果這政府對於所有公民的命運，
卻沒有給予平等的照顧，此一政府便沒有正當性。平等照
顧〔equal concern〕是政治社群的至高美德——沒有這個
美德，政府就只是暴政——當一個國家的財富分配非常不
平等時，如一些很富有的國家所為，其政府是否做到平等
照顧，就顯得很可疑。因為財富分配是法律秩序的結果：
一個公民的財富幾乎完全受制於社群所施行的法律——不
只是治理財產權的法律，或關於竊盜、契約、侵權行為的
法律，還包括福利法、稅法、勞動法、民權法、環境規制
法，以及實際上所有其他的法律。（Dworkin 2000: 1）[57]

　　這段文字顯示，德沃金認為政府應實現對人民的「平等
照顧」，否則其統治就不具備正當性。他在全書鋪陳「資源平

57　原文為"Can we turn our backs on equality? No government is legitimate that
does not show equal concern for the fate of all those citizens over whom it
claims dominion and from whom it claims allegiance. Equal concern is the
sovereign virtue of political community —— without it government is only
tyranny —— and when a nation's wealth is very unequally distributed, as the
wealth of even very prosperous nations now is, then ist equal concern is suspect.
For the distribution of wealth is the product of a legal order: a citizen's wealth
massively depends on which laws his community has enacted —— not only its
laws governing ownership, theft, contract, and tort, but its welfare law, tax law,
labor law, civil rights law, environmental regulation law, and laws of practically
everything else."——Ronald Dworkin, *Sovereign Virtue: The Theory and
Practice of Equality*（Cambridge, Massachusetts: Harvard University Press,
2000），p. 1。

等」（equality of resources）的理論和實踐方式，同時反對羅爾斯所代表的社會契約論及道德哲學。由於德沃金一貫的寫作風格，完全重在呈現他自己的觀點，即使書中提到頗多前人的論點或概念，他也幾乎從不加註引用，以至於他的理論看來獨樹一格，很難與其他理論進行對話。然而，我們循著自然法論的脈絡，其實不難看出，德沃金認為統治者是否具有「正當性」，繫於統治所依據的「法律」是否符合平等的要求，而且在這個意義下，「平等」可說是政治社群（國家）的至高美德。

德沃金特別強調，他所關注的主要是「自由」（liberty），而非「權利」（right），並且反對羅爾斯所主張的「權利的優先性」。不過，如前所述，羅爾斯並未嚴格區分權利與自由的概念，因此德沃金的批評令人感到詫異。德沃金主張公民皆應享有平等的「自由」，但這裡所謂的自由，如果不蘊含「權利」的概念——如社會契約論者（羅爾斯）主張的「自由」意指權利保障的狀態，那麼在理論上，德沃金似乎難以說明：自由指的是什麼樣的一種狀態？簡言之，沒有權利的話，何來自由？[58]

權利是資源取得的必要條件，甚至基於德沃金的倫理學個人主義立場，個人需求和喜好僅由個人定義，因此每個人應得到分配的資源，並沒有以特定的財富或質量為標準，這使得「資源平等」在實際上與「權利平等」似乎無異——即所有人

---

[58] 德沃金對羅爾斯的建構論方法有所批評，方法上的歧見，似乎與建構論對主體性的分析有關，詳見Ronald Dworkin 2013（1977），ibid., pp. 158-162。

皆享有請求一定資源分配的權利。[59]

　　德沃金和努絲邦等人的理論，都具有一個共同的特徵，即強調個人的「平等自由」是社會追求的至高美德。從這章的討論中，無論羅爾斯的正義論，或是德沃金的資源平等論，都共同對抗著效益主義。但值得注意的是，羅爾斯不只反對邊沁以來的效益主義，他同時要對抗道德完善主義（perfectionism），而其他支持自然權利的自由主義者，包括德沃金和納斯邦等人，卻或多或少包容、甚或支持完善主義。

　　致力研究自然法論的美國政治哲學家沃爾夫（Christopher Wolfe）就分析指出，德沃金的理論屬於一種自由的家長主義（liberal paternalism），與米爾（John Stuart Mill, 1806-1873）在《論自由》（On Liberty）一書中的自由主義觀點十分接近，都對何謂值得追求的幸福人生（a good life），提出一定的構想。[60]而羅爾斯與他人不同點在於，他的自由主義是堅持價值中立的，因此排除所有宗教和道德觀點，因而又被稱為自由的排除主義（liberal exclusionism），或簡稱政治自由主義（political liberalism）。[61]站在社會契約論的觀點，羅爾斯堅決反對任何完善主義（antiperfectionist），也因此他的正義論被視為當代自由主義的代表，自是當之無愧。

59　德沃金早期研究邊沁對自然權利論的批判，他認為個人權利（individual rights）具有分配資源的特性，參考Ronald Dworkin 2013（1977），introduction, pp. vii-ix, pp. 90-91。

60　參考Christopher Wolfe, *Natural Law Liberalism*（Cambridge University Press, 2006）, p. 58。

61　參考Wolfe, ibid., p. 9。

7.5. 回應自然權利：社群主義的正義觀點

　　羅爾斯的正義論，得到好評共鳴，同時也激起批判的聲浪，最著名的大概就是以Alasdair MacIntyre（1929-）、Michael L. Walzer（1935-）、Michael Sandel（1953-）等人代表的社群主義的回應。所謂社群主義（communitarianism），只是一個外加的、籠統的標籤，他們各自的理論不同，因都反對羅爾斯代表的自由主義，並強調社群與個人的價值同等重要，而被劃歸為同一陣營。

　　如上兩節的探討，羅爾斯的正義論，延續盧梭的社會契約論，他指出的基本善，運用了康德式的建構論方法，而社群主義代表的反方，則認為羅爾斯預設個人主義的立場，因而引爆究竟「何謂正義」的辯論。

　　社群主義主要是一個政治哲學的說法，指反對羅爾斯《正義論》的上述幾位（甚至包括第六章已提及的Charles Taylor）等人，所代表的一種反個人主義倫理學的立場，他們的自然法概念是反個人主義與自由主義的：主張人的「自然」是較接近古典自然法的社會本性，而不是如盧梭所強調的孤獨與獨立。從而，所謂個人的理性與情感，也應從社會制度及文化傳統加以解釋，由如此不同的人性論預設，社群主義導出「善」（the good）概念比「自由」（liberty）概念更優先，亦即個人追求善是為了真正自由（freedom）。

　　底下第八章將深入分析，不同的自然法觀點，如何具體呈現於當代關於法治與自然權利的討論，其中拉茲的法治論證強調個人「自主性」與自由一樣重要，似乎調和了自由主義與

反方爭議，至少在大多數議題上，或許兩方（例如拉茲與羅爾斯）的結論並無二致，但分析策略的不同，就充分表現於兩方對「主體性」有截然不同看法。在進入當今新的討論脈絡前，有必要先了解社群主義引起的辯論及影響。

首先，Alasdair MacIntyre早年受馬克思主義影響，十分博學，專研科學方法論，亦研究倫理學的發展，曾於1966年發表《倫理學簡史》（*A Short History of Ethics*），其中對康德倫理學提出嚴厲批判：指康德代表「規則倫理學」、「嚴格主義」、「形式主義」及「對人類理性的貧乏概念」。儘管不少學者指出MacIntyre誤讀康德，但他反對現代理性化的尖銳立場不變，並於1981年發表《德性之後》（*After Virtue*），一方面繼續批判現代理性，另一方面則是回應羅爾斯的正義論。[62]按MacIntyre的看法，啟蒙的主體性是一種失敗的實驗，立意雖宏大，卻實際不可行，理由是個人理性並不具有權威性，導致誰也無法說服誰，民主法治不能達到設定的理想。他主張回到亞里斯多德的倫理學，重視共同善與德性。[63]

接著，1982年Michael Sandel發表《自由主義與正義的限制》（*Liberalism and the Limits of Justice*），[64]主要批評羅爾斯

---

62 參考Alasdair MacIntyre, *After Virtue. A Study in Moral Theory*, first published 1981, 3rd. edition（University of Notre Dame Press, 2007）.

63 Alasdair MacIntyre對康德倫理學的主要批評，也反映於他對羅爾斯的意見，已有好幾位學者指出MacIntyre誤解或粗糙地閱讀康德，相關研究參考李明輝（2016），pp. 236-237。

64 Michael Sandel, *Liberalism and the Limits of Justice*（Cambridge University Press, 1998）. First published in 1982.

預設了無知之幕，認為這是一個與真實情況完全不符的假設，為正義論證而設計的「無知之幕」，應該設想較少的限制條件，否則如何實際運用？又如何能推論出（現實中被接受的）道德性的正義原則？羅爾斯後來接受這項論點，又另提出交疊共識（overlapping consensus）的構想，以補充正義論證的前提——把預設的無知之幕，換成現實版的溝通及理性共識，但不影響結論一樣能達成正義及基本善。[65]

　　羅爾斯的補充，還是頗為理論性的，現實中人們的利益是分歧與複雜的，如何奢望達成共識去實現正義？1983年Michael Walzel發表《正義的場域》（*Spheres of Justice*），[66]他一反理論的敘述，不從假設及原則著手，而是以藝術性的手法「描寫」（portrait）多元論及「複雜的平等」（complex equality），並特意使用羅爾斯的概念語言，與他進行理論對話。Walzer指出羅爾斯的正義與基本善是建立在薄的（thin）道德基礎上，他則主張厚的（thick）道德基礎，將正義的分配原則落實於社會各個階層領域。因為社會並不只有單一場域，事實上有許多不同的分配場域（distributive spheres），它們分配的益品各異（different goods），分配正義應當使每個人在所處的領域，並視其年齡、經濟地位、活動空間和需求等不同情況，各有應平等獲得的分配，如受教育的權利、有合宜的住宅等等。

　　如果按照羅爾斯的程序性正義，將只能一般性地分配資源

65　John Rawls, "The Idea of an Overlapping Consensus," *Oxford Journal of Legal Studies*, Vol. 7, No. 1（Spring, 1987: 1-25）.

66　Michael Walzer, *Spheres of Justice. A Defense of Pluralism and Equality*（Basic Books, 1983）.

與權利，但其他實質的分配則只能靠個人去爭取，Walzer主張的社會正義，要使這種爭取有機會實現，如此才可能改變社會不平等的結構。換言之，所謂複雜的平等，是對正義原則的補充，以滿足多元社會中需要的平等。Walzer認為，該合理分配的不只是物質，還包括抽象的益品（abstract goods）——權利（rights）及角色特徵（characteristics）。Walzer的分配正義理論頗有創見，有學者還指出，他的觀點促成馬來西亞的高等教育、美國社會住宅、薩爾瓦多的兒童權，以及醫療研究受試者權益、保護隱私資訊、警務人員通報戰略、破產債權人順序等制度設計。[67]

　　社群主義的正義觀點，指出個人所要求的正義，若被定義為個人權利的實現，則似乎只是一種消極的或片段的正義，在理論與實踐上，將忽略正義應及於每一個社會的場域，以及人們有共同福祉，而非僅關注個人福祉。在方法上，社群主義認為分配正義需要去「解釋」善或益品為何，而不是單純地「描述」它們（interprete not describe），這點反映在MacIntyre的主張上，他認為現代人面臨的危機，是一種現代主體哲學的後果，亦即承認每個人都是獨立的主體，就沒有誰願意聽誰的，也沒有標準可循，他認為這是現代以後倫理學消失的後果，因而主張回歸亞里斯多德的倫理學，重新思考個人的完善性，以及分配正義的意涵。

67　參考Richard Lang and Mark Bell, "Michael Walzer and Complex Equality," *Complex Equality and the Court of Justice of the European Union*（Brill, 2018: 22-45）, pp. 22-23。

　　以上不僅涉及羅爾斯的正義論，也有對現代權利主體概念的反思，需要特別注意的是，前面分析自然權利論，對於主體的明證性（權利主體的感性關係），確實是個人的（個別的主體），這點應無爭議。在方法上，美學的主體性分析，也能對社群集體性假設，提供證明（與否證）的效果。設想特定集體或文化的同一性、身分認同（identity）、特殊語言保護等攸關正義的問題，均涉及人的自然本性為何，其推論與「主體明證性」亦有關。近年主體詮釋學（the hermeneutics of subject）對這層感性關係，借助較新的精神分析與認知科學等研究，發現更細膩的分析與描述，更強化美學方法的運用。不過這些延伸的主題，有待未來研究。

　　從這一章分析，羅爾斯的正義論所引發的辯論，可再追蹤探討，但看來不影響他重探自然權利論、使其轉化為正義論證的成就。接續下來新世代的自然法與實證法研究，嫻熟運用分析法理學，調和正反意見，一方面呼應（或反對）羅爾斯，另一方面走出新方向，提出安置命題及法治論證。

　　回顧邊沁針對自然權利，曾提出的兩大難題，在上述羅爾斯的《正義論》中，似乎有了初步解方。一方面，羅爾斯運用正義論證，將自然權利的概念及內涵，轉化為「基本自由」，避開了自然權利在用語上造成的疑難，回應了意義難題；而另一方面，羅爾斯運用了基本善論證，維持法治守住最低的道德標準，使程序性正義原則得以穩定和運作，回應了法治難題。

　　透過羅爾斯的細緻理論，上述邊沁問題是否獲得解決？自然權利論證，是否因被轉化成正義及基本善兩項論證，而增加了說服力？從羅爾斯發表《正義論》之後，正義理論廣泛地取

代自然權利論，成為法哲學和道德哲學探討的主題，無論反對或贊成法實證主義者，極少再以自然法或自然權利的概念發表辯論，而改以法治和正義的概念為辯論焦點，大致可見答案是肯定的。

第八章

法治與自然權利

8.1. 容納自然權利：法治與安置命題

1970年代至今，有關法治和正義理論的研究，在羅爾斯開
先鋒之後，許多道德哲學家跟進。此外，在法哲學家之間，還
出現一支與康德哲學親近的「新自然權利論」，在眾多代表學
者中，德國法哲學家德萊爾（Ralf Dreier, 1931-2018）最早提出
「安置命題」與「抵抗權論證」，融合自然法論與分析法實證
主義的主張，因此影響深遠。德萊爾在1981年出版《法律—道
德—意識形態》（*Recht-Moral-Ideologie*）書中，針對當時法理
論與法哲學的矛盾，首先提出法理論與法哲學的整合觀點，並
指出法理論應發展有益於「法治」的法規範理論，而不能陷在
對於法律概念的辯論，以致忽略法理論負有實踐的意義，德萊
爾此說可稱為「法治的實益」觀點。

首先，德萊爾在1980年〈法律與道德〉[1]一文中，針對長久
以來學者爭議法律與道德的關係，提出一個歸納性的觀察和總

1　原文收於Dreier（1981），S. 180-216。

結：

> 針對法律和道德的關係，所提出的問題，有許多不同
> 表述和回答的方式。其中最常見及最寬廣的問法，針對
> 的是實然的法律──即實證法〔das Recht des positiven
> Rechts〕，與根據道德或正義原則的應然的法律──即傳
> 統自然法及（或）理性法〔das Recht des Natur- und/oder
> Vernunftrechts〕，這兩者之間的關係。（Dreier 1981: 180）

這裡如德萊爾所言，法律與道德的關係，可被表述為──
實證法與自然法之間的關係，這是最常見及最寬廣的一種理
解，可以回溯到前面第三章至第六章探討的自然法論。依照近
代和現代自然法論，法律源自人類的道德理性，凡是背離道德
理性的制定法，只是實然的法律，因此在概念上區別實然的法
律（實證法）與應然的法律（自然法／理性法）。根據這個概
念區分，德萊爾分析法律與道德的問題，可分成兩個問法：
（一）描述性的提問──在立法、行政和司法過程中，實際上
制定、執行與適用法律受到哪些道德原則的影響？以及（二）
規範性的提問──實證法應該受哪些道德原則的約束？

　　仔細分析上述兩種提問，我們將觀察到，人們很難得到共
同的答案。德萊爾認為，這是因為我們所使用的道德的概念，
其實相當模糊。例如，法律上的信賴保護原則，也算是一種道
德原則嗎？又如平等原則，到底是法律原則？還是道德原則？
抑或兩者皆是？法學方法上的利益與價值衡量，也有同樣的問
題。

　　為了釐清法律與道德的概念，德萊爾提出一個特殊的概念分析法：藉由「服從的義務」（Gehorsamspflicht）存在與否，來區分法律與道德；當我們精確地使用「服從的義務」一詞，將發現道德或許帶給人壓力或支持，但它本身並無強制力，人們亦無服從道德的義務；[2]另一方面，實證法雖有強制力，但這也不必然指出「人民有服從實證法的義務」——正確使用「服從的義務」一詞，必須以實證法的效力為前提，亦即「法效力」是法律規範性的必要條件。換言之，唯有具備效力的實證法，方才具有規範性。而從實證法為有效的前提，雖不必然推導出人民有服從的義務，但我們對於民主法治國的法律，通常會傾向假設「服從的義務」是存在的，除非有明顯強烈的反對理由。

　　德萊爾指出，在民主法治國的法體系內，當我們需要判斷一項實證法有效與否，以及人民有無服從的義務，這時實證法與道德之間的關係，才真正顯現出來。

　　這個分析著重於二戰之後發展的法治國理論，凸顯「法治的實益」表現在——法治國的法律組成一個體系上完備和正當的整體，人民參與和共同實踐法治國的法治秩序，使得實證法本身的規範效力，平常毋庸置疑。

　　然而，在法治國的法體系內，仍可能出現某些極端的情況，致使人民無法容忍實證法的惡劣程度，如納粹惡法的不義，超出了常人所能容忍的程度，依照自然法論的觀點，此種

2　依照我們一般的理解，道德的價值是多元的，人民對於道德原則並無服從的義務。

極端惡法即不具有規範效力。但如此一來，實際上將產生三種情況及問題：（一）人民仍然服從和踐行極惡的實證法，如何判斷這些踐行的合法性及道德正當性？（二）人民可能消極地不服從極惡的實證法，此即一般所稱的公民不服從，如何判斷公民不服從的合法性及道德正當性？（三）人民也可能採取積極反抗的行動，以遏止惡法，人民可否因此主張抵抗權？如何判斷抵抗的合法性及道德正當性？

　　針對上述第一種情況，無論自然法論者或反自然法論者，都同意──法治國的法體系是一個建立在憲法基礎上的法秩序，根據法治國的憲法原則，我們可以判斷極惡的法律不僅明顯違反常人的道德觀，也同時違反憲法的核心價值──憲法所保障的基本權利，因而並不具有合憲性及合法性。例如，國會若通過一項法律，允許（甚或命令）監獄和醫院合作摘取活人的器官，此一法律因明顯違反憲法的人權保障，可能被宣告為無效；即使未被宣告為無效或被廢止，它也僅是形式上合法而已，並無實質合法性。因此，服從和踐行如此惡法的人，無論在法律或道德上，都不能避免被追究責難，包括政府亦然，任何國家政府採行如此惡法至侵犯人權的地步，同樣要受到國際人權法的約束及制裁，這也是二戰後至今國際人權法的實踐成果。

　　出於法治的實益，我們根據憲法及一般法律，就能對上述情況進行判斷，由於法治國理論漸趨完備，人民普遍服從憲法和法律的權威，在法律解釋的框架內，分析法實證主義者也同意上述見解。相對的，上述第二種及第三種情況，則屬於違反實證法的行動，自然法論者與實證主義者對此的見解，大為分

歧。對於公民不服從及抵抗權是否合法或正當，分別有肯定及否定的立場，其差異在於支持或反對自然法的法律效力。

德萊爾分析「法治的實益」，指出法治國的法體系將自然法（或自然權利）納入實證法中，並且提出法治國的法律概念，強調從法律的內容是否正確？以及是否適當？作為我們判斷法律的依據，即著名的「正確性命題」（correctness thesis，簡稱CT）及「適當性命題」（adequateness thesis，簡稱AT）。德萊爾和他的學生阿列克西（Robert Alexy, 1945- ）接續發展了基本權理論，延續反對剛性法實證主義的立場，並且闡述「安置命題」（Inkorporationsthese, incorporation-thesis，簡稱IT），說明法治結構下的程序性正義原則，如何將「自然權利」再細緻化為實際可操作的「法律權利論證」，確保最低限度的自然法，在憲法秩序中有一立足之地。3

3　王鵬翔分析Robert Alexy提出安置命題的背景，並未提及Ralf Dreier與康德哲學對Alexy理論的影響，而僅描述德沃金的原則理論及反法實證主義者的論述脈絡，因此對安置命題的描述和評論似乎有所局限。筆者認為，王鵬翔主張「〔……〕要證成反法實證主義的聯結命題，也不須訴諸安置命題」，並以此反對安置命題，是出於他對安置命題的狹義解讀──把它視為（邏輯上）用來證立聯結命題的理由，因為如本章分析的，Dreier最初提出安置命題的目的，與Rawls相類似，都是在回應邊沁式的質疑──即回應自然權利論遭遇的意義難題和法治難題，至於因而證明了法律與道德在概念上的聯結，這只是其理論的附帶結果；比較王鵬翔（2010），同上，頁152。我認為，從邏輯來看，安置命題並不必然要接受聯結命題，甚至Dreier可能比Alexy更傾向接受羅爾斯的建構論式的法治理論，亦即接受在概念上嚴格區分法律與道德，接納法實證主義的論證，同時強化法治與「自然權利」的內在關連性，亦即將後者「安置」於前者的法律原則及規則之中，克服自然權利論所受的質疑，安置命題的特殊意義即在於此。

　　正確性命題和適當性命題，意在指出法律不是單純的概念，它同時也是實踐的規範，法官必須依法判決，因此法律概念與法效力是彼此關聯的，我們需要的是一個對於「法治」來說，適當且正確的法律概念。而如我們所見，當一個法體系發展到粗具形態時，必然會開始把一些原則——包括自然法或理性法的原則，納入實證法之中，這就是著名的「安置命題」。這三個命題有推論的相關性，如底下表述：4

　　（**CT**）：（**正確性命題**）法治國的法律，其特徵是內容必須正確。

　　（**AT**）：（**適當性命題**）法治國的法律，其特徵是適用於個案時必須適當。

　　（**IT**）：（**安置命題**）法治國的法律，其特徵是將道德、正義或理性法的原則納入實證法中。5

4　底下命題的原文闡述詳見Ralf Dreier, *Recht-Moral-Ideologie. Studien zur Rechtstheorie*（Frankfurt/M.: Suhrkamp, 1981），1. Aufl., S. 193ff.; Robert Alexy, *Theorie der Grundrechte*（Frankfurt/M.: Suhrkamp, 1986），1. Aufl., S. 71ff.。關於Dreier與Alexy提出的安置命題，以及它與羅爾斯、德沃金和哈伯馬斯等人的理論比較，參考Hasso Hofmann, "The Development of German-Language. Legal Philosophy and Legal Theory in the Second Half of the 20th Century," in Enrico Pattaro, Corrado Roversi（eds.）, *A Treatise of Legal Philosophy and General Jurisprudence. Volume 12: Legal Philosophy in the Twentieth Century: The Civil Law World*（Springer, 2016），pp. 340f.。

5　引用和摘錄自德萊爾的原文："Das Problem tritt aber auch in Rechtsstaaten auf, und es stellt sich in ihnen anders, weil und soweit dem positiven Recht in

依照法治國的理論，法律制定和適用都必須符合（**CT**）及
（**AT**）的要求，否則就不具備實質的法律效力。再加上（**IT**）
安置命題，法治國的實證法與自然法（理性法）不僅在理念上
不衝突——都強調法治與正義的關聯，而且實際上實證法體系
更容納了自然權利——亦即在概念上，發展出「法律原則」
和「道德原則」相互詮釋的可能性。例如，傳統的自然法原
則——「契約必須被遵守」（pacta sunt servanda），[6]不僅為
法律原則，它本身也是事關承諾的道德原則，又如現代法治國
憲法均保障人民有各項基本權利，相關的道德原則如「人性尊
嚴」和「良心自由」等均深深影響了基本權利的理論。因此，
德萊爾說：

　　〔……〕法律與道德之間的衝突，既是（或可被表述
　　為）道德問題，它同時也是法律問題。就道德問題而言，
　　它使每個當事人在做決定時，必須根據道德良知的理由。
　　而就法律問題而言，它有雙重意義：第一，針對個別的判
　　決，或者更精確地說——針對做成判決的行動，要求其合
　　法性，亦即在法院審理過程中，判決必須根據法律理由；

---

ihnen Moral- und Gerechtigkeits- bzw. Vernunftrechtsprinzipien inkorporiert sind. Das Grundgesetz der Bundesrepublik weist eine solche Inkorporation vor allem in den Art. 1-20 auf. Der rechtsstaatliche Rechtsbegriff ist insofern bereits von Verfassungs wegen durch rechtsethische Prinzipien definiert und damit evaluativ offen." Dreier（1981）, S. 193.

6　傳統自然法論舉出的自然法，大多都已被納入實證體系，參照本書第二
　　章古代及近代自然法論。

第二，在法律爭議中，判決受下列見解的影響——道德
原則是否（以及在何種意義下）可被證明為法律原則。
〔……〕（Dreier 1981: 193）

源於自然法或理性法的道德原則，在法治國的憲法中被納
為法律原則，因此，當我們思考上述的法律道德問題時，有了
底下的判斷方法：

〔……〕要再次提醒的是，民主的憲法國家理論，是
一個同時主張實質正義與程序正義的理論。在一個具體國
家的法律和憲法秩序中，實現此一理論，正是為了在國家
實證法中建立制度和程序，使其發揮對抗不義的最大可能
性。我們相信：在德國，當一項制定法或法定狀態被認為
是不義的，此時沒有人需要援引超制定法之法。他可以嘗
試把自己的信念，換作如下的表達：質疑那個制定法或法
定狀態，根本是違憲的。當然這不表示，他的主張必定可
以貫徹。前面提過的原則，例如自由原則和平等原則，
或如法治國原則和社會國原則（德國基本法第20條、第28
條），都有許多解釋的可能性，而且〔這些原則〕它們也
彼此處於緊張的關係。對於這些原則的解釋和平衡，就是
為權利而奮鬥〔im Kampf ums Recht〕的過程中，所使用的
法律工具與法律形式。（Dreier 1991: 36-37）

在法治國的實證法體系中，自由原則和平等原則，以及這
些原則所保障的基本權利，都被納入法律解釋和適用的範圍，

因此德萊爾指出，法治國的法律原則，不僅包含程序性的正義
原則——如羅爾斯所主張的，此外還包含了實質的正義原則，
所謂實質的正義原則，就是由這些源自理性法的「法律原則」
（Rechtsprinzipien, principles of law）所組成的。

　　根據安置命題，以及如上的分析，德萊爾認為，法實證主
義的法律概念過於寬廣，未能清楚辨識法律的性質。為了講求
法治的實益，不如採取較狹義的法律概念，將極端違反道德的
「形式法律」，加以區隔，更能分辨法治實踐中需要的「實質
法律」。簡言之，就法治的實益來說，法治國原則所指的「法
律」，應是一種重視形式、但不受限於形式的實質法律的概
念，他說：

　　〔……〕哈特的論點值得更仔細的考察。在他的《法律
　　的概念》（1961）書中，哈特探討了羅德布魯赫公式〔die
　　Radbruchsche Formel〕及下列問題——使用廣義的或狹義的
　　法律的概念，何者更符合目的？廣義的法律概念，指的是
　　實證主義的法律概念，其定義是根據底下的命題——法律
　　和道德之間並無必然的關聯。狹義的法律概念，則是指依
　　法律道德而修正的法律概念，根據此一狹義概念，若一項
　　規範在道德上是可議的，它便失去法律的性質。哈特贊同
　　實證主義的法律概念，並且得出三種主要的支持論點——
　　一種是關於學科的論點，其次是關於道德教育的論點，以
　　及第三種關於語言概念的論點。〔……〕第一種〔關於學
　　科的〕論點，無法令人信服。我們可以如此反駁：以法律
　　道德加以修正的法律概念，恰好可以激勵法學，重新將實

證法的道德證立問題〔Probleme der ethischen Rechtfertigung des positiven Rechts〕帶入研究領域，原來把這個問題逐出研究領域的，正是法學的實證主義。〔……〕就第二種〔關於道德教育的〕論點來說，從德國的經驗確實學到教訓，由於法學的實證主義，使法律道德問題被排除於法學課程之外，如此或多或少造成法學者面對相關疑難時，欠缺問題意識。〔……〕〔但是即使如此，針對第二種論點〕由下列事實就可加以反駁──傾向自然法和法形上學的法學家們，明白指出那些為極權主義鋪路的反理性主義浪潮。〔……〕（Dreier 1981: 191-192）

除了二戰結束前納粹惡法的前鑑，1990年代冷戰結束後至今，還有各地新興民主法治國家，多數仍未擺脫威權時期惡法的陰影或影響，為了防止法西斯和威權統治再度重演，法治與正義的連結及思考，重要性有增無減。

當代知名的分析法實證主義代表拉茲，就認為「法治」的主要功能是維護個人「自由」，但我們不能忘記，法治僅是個人實現「自由」的條件之一，人生的幸福和自由，有一部分由個人自主掌握，其他部分與社會組織及文化有關，當我們談論法治時，不要忘記法治的目的是──拘束和克制政府權力，[7]而不在於解決嚴肅的法律道德問題。於是，他試圖提出另一種

---

7   Joseph Raz, "The Law's Own Virtue," *Oxford Journal of Legal Studies*, Vol. 39, Issue 1（Spring, 2019: 1-15）, p. 6. https://doi.org/10.1093/ojls/gqy041. （原文出自Raz, "The Law's Own Virtue," Tang Prize Lecture〔Taiwan〕, revised version, 2018）.

法治論證，除了回應安置命題，更要釐清在法治國的憲法秩序中，究竟什麼是自然權利。

8.2. 拉茲的法治論證

　　對於安置命題的回應和批評，主要見於拉茲（Joseph Raz, 1939-）於1985年發表的論文〈權威、法律與道德〉（"Authority, Law, and Morality"），[8]他在這篇論文中分析三種觀點，「來源命題」（the sources thesis）、「安置命題」（the incorporation thesis），以及「融貫命題」（the coherence thesis）。拉茲主張採取來源命題，亦即明確界定法律為源自「社會事實」（如通過國會立法、為行政命令、經由司法審查與適用等社會事實），除此之外，法律別無其他來源。按照一般性的明確定義，「社會事實」是否應包括（或排除）社會道德或其他原則？就這個問題的見解歧義，而產生其他兩個命題主張。拉茲認為，安置命題需要清楚的界定，才能區辨法律與其他規範的不同，亦即他並非反對將自然權利（或基本自由）納入法體系，他所擔心和反對的是——恣意納入和擴大自然權利的範圍，將導致法治喪失原有力量和意義。

　　就這點來看，拉茲的來源命題，可被視為對邊沁疑難的新

8　Joseph Raz, "Authority, Law, and Morality," in *Ethics in the Public Domain. Essays in the Morality of Law and Politics*（Oxford: Clarendon Press, 1994），chapter 9; first published in *The Monist*, Vol. 68, No. 3, The Concept of Law（July, 1985: 295-324）.

的回應。底下先說明拉茲對三種命題的分析，簡要表述如下：[9]

（ST）「來源命題」（the sources thesis）
一切法律，都以社會事實來源為基礎。

（CoT）「融貫命題」（the coherence thesis）
一切法律，以社會事實來源為基礎、並且包括對其道德上的合理證立。

（IT'）重新定義「安置命題」（the incorporation thesis redefined）
一切法律，以社會事實來源為基礎、或者由社會事實來源納入法體系之中。

如前面第一節分析，拉茲代表分析法實證主義，他的哲學立場與邊沁一致，而且析論更為細膩。面對二戰後的自然法復興，以及轉型正義的論辯，拉茲從兩個方向思考，提出不同觀點，並且建立了一套「法治論證」，頗有與羅爾斯的「正義論證」分庭抗禮之勢。

拉茲的反思，主要分為兩個方向，亦分別對應上述邊沁最早針對自然權利論提出的兩個難題：「意義難題」與「法治

9　參考Joseph Raz, "Authority, Law, and Morality," in Raz（1994），ibid., pp. 194-195。

難題」。[10]這兩個難題，即使經過羅爾斯和諸多自然法論者的詮釋，仍留下未解疑難。如羅爾斯以「基本自由／權利」的概念，重新詮釋和取代盧梭以來的自然權利概念，但他運用自然正義或理性直覺作為「正義論證」的前提，似乎是預設了普遍的人性，這個預設對拉茲來說，顯得過於樂觀。

　　首先，針對普遍人性的預設，拉茲指出人性與道德的關聯性，並分析人的思考及行動受道德的拘束，而這些道德理由，在性質上並不屬於法律的一部分。[11]換言之，行動的道德理由（moral reasons）和法律理由（legal reasons），具有截然不同的性質。拉茲在2004年發表〈法的安置〉（"Incorporation by Law"）[12]一文，以這個核心論點，詳盡分析他對於安置命題的質疑。他認為，安置命題是一個重要主張，而且與哈特代表的柔性法實證主義立場一致，[13]但同時強調：即使在實證法體系中置入道德原則（包括自然權利或道德權利），仍必須小心界定這些原則及相關道德權利的性質、清楚分辨不同權利代表的規範性（理由）。[14]他說：

10　詳見本章8.1的討論。

11　拉茲以法官為例，說明法官也是人，自然其心中也有一套道德準則，而法官的道德立場就如其他人一樣是受文化影響的；參考Joseph Raz, "Incorporation by Law," *Legal Theory*, Vol. 10（2004: 1-17），p. 2。

12　Joseph Raz, "Incorporation by Law," *Legal Theory*, Vol. 10（2004: 1-17）.

13　Joseph Raz, ibid., p. 1, fn. 3.

14　拉茲對「規範性」（normativity）的概念，始終堅持準確的定義，當我們主張法律及道德具有規範性，意指其具備（能提供）指引人們行動的「理由」（reason）。

　　理由〔reasons〕是關於導引行動者的行為的思慮〔considerations〕。理由的適用——在原則上——僅及於那些能夠知其存在的行動者，否則〔當行動者無法知道某些理由存在時〕，這些理由就不可能導引他們。因此，道德理由只能適用於人，而不能適用於獅子，此一事實並非推論自任何道德權限的教條，也不涉及任何關於道德內容的反思。此一事實，就只是另一事實的結果——即道德理由就是理由〔moral reasons are reasons〕。〔……〕我想沒有人會反對，道德也適用於法官。問題是——我們如何理解這個說法。有些人可能說：道德當然適用於法官；從道德觀點來看，法官也跟其他人一樣受道德的拘束。然而，道德觀點只是——眾多觀點中的一個。問題在於——道德之適用於法官或其他人，此一適用是否意謂——經過審思慎辨的結果〔from a prudential point of view〕；也就是說，是否受道德引導與其自利是相容的〔in their self-interest to be guided by morality〕。或者可以這樣問：法律是否要求道德適用於法官？法官在法律上是否應遵循道德？〔……〕「道德」〔"morality"〕被用來指稱真實的或有效的思慮〔true or valid considerations〕。我這麼說，只是要釐清我使用道德一詞的意義。在思考法律與道德的關係時，我所使用的道德的意涵，並非人們使用的唯一可能性。（Raz 2004: 4）

　　在上述引文中，拉茲清楚指出，在思考法律與道德的關係時，他所使用的「道德」一詞僅指「真實的或有效的思慮」。

以法官為例，他認為法官也是人，當然也受道德的拘束，而且會考量道德理由。但顯然地，道德理由不代表全部的理由，因此拉茲提出的問題是——道德的適用，是否是與自利相容的慎思的結果？法官在法律上衡量眾多理由時，是否依法應受道德理由的引導（拘束）？

回答上述根本問題，必須先釐清「道德理由」與「法律理由」的性質。假使兩者的性質相同，而且彼此並不衝突，那麼法官在法律上衡量諸多理由時，似乎沒有必要排除道德理由，甚至是否分辨道德理由或法律理由，實際上亦不致影響法官判斷的合法性和道德正當性。這裡所指「理由」的性質，就如同我們使用其他相似概念一樣，依照其內容及強度來加以分別。按照一項「理由」主張的內容及強度，拉茲區分了「主張真實性或有效性」的理由（reasons），以及其他的理由——屬於不主張真實性或有效性的觀點（aspects）。例如，出於特定宗教、理論或經濟的理由，通常僅提供思慮觀點，並不具備對行動者的拘束力，因此即屬於後者。然而，相對於後者，道德理由主張的真實性或有效性，使其不僅是觀點而已，還具備了拘束力。

清楚界定道德的意義，有助於進一步探討道德與法律的關係。法律理由，係指依據法律的主張，依此強調自身的真實性或有效性，當然也與道德理由一樣，對行動者具有拘束力。當道德理由和法律理由產生衝突時，行動者究竟應以哪種理由為優先？這個問題對拉茲來說，才是法治難題的核心。

上述安置命題，為法治難題提出的解決之道，不外乎是將道德理由「轉化」為法律理由，以避免兩者的衝突。但是，拉

茲卻認為這不是一道良方，因為無論如何轉換理由的來源──源於法律或道德，終究不可能將所有理由都納入法體系中，如果我們承認「法治」需要建立一套法律體系，那麼承認法體系的獨立地位，就必然要區分法律與道德的意義，這個區分的根據不在其內容（content），而在其來源。

由此可知，拉茲對安置命題的批評，倒不是它有何錯誤，而是認為安置命題描述了法體系「容納」道德原則（包括自然權利）的事實，但此一事實存在，卻無損於邊沁以來對自然權利的疑慮。

如拉茲在後來幾篇論文中均提到，從國際人權法的規範來看，使用基本人權或自然權利的概念，不但需要透過解釋和衡量，才能適用於個案，而且立法者在用語上，亦清楚區分了法治與自然權利的概念。[15]拉茲甚至引用了聯合國安理會於2004年通過的《衝突中及衝突後社會的法治與轉型正義》（"The Rule of Law and Transitional Justice in Conflict and Post-Conflict Societies", 2004）報告書，來說明「法治」不必然包含「正義」或「人權」，因為從聯合國報告書的文字，以及從國際人權法和人道法的規範用語，均明確地指出──「法治」應保障正義與人權，可見在概念和語用上，不僅區分法治和人權，而且將人權跟法治混為一談，對實現法律正義並無實益。[16]拉茲如是說：

15　參考Joseph Raz, "The Law's Own Virtue"（2019）, pp. 10-11.

16　參考Joseph Raz（2019）, p. 12。

很久以前，我就說過，法治〔rule of law〕使我們避免因法律存在所帶來的危險。法律被用來保障各種重要的條件，〔這些重要條件〕它們的性質依不同情況而定，也因掌握權力者的觀點不同，而有所變化。法治並不直接形成這些重要條件，然而法律卻會被用來做些好事，或者法律的存在也製造了做壞事的機會。這個道理，我們無人不知。法律是一個非常有力的結構，控制法律的人便擁有權力，而如所有權力一樣，法律權力可能被濫用。法治幫助我們避免某些危險。（Raz 2019: 13）[17]

在衝突社會中，人們對轉型正義的殷切要求確實存在，國際人權法及人道法規範也支持——法體系應容納自然權利，那麼依照此一安置命題的主張，該如何回應邊沁難題？對此，拉茲提出的解方，分別是：（一）針對「意義難題」，我們必須思考法律的來源及性質，而拉茲主張以「社會來源命題」釐清「法律權利」概念，並分辨法律權利與道德權利的不同來源。（二）針對「法治難題」，我們必須思考價值多元的社會所需要的法治原則，拉茲提出「法治命題」，以回應人們對於法律正義的要求。底下精簡表述拉茲的法治命題（RoI）。

（RoI）法治命題：政府的角色就是在創造和維護法律，法治就是限制政府應依法而治；法治應保障自然權利或人權。

17　引自Joseph Raz（2019），p. 13.

　　拉茲對於法治的定義，經常反覆闡述，近年他在2007年發表的〈沒有基礎的人權〉（"Human Rights without Foundations"）、[18]2013年的辯論文章〈回應沃爾准的批評〉，[19]以及2018年〈法的自性〉（"The Law's Own Virtue"）[20]中，除了維持一貫的法治命題，還增加了對自然權利論的批評。拉茲一再強調，他並不反對人權，他反對的是──以為可以用人性或自然的道德來證立人權，尤其反對使用自然權利的概念──無論是用於道德論證或法律論證。

　　按拉茲的分析，邊沁和哈特都認為──自然權利就是道德權利，因此無論是在法律或道德的論證中，假如我們使用「自然權利」概念，那麼必須就它所預設的道德立場，給予清楚的定義和解釋。如大多數自然權利論者，均抱持某種形上學的自然主義道德觀點（naturalistic views of ethics），類似我們在霍布斯及盧梭的理論中所見那樣，除非我們接受他們的自然主義道德觀點，否則無法證明由此導出的自然權利有何明確的指涉內容。換言之，除非接受霍布斯或盧梭的人性論和理性假設，甚或必須同意它們預設的倫理個人主義（moral individualism），否則根本難以證明自然權利的存在，也無法指出這些權利為何

18　Joseph Raz, "Human Rights Without Foundations," University of Oxford Faculty of Law Legal Studies Research Paper Series, Working Paper No. 14/2007（March, 2007）.

19　Joseph Raz, "On Waldron's Critique of Raz on Human Rights," Columbia Law School Public Law & Legal Theory Working Paper Group, Paper Number 13-359（August, 2013）.

20　Joseph Raz, "The Law's Own Virtue"（2019）. 詳見第八章註7。

能夠幫助實現個人福祉。

　　拉茲進一步指出，自然權利論預設了──個人自由必定以權利為基礎（personal freedom is right-based），這是一種倫理個人主義的自由概念。而他認為，現代法治所欲實現的人的自由，並不是指人擁有多少權利，而是指人擁有自主性（personal autonomy），而這是一種包含自主性的自由。因此，拉茲明確指出，我們應分辨這兩種不同的自由概念，它們是無法彼此比較的（incompatible）。簡言之，前者是個人主義的自由，而後者則是完善主義的自由。拉茲這個見解，有一些複雜，為分析之便，底下先以（F/eĭp）命題加以表述：[21]

　　（**F/eĭp**）「倫理的個人主義」（ei）主張的自由，與「完善主義」（p）主張的自由，這是兩個不可比較的自由概念。

　　拉茲於1986年發表的《自由的道德》（*The Morality of Freedom*）書中，為上述命題提出詳盡的論述，他的理論又稱為「自由的完善主義」（liberal perfectionism），與前一章討論的羅爾斯等人立場相悖。[22]所謂自由的完善主義，指的是主張──自由，以自主性的完備為基礎。以上述命題來分析，完善主義（p）指的自由是以完備的「自主性」為前提，可想而知，支持

21　參考Joseph Raz, *The Morality of Freedom*（Oxford: Clarendon Press, 1986），chapter 8, pp. 193f.。

22　詳見本書第七章7.4的討論。

基本自由的倫理個人主義（ei）則是以「權利」為前提。

　　拉茲進一步分析，這兩種倫理學立場各有其價值預設，個人主義預設的「權利」（R），與完善主義預設的「自主性」（A），分別代表兩種不可共量的（incommensurable）價值；也就是說，以為持（ei）觀點可以證明（A），或者反之，以為用（p）觀點可以證明（R），這兩種嘗試都是不可能的任務。

　　我們可以用更通俗的話語，嘗試理解上述拉茲的分析。一般來說，人的自主性很難被賦予特定的規範性意涵，與權利概念相比，自主性是一個更為複雜的概念。拉茲並不認為，我們可以賦予「自主性」一個共通的人性的基礎，例如以「權利」來充實其內涵。儘管羅爾斯設想了一些保住基本善的權利，使人能夠擁有實現幸福的基本條件，但拉茲卻質疑這套論述混淆了「自由」（freedom）的兩種途徑，一是透過「權利」（right），另一是透過完備的「自主性」（autonomy）。這兩個概念蘊含了兩種不可共量（incommensurable）的價值，因為它們分別出自兩個不同的價值體系——「權利」出自個人主義的價值體系，而「自主性」則出自完善主義的價值體系。[23]這個論述十分精細，為便於理解，底下將它精簡表述為命題（V/rˇa）：

　　　　（V/rˇa）「權利」（r）與「自主性」（a）為兩個不可

23　參考Joseph Raz, "Incommensubability and Agency," in Ruth Chang（ed.）, *Incommensurability, Incomparability and Practical Reason*（Cambridge, MA: Harvard University Press, 1997）, pp. 110-128。

共量的價值。

在羅爾斯的用語中，上述的權利（R）對應的是廣義的自由（liberty），在社會契約論的傳統下，這裡的自由指的是各種不被干涉的權利。不過，拉茲卻支持完善主義的「自由」，此種自由必然包含了「自主性」價值，但不必然包含各種權利價值。舉例來說，一個沒有言論自由的人，不能暢所欲言，這使他的人格和意見表達受到限制，我們是否據此斷定他的自主性受到限制？或者反過來，一個人得以暢所欲言地發表言論，我們是否據此斷定他擁有自主性？拉茲指出，無論是上述哪一種情況，我們均無法據以判斷人的自主性，因為「自主性」指涉的是完全不同的價值。那麼接下來，我們要問的是：拉茲所稱的「自主性」，究竟是什麼？

在倫理學上，完善主義有非常悠久的傳統，回顧前面第二章探討的古典自然法，曾提及阿奎那和新亞里斯多德哲學的影響，自主性或可比擬為「理性之光」的作用，[24]人有各自的選擇和偏好，但這些偏好或多或少與文化有關，人的自主選擇——這是自主性的具體表現，有著非常多不同的態樣，生於現代的開放社會中，人們可以自主選擇的範圍廣大，例如教育或親密關係的選擇等。完備的自主性，意指擁有個人、社群及文化等各層面的選擇，根據個人的道德良知，人皆可選擇適合自我的發展、實現其潛能與願望。

在這樣的思路下，精確地說，其實拉茲並非反對羅爾斯所

---

24 詳見第二章2.2，頁99-100，尤其是註59。

說的「基本自由／權利」與「基本善」，他所反對的是——個人主義把「自由」限縮為一些基本權利和基本善，如此一來，忽略了自由的深刻道德意義，所謂自由的道德性應是指——人在生命過程中得以充分實現其「自主性」。

　　綜合上面的分析，我想清楚呈現，羅爾斯的正義論證，以及德萊爾與阿列克西的安置命題，均具體描述了法治的基本條件——即受憲法保障的基本人權和程序正義，以確保良善的法秩序可以穩定，使個人與群體能自由和平等地實踐其生活目標。如此法治是否一定完善無缺？答案當然是否定的，拉茲的評論讓我們思考，法治終究不夠完善，法治的目的就是實現法律正義，但在法治社會中，道德上的正義與良善與否的問題，依舊存在於各個角落。

　　從上述安置命題及拉茲的分析，衍生底下進一步的思考：當自然權利被安置於法律體系之中——透過立法程序將它們納入憲法架構中、並且被指稱或定義為基本權利，這些權利的形式及實質是否因此產生變化？亦即它們因此由道德權利轉變為法律權利？或換句話說，自然權利一經安置為憲法的基本權時，是否即成為法律原則？拉茲的法治論證和精細分析，似乎尚未能完整回答此一問題，因為這裡牽涉一個最根本問題，那就是——被納入實證法體系的基本「權利」，既然是源自立法和社會長期的道德共識，無論就理論或實踐的層次來說，是否還有必要將它們嚴格區別為「法律權利」或「道德權利」？假使在剛性法實證主義與傳統自然法學的兩極之間，我們願意接受第三種像是羅爾斯、哈特和德萊爾等人主張的柔性法治觀點，或許上述疑問能得到比較令人滿意的解答。

　　沿著上述根本問題的思考，我將各派「法治」觀點分為三種類型，每個人看待法治及基本權利的方式，大致可歸為下列三種：

　　（1）**形式的法治觀**：基本權利為道德權利，僅能透過司法解釋與適用，才能成為法律理由。（傾向主張「惡法亦法」）

　　（2）**實質的法治觀**：基本權利為法律原則，凡是抵觸基本權原則的法律，皆是無效的。（傾向主張「惡法非法」）

　　（3）**柔性的法治觀**：基本權利為包容道德權利的法律原則，經由司法解釋與適用，而成為納入法律推理的道德理由。（傾向主張「柔性的惡法非法」，或「柔性的惡法亦法」。）

　　觀察一般法學者或其他人談論法治的論證模式，大致可以分為上述三種態度與方法，這三種傾向影響人們對基本權利的解釋。如第一種傾向「惡法亦法」的形式法治觀，常是擁護威權的法律意識背後最重要推手，直到今天仍有廣泛的信仰者或支持者，而第二種傾向「惡法非法」的實質法治觀，則在道德上具有廣大的說服力，但常因缺乏精細的法律論證，對司法解釋難以發揮作用。介於第一和第二種法治觀之間，二戰後首先由羅德布魯赫公式展開的、廣受討論的第三種柔性法治觀，主張基本權利論可結合法律與道德兩類理由，使基本權利成為法治國的法律原則，因此被納為司法解釋的「基本」原理與原則。

　　如前面各章的討論，第三種柔性的法治觀，與新康德哲學的建構論方法有密切關係，它與前面兩種法治觀最大的區別，就在於——承認主體權利為法治建構的基本前提。儘管受到拉茲代表的完善主義的挑戰，使第三種法治觀必須重新檢視「自由」與「自主性」的意義和價值，不過，如此細節的爭議似乎還不至於撼動柔性主張的實際作用，因多數人或許跟我一樣，大致上同意採納柔性的法治與建構論觀點，會更貼近自然人的理性與正義感。

　　出於這樣的柔性法治觀點，接下來我們便可在其基礎上，進一步在法治架構下，探討如羅爾斯等人所強調的，由建構論導出的正義原則僅是規則性的，在法治社會中，最終不可能所有人都受到必要的保障，以至於「公民不服從」及良心自由等問題，不僅構成道德上的兩難，也是法治的一個重要議題。

8.3. 抵抗權與公民不服從

　　依照前一章羅爾斯的正義論證，在建構法治社會的程序中，約略可分成四個階段：（一）在原初狀態的設定中，人們選擇了正義原則；（二）依正義原則，人們訂立憲法的約定，納入人民的基本權利，包括良心自由、平等政治權利、平等的自由權等；（三）立法者按憲法約定制定法律，行政、司法和一般人民普遍地服從和踐行法律的規範、遵守法律義務；（四）人民在必要時，可能主張「公民不服從」或基於良心自

由，而拒絕遵守法律，並公然違反守法的義務。[25]

延續前面的正義論證，羅爾斯所提出的「公民不服從」的分析模式，成為後來學者討論的基礎。按他的分析，「公民不服從」（civil disobedience, ziviler Ungehorsam）是指——人民有意識地違反守法義務，以求達到良心或道德的要求。依此定義，「公民不服從」指涉的是——某個公開且具體的違法行動，它的構成有下列五個要素：（1）具有守法義務的公民、（2）明知違法仍採取的特定行動、（3）造成法律秩序的違反或破壞、（4）訴諸良心或道德的行動理由，以及（5）主動或被動承受法律制裁的後果。[26]由此分析可知，「公民不服從」的界定有嚴格標準，並非包括所有根據良心或道德的違法行動。

根據德萊爾進一步的觀察，羅爾斯所定義的「公民不服從」，排除了革命和積極抵抗法律的行動，因此它僅指涉——憲政國家中個人反抗某一項法律義務的行動，但不涵蓋反抗國家憲法秩序的行動。因此，依照羅爾斯的分析模式，「公民不服從」或可稱為一種合憲的公民權利，它明顯與古典自然法中的「抵抗權」[27]不同，因為後者指的是——每個人積極反抗國家

25　羅爾斯總結前面第一到第三個階段，但他指出，隨著第三個階段的後續發展，將衍生公民不服從的可能性，即第四個階段，參考John Rawls 1999（1971）, p. 175。

26　參考John Rawls 1999（1971）, § 55, p. 320。

27　中世紀封建時期，已有某些豁免的法律特權（immunitas, immunity），它的概念與設計源於古典自然法論，有時也簡稱為豁免權，最重要的例子是教會可以提供難民庇護，使其不受迫害。這類豁免權，雖不等同於今日所理解的抵抗權，但預設前提及作用是類似的，即人民有保全生命的權利（人身安全必須被尊重）、抵抗不法的正當防衛、平等地要求公平審判的權利

不義政權和極端惡法的權利，屬於自然權利。

　　因此，古典意義下的抵抗權，訴諸的是「超制定法之法」，如我們在第二章所見，抵抗權最初來自古典自然法，從霍布斯到康德的自然權利論，也都承認人民有反對暴政的抵抗權，抵抗權的行使不僅未違反（實質的）法律，甚且是為了維護法律尊嚴的必要行動。所以德萊爾提醒我們，「抵抗權」與「公民不服從」在概念上不可混淆，因「抵抗權」的意義更廣：

> 　　此外，在英美法地區，就哲學家進行的辯論來看──事實上大多數亦皆為哲學家論戰，很顯然地，他們所論辯的重點，就是公民不服從的道德正當化問題〔das Problem der moralischen Rechtfertigung, the problem of moral justification〕。同時也有與此相關的看法，認為根據如此定義，公民不服從〔ziviler Ungehorsam, civil disobedience〕在法律上不具正當性。這個看法表達出──對於實證法的結構缺乏信賴，這點在此無法詳述。但很常見的──無論明示或由其使用脈絡可知，此一看法乃基於一個概念上的論點：法律上所允許的「不服從」〔rechtlich erlaubter "Ungehorsam", legally approved "disobedience"〕，就不叫做「不服從」了，而這個論點涉及抵抗〔Widerstand, resistance〕的概念，也出現在德國對抵抗權的辯論中，所以在此應就這個概念加以探討。（Dreier 1991:56-57）

　　等，屬於古典自然法意義下的自然權利（a natural right）。

依照上述概念分析，英美語境中的「公民不服從」，在概念上應指涉「違反法律」的行為，否則就不構成「不服從」。然而眾所議論的，即針對這樣違反法律的行為——例如違反刑法規定，對於它的違法評價——涉及其違法性與可責性，在學理與實務上仍見解分歧。[28]

就日常語義來說，不服從與「抵抗」是十分相近的，都是針對實證法違反了更高的價值或基於其他正當理由，而採行的違法（違反實證法）行動。但「抵抗權」的意義又比不服從更廣，如德萊爾進一步分析：

> 抵抗的概念，比不服從的概念更廣，因為就語言使用習慣，把法律上以合法手段進行的反抗〔legale Proteste, legal protests〕，也稱為「抵抗」〔Widerstand, resistance〕雖然，按照通說，根據狹義的抵抗權所指的抵抗，它〔抵抗〕必須具備違反制訂法的特徵。也常有一說法，即抵抗就是——以正當性之名〔im Namen der Legitimität, in the name of legitimacy〕對合法性的破壞。這說法不甚精確，因為正當性的概念究竟指涉法律的、社會學的或道德的意義，在此並不明確。這裡僅探討法律上的正當性概念，而且特指合法的正當性——即正當性判準必須出自實證法。亦即，對此具體表述必須是：抵抗是以較高位階的實證法之名，而破壞較低位階的實證法，其中展現的規範的衝

---

28 參考薛智仁，〈刑法觀點下的公民不服從〉，《中研院法學期刊》，第17期（2015年9月，頁131-204）。

突，也可能是兩個法律原則之間的緊張關係所致。（Dreier 1991:57）

這個理解非常重要，由此我們才能進一步了解，為何德萊爾主張採取廣義的抵抗權，他認為，為權利尋求司法救濟途徑，也是一種抵抗權的行使，而超出司法途徑之外的抵抗不法行動，除了可能為公民不服從，還包括徹底否定法秩序的革命。[29]換句話說，「抵抗權」訴諸實質的法律，包括反對三種惡法——（1）法體系內人民權利受侵害（例如行政權的違法處分）、（2）僅具形式意義的惡法（例如違反較高位階的法律或憲法，即主張公民不服從）、（3）明顯不義的極端惡法（例如違反最低限度的自然法）。因此，面對國家體制的不義、執法權力被濫用等情況，人皆可主張法律必須符合基本的原理和原則——包括論理的原則，甚至主張不能違反「最低限度的自然法」。

依照上述抵抗權的定義，凡是以正當及合法的理由——訴諸較高位階的實證法、憲法原則、保障基本權利與自然法等理由，而採取必要的抵抗行動，就是行使抵抗權——範圍之廣包括合法進行司法救濟、採取公民不服從，甚至積極反抗不義體制的革命行動。接下來的問題是，由於抵抗權行使範圍廣，是否能以抵抗為由，而主張免受法律追訴及其後果？

這個問題的回答，必須就抵抗手段的合法性與正當性來看：抵抗以合法手段進行，如訴諸司法救濟，當然應為法律和

29　Ralf Dreier（1991），S. 57.

道德所允許；而若是有意識地採取特定的違法手段，即主張公
民不服從，在道德上可能被肯定，但在法律上是否得以免除罪
責，必須依個案事實及法律論理加以判斷；[30]倘使最極端情況下
採取革命手段，那麼除要依照國際法及戰爭法等規範，例如不
可殺害無辜者（如非武裝的平民）等，當革命行動結束後，就
其訴求與手段是否正當，必須就實質法律及國際人權法等規範
加以檢驗。

　　總結而言，歷經專制至民主憲政的演變，如今「抵抗」範
圍極廣，包含以合法或不法的手段爭取權利（現實或未來的法
律權利），這些在用語上均泛稱為「抵抗權」之行使及主張。
在民主憲政體制內，公民不服從專指──單純基於個人道德良

---

30 針對台灣2014年318占領立法院運動及324行政院衝突事件，所引發的一
　連串法律解釋疑難，刑法學者薛智仁主張採取廣義的「公民不服從」概
　念：「如果一定要為公民不服從作成一個定義，本文傾向從寬定義公民不
　服從，使其包括所有為了改變特定法律、措施或機制（不同於單純基於良
　心因素而拒絕守法），而故意違法（不同於合法的抗議形式）並以某種原
　則為基礎（不同於通常的犯罪或騷擾滋事）的個人或集體抗議行為。至於
　該行動的公開性、非暴力性、接受法律制裁的意願等要素，也都從寬認定
　其內涵。」（薛智仁，2015:142）依此廣義概念，公民行動以「基本權」
　保護為由，即能以此證明存在「阻卻不法」事由，亦即在合乎目的性與比
　例原則的條件下，可認定公民不服從是合法行為（不具違法性）。值得注
　意的是，根據此一定義放寬公民不服從的概念，那麼公民不服從與抵抗權
　並無二致，將造成原本（較狹義的）公民不服從──專指「違反法律義
　務」、並具有主觀「不法意識」的特定行為，反而變成一種（平常性的）
　違法行為，而可能無法受到合理的道德評價，儘管對其法律上的「不法評
　價」（主要針對可責性）仍須依個案事實加以認定；比較參考薛智仁引Ralf
　Dreier的觀點（薛智仁2015:144，尤其是註25）。簡言之，如要放寬一般對
　公民不服從的定義，這是學理和實務上必須考量的後果。

知的違法行為，這是一種抵抗行為，毫無疑問；抵抗是否合法，其關鍵在於：「抵抗」是否具備法律上的正當理由。

因此，當我們使用「抵抗權」或「公民不服從」概念時，一方面要注意「公民不服從」為主張抵抗權的一種類型，運用時必須明確界定抵抗（「不服從」）的理由和手段，另一方面在界定各種抵抗理由與手段時，必須理解「抵抗權」具有道德與法律上的雙重意涵，不僅指涉——所有出於良知的抵抗者所主張的道德權利，同時也指涉法治國憲法上的基本權利。

換言之，廣義的「抵抗權」具有道德權利和法律權利的雙重意涵，民主法治國的人民可據以積極地以不同形式抗爭，如以言論表達、行政救濟、司法訴訟，甚至聲請釋憲等途徑「為權利而奮鬥」。而相對的，身處極權國家的人民，即便在沒有民主憲法與法律規範的情況下，若要積極對抗專制政權及其實證法的殘酷不義，除了主張道德良知之外，亦唯有主張超實證法的自然權利——即抵抗權，這是轉型正義的核心概念，底下將進一步探討。

8.4. 轉型正義：法治文化的轉型

將自然法論或自然權利論，融入實證法體系，目的是以法治實現正義，這個基本理念構成了當代的法治文化。承續第七章探討的正義理論，法治文化的主要特徵就是——實踐正義的原則。一個沒有正義可言的國家法律體制，是根本違反法治精神的，也因此被稱為「不義體制」或「威權體制」，與正義體制或法治體制形成對比。

隨著1990年兩德統一及冷戰結束，不同政治和法律體制的交融或更替，衍生新的法律與道德之間的爭議，因此學者提出「轉型正義」或「歷史正義」（transitional justice, retroactive justice）的概念，用來指稱——國家社會從舊的威權體制，過渡到新的民主法治體制，這期間必要經歷的文化轉型工程。借助這個新的概念，前述有關抵抗權的討論，在法治文化的轉型期間，更顯得意義重大。

威權體制下的極端惡法和不義判決，不僅在民主轉型時必須重新被檢視和追究責任，同時還要透過真相與權利的修復，使過去抵抗不義政權的人民得到平反。這裡所稱的權利修復，無非就是指——超越實證法的自然權利，例如生存權、財產權、言論自由權、工作權等。如上一節提到，根據第三種柔性法治觀點，關於威權時期的某項法律是否非法，判斷的標準在於它是否符合正義原則和基本善，某項法律若違反這個「最低限度的自然法」，即被判斷為惡法，因而失去效力。二戰結束至今，經歷兩次民主轉型的德國，對於法治與轉型正義有豐富的研究，德國聯邦最高法院及聯邦憲法法院在歷次判決中，承認人民的「自然權利」為「超制定法之法」，[31]此外德國聯邦憲

---

31 早在威瑪憲法第120條，已明訂父母養育子女的親權為一種自然權利，二戰後德國基本法亦在第6條（第2項第1句）中，提到父母對子女的親權是一種自然權利（ein natürliches Recht），這是基本法中唯一提到自然權利的地方，德國聯邦憲法法院對此亦有判決解釋，參考BVerfGE 59, 360, 376（1981）及 BVerfGE 60, 79, 88（1982）；相關討論詳見Anja Vellmer, *Religiöse Kindererziehung und religiös begründete Konflikte in der Familie: eine rechtsübergreifende Darstellung familiärer religiöser Konflikte und der staatlichen Instrumentarien zu ihrer Lösung*（Peter Lang: 2010），S. 47。此後

法法院在1975年還針對「極端主義問題」涉及的平等權爭議，發展出一套「防衛性的民主」（wehrhafte Demokratie）理論，用以闡述和確保民主法治國的價值體系（Wertordnung）。

值得特別注意的是，「極端主義問題」（das Radikalenproblem）正好呈現了轉型正義的特殊難題，德萊爾特別稱之為「憲法與意識形態問題」。依照一般的理解，由威權轉型為民主的社會，最主要的轉變就是廢除以往侵害人權的惡法，取而代之的是保障基本權利的法制，為處理轉型正義的議題，許多國家會制定法律清查和追究以往侵害人權的加害者、調查威權時期的特權和不義財產，例如制定人事清查及除垢法，同時立法給予受害者賠償、恢復受害者的權利，甚至在國會的層級設置「真相與和解委員會」，負責推動轉型正義。轉型正義是一個社會工程，牽涉法律、政治、經濟及文化各個層面，在二戰之後，德國是率先進行轉型正義工程的國家之一，而最早被視為極端主義者的，當然就是服膺納粹主義的積極分子，在推動轉型正義的過程中，首先被清查和剝奪公職或教職的，也是這些右派極端主義者。

然而，1975年德國聯邦憲法法院的判決，[32]卻對德國禁止左派極端主義者擔任公職的法律規定，做出了合憲性解釋，引發廣大的批評和討論。德萊爾也曾撰文分析：[33]

最著名的例子，出現在兩德統一後，德國聯邦憲法法院針對柏林圍牆東德士兵射殺案，援引自然法與自然權利觀點，參考BVerfGE 95, 96（1996），亦為後來許多關於轉型正義的案例引用。

32　BVerfGE, 39, 334（1975）；Ralf Dreier（1981），S. 146.

33　Ralf Dreier（1981），S. 150.

〔……〕民主防衛原則〔Streitbarkeitsprinzip〕的保護客體，是自由民主的基本秩序。根據聯邦憲法法院的定義，自由民主的基本秩序指的是——「在人民自決的基礎上，根據當下多數人民實現自由和平等的意志，排除一切武力和獨裁統治的法治國統治秩序」。這個統治秩序的基本原則，至少有底下幾個：尊重德國基本法中有具體規定的人權——尤其是尊重每個人享有生命和自由發展的權利，以及人民主權，權力分立，政府責任，行政的合法性，法院的獨立性，多黨原則，政黨機會平等，包括各政黨享有形成與作為反對黨運作〔Bildung und Ausübung einer Opposition〕的合憲權利。（Dreier 1981: 153-154）

這段文字指出，政黨應享有形成「反對黨」（Opposition）和運作的合憲權利，這是民主法治國的基本規範。對過去納粹的極端主義者所做的清查，針對的是他們個人的不法和犯罪事實，例如枉法裁判或執法不當所造成的嚴重人權侵害，與他們所屬政黨並無直接關係。然而，聯邦憲法法院1975年的判決卻將共產黨視為國家的敵人，正是這個由司法建構出的『敵人圖像』〔Feindbild〕，讓人感到不安。德萊爾分析聯邦憲法法院的判決理由，認為它過於強調法治國的基本秩序，而相對忽略了平等權利的問題，因此在方法上值得商榷。按德萊爾的看法，左派與右派的極端主義不能等量齊觀，像納粹的極右派被判定為反民主，已有太多明確的事證，因此毋庸置疑，但左派政黨是否反民主，則需要充分的證據。

當民主法治國的價值秩序，被提升到憲法意識形態的程

度，而不僅是一個價值而已，那麼它的作用就不再只是法律推論的理由，如此一來，聯邦憲法法院的解釋是否代表了一種「實質的法治觀」，必須仔細加以檢驗。從上述柔性的法治觀來看，「法治國」的價值秩序應該包容各種多元的價值，亦即要讓不同的哲學、宗教或世界觀皆有公平發展的機會，這是法治的正義原則；依安置命題的描述，「法治的正義原則」不僅是一項理性的道德原則，它同時也被實證法體系肯認為一項法律原則。從羅爾斯到拉茲等人，彼此之間或有理論和方法歧見，但他們基本上都承認價值是多元的，因此，無論固守實質的或形式的法治觀，似乎都已不符合多元開放社會的需求。

從這個角度來看，轉型正義的議題當然就更加複雜，為清查威權遺留下來的人事並進行除垢，必須謹慎分析「憲法與意識形態」的問題，以避免假民主與正義之名再複製威權的意識形態。轉型正義攸關民主法治的建立，首要課題是如何讓法治的理念和原則廣為人知，才可能徹底清理過去威權文化的遺緒？我們不妨稱這個基礎工程為「法治的文化轉型」，每個國家或地區都有其獨特歷史和社會背景，因此採取的轉型途徑也有差異，反映在轉型正義的不同模式中，如我們在德國、西班牙、阿根廷、南非、冷戰後的東歐各國等地所見。

在法治的文化轉型中，社會上迫切需要被修復的不只是「憲法層次的權利」（基本人權），也包括「能力」——一般指補償和修復受害者的能力，如重獲教育和經濟能力，但也泛指社會大眾參與轉型的能力。如前面安置命題所描述的，有關權利的修復，各國多根據已納入憲法的基本權利和原則，透過訂立特別法及司法平反的程序，使過去受害者的權利重新得到

肯認、並給予應有的賠償。

　　進入21世紀之後，由於中東戰爭、以巴衝突、亞洲和非洲各地政治形態遽變等因素，法哲學家對轉型正義有進一步反思，國際社會也不得不更加重視它的意義和內涵。2004年，聯合國安理會通過《衝突中及衝突後社會的法治與轉型正義》（"The Rule of Law and Transitional Justice in Conflict and Post-Conflict Societies", 2004）報告書，首度提出聯合國版本的「轉型正義」定義：「轉型正義的理念，乃是一個社會處理大規模濫權的遺緒，所進行和建立的所有程序和機制，其目標在確立責任、服膺正義並成就和解。」[34]

　　此外，近十年來，國際社會關於轉型正義的討論，還積極引入了法哲學的修復式正義（restorative justice）概念，[35]訂立具體規範補充了受害者請求「修復」的權利（the right to

---

34　引自吳乃德，〈民主時代的威權遺產——轉型正義的使命與難題〉，《記憶與遺忘的鬥爭：台灣轉型正義階段報告（卷一）——清理威權遺緒》，台灣民間真相與和解促進會著（新北：衛城出版，2015），頁29。早在2002年聯合國通過《刑事案件利用修復性正義基本原則宣言》（"Declaration of Basic Priciples of on the Use of Restorative Justice, Programme in Cirminal Matters"），各國有相關立法措施，詳見楊崇森，〈修復式正義理論與運作之再檢討（下）〉，《全國律師》，卷24，第2期（2020年2月，頁60-75）。

35　Howard Zehr, *The Little Book of Restorative Justice*（Good Books, 1990）；以及Zehr, *Changing Lenses: A New Focus for Crime and Justice*（Herald Press, 1990），被認為是修復式正義理論的奠基之作，日後Howard Zehr常被稱為——建立修復式正義概念的鼻祖。參考楊崇森，〈修復式正義理論與運作之再檢討（上）〉，《全國律師》，卷24，第1期（2020年1月，頁39-54），頁39，註1。

"reparations"）內涵，如2005年聯合國大會通過、2006年公布《對於嚴重違反國際人權法和國際人道法的重大暴力行為受害者之救濟與修復權利的基本原則與方針》（"Basic Principles and Guidelines on the Right to a Remedy and Reparation for Victims of Gross Violations of International Human Rights Law and Serious Violations of International Humanitarian Law," United States, A/RES/60/147: 2006），可見國際社會開始全面性反省，受害者是否被納入參與轉型正義的機制之內，而首要工作就是承認——受害者獲得救濟和修復的權利，不僅包含金錢及司法救濟的範圍，同時應延伸至醫療和心理的修復，以及保障社會關係修復、暴力不再重演和和平的遠景。

　　修復式正義的概念，除了強調受害者的上述權利，也要求加害者面對追訴和究責時，亦受到正當法律程序的保障。近年在國際人權的法源基礎上，聯合國人權委員會自2011年起任命「轉型正義特別報告員」，任期三年。2018年1月新任特別報告員為阿根廷學者Fabian Salvioli，前任為哥倫比亞學者Pablo de Greiff，都是這方面著名的專家學者。從國際的人權規範和措施，可以看到轉型正義的內涵，已由過去強調賠償和救濟，轉為把修復本身也視為一種「權利」（right），亦即將「救濟」（remedy）和「修復」（reparation）同時融入正義的概念之中，無形中擴充了修復的內涵；簡言之，就是把已往「修復」一詞的被動性，轉化為「轉型正義」所要積極實現的核心價值和目的。36

36　參考比較Lisa J. Laplante, "The Plural Justice Aims of Reparations,"（New

長年研究轉型正義的社會哲學家艾斯特（Jon Elster, 1940-）曾分析，從威權到民主體制的「轉型」工程，包括三個面向：正義、真相、和平，又將它們稱為轉型要實現的三個價值與目的。按艾斯特的研究，這三個目的彼此可能有衝突，必須就實際社會情境做精確的觀察和分析，但它們之間還是有著必要的關聯，因為「正義」──廣義來說，必然是真相與和平的前提，一個社會從壓制噤聲到發掘「真相」（truth），或者從仇恨衝突轉型到「和平」（peace），主要與人們渴望正義有關。[37]

經由「修復式正義」在概念上的補充，正義的內涵有何不同？法律詮釋學家喬治‧泰勒（George H. Taylor）有如下精要的描述：

> 法律詮釋學的運用，經由對他者的開放和關注，實際上在更能生成變化的層次上進行。這裡我想到的，比較不是關於文本的解釋，反而更關注於法律對話情況下對他者的關注。例如，受害者影響的陳述（Victim Impact

England Law/Boston, 2013）in *Transitional Justice Theories*, eds. Susanne Buckley-Zistel, Teresa Koloma Beck, Christian Braun and Friederike Mieth（New York: Routledge, 2014）, pp. 66-67; 葉浩，〈價值多元式轉型正義理論：一個政治哲學進路的嘗試〉，《台灣政治學刊》，卷12，第1期（2008年6月，頁11-51），頁30。

37 相關研究詳見Jon Elster, *Closing the Books. Transitional Justice in Historical Perspective*（Cambridge University Press, 2004）; Jon Elster, "Justice, Truth, Peace," *Transitional Justice*. eds. Melissa S.Williams, Rosemary Nagy, and Jon Elster（New York/London: NYU Press, 2012）, pp. 78-97。

statement），在美國的審判中，被允許用於量刑階段。這種陳述可能影響加諸受刑人的刑罰，包括監禁處罰，但它們也提供受害人被傾聽的重要機會。[38]受害人期待出庭的日子，在這天可以說出他們的故事。在此，詮釋學的極有力的貢獻之一，就是傾聽的態度，試著架起距離的橋梁以便能夠理解。[39]藉由被傾聽，可以提供受害人復原的一些助力。（G. H. Taylor 2018: 39）

喬治・泰勒進一步引用法國哲學家呂格爾（Paul Ricœur, 1913-2005）的詮釋學研究，提出對於「修復式正義」的詮釋學理解方式：

通常印象上，法律聚焦在經濟的損害，但法律詮釋學對廣大的、發展中的修復式正義的法學這部分，可以有其貢獻。[40]幫助受害之人復原，所需要的，常超出金錢賠償的範圍。因為受害的要恢復其完整——或至少朝此方向發展——需要更全面的關注於情感、尊嚴和完整性的議題。就這主題，法律詮釋學很具體地和明確地增進了法律實務

38　例子參考Peter Lattman & Annelena Lobb, "Victims' Speeches in Court Influenced Judge's Ruling," *Wall Street Journal*（June 30, 2009）。

39　參考Paul Ricoeur, "Explanation and Understanding," in *From Text to Action*, translated by K. Blamey and J. B. Thompson（Evanston, Illinois: Northwestern University Press, 1991）, pp. 125-143。

40　參考Judy C. Tsui, "Breaking Free of the Prison Paradigm: Integrating Restorative Justice Techniques into Chicago's Juvenile Justice System," *Journal of Criminal Law and Criminology* 104（2014）: 635-665。

中倫理學的角色。對修復式正義的法學所關注的其他主
題，法律詮釋學的立場是一致的，法律詮釋學在此開闊了
法律應涵蓋的領域。在這個意義上，法律詮釋學並非裝
飾性的，它不是法律在進入就經濟賠償進行更嚴肅的爭議
前，置於受害者頭上的裝點；法律詮釋學是使一個人恢復
完整的過程。在此，詮釋學也跟呂格爾關於肯認的研究，
有很豐富的相互影響。[41]（G. H. Taylor 2018: 39-40）

　　如上述引文提到的，呂格爾的哲學詮釋學對於正義、肯
認，甚至涵蓋歷史記憶與寬恕等議題，有深刻的研究，他主要
的貢獻是將現代的「主體」哲學與現象學、語言學及精神分析
哲學等加以結合，發展出他獨特的見解。但無論如何，在正義
的論述中，「主體」及「肯認」（recognition）是兩個分不開
的概念，因為根據一般對正義的理解——在道德及法律上證
立——人具有「主體」的能力與地位，則凡具有主體能力與地
位的人，皆是自由與平等的。不同時代和學派對「主體」或有
不同詮釋，但與之相關的正義和肯認的哲學，並不會因之而喪
失或模糊了意義。

　　相對於過去的威權體制，所謂法治的文化轉型，它最重要
的特徵就是——承認及賦予個人「道德與法律權利主體」的能
力和地位，亦即法治文化是一種人群「相互肯認」的文化，在
前述的法治國的法律概念中，亦有此蘊含。

41　Paul Ricoeur, *The Course of Recognition*, translated by D. Pellauer（Cambridge: Harvard University Press, 2005）.

　　總結以上的探討，最後要指出的是，當我們討論威權時期的法律，若沒有仔細檢視法律的意義，以及前一節探討的法治的意涵，就難以對「惡法」的問題提出正確的詮釋，討論容易流於浮泛。有關惡法的效力如何判別，必須依賴精細的概念分析及推理。站在柔性法治觀的角度，我們判斷惡法是否達到「極端不義」的程度，所根據的是規則性的正義原則，也就是須就法律的內容來斷定，看它是否符合正義原則？是否保障基本的平等與自由？如果答案是否定的，這樣的法律內容不能要求所有人皆信服和遵守，同時它也無法自證為有效──就算具有法律形式及實效，它也不能成為有效力的實質法律。[42]有了清楚的效力判斷理由，我們能夠分辨威權時期的制定法中，哪些法律權利只能算是「特權」（privileg），而非真正的「權利」。

　　就柔性的法治觀點來看，「權利」（right）一詞的意義至少包含「正確性」和最低限度的正義標準，亦即如至今自然法論的基本假設──真正的「權利」，源自人的自然理性對自由的渴望，它是任何人平等擁有、並且不可被剝奪的生存條件。「為權利而奮鬥！」，這句話指出弱勢者對抗權力的唯一憑

42　「在《動員戡亂臨時條款》和戒嚴令所創造的黨國體制下，無論《懲治叛亂條例》或軍事審判機制都違反了最低限度的自然法，破壞法律適用的公平性，從一開始就欠缺實踐正義的目的，嚴重抵觸憲法所保障的人權價值，進而侵蝕法治國家的核心意義，應該宣告違憲，並允許重新啟動審判。」參考黃丞儀，〈戒嚴時期法律體制的未解難題與責任追究〉，《記憶與遺忘的鬥爭：台灣轉型正義階段報告（卷三）──面對未竟之業》，台灣民間真相與和解促進會著（新北：衛城出版，2015），頁16。

藉，就是用行動爭取超越人為惡法的權利，在文明的法治社會
中，還能擁有自然理性與行動力的人，也是真正自由的人。

　　觀察各地的民主與法治，在任何時候，都不免遇到極端
主義的反撲和挑戰，這種反覆現象，在歐美各國也屢見不鮮，
無論如何堅固的憲法價值秩序，都不免遭到人為刻意的詆毀和
踐踏。為了維持價值多元的開放社會，人們必須付出相當的代
價，如在日常所見，有些人以民主法治之名而濫用權利，還有
許多掌握權力者以立法或執法之名而濫用權力，類似的現象所
在多有，造成法律和政治的迫害仍層出不窮。從法哲學的研究
角度，這些現象或可被歸納和簡稱為「法治的混亂」，[43]藉此
幫助我們思考，人為法律並不完美可靠，在它極端地、或者明
顯地違反良知與正義的情況下，這個社會，為了尋求一個超越
制定法的最終判準，靠的不是比人數或拳頭大小，而是依法論
理。

　　依法論理，依靠的是理性的對話和推理，在法治的混亂
中，常見的是語言和論理的混亂，連帶地民主制度的法治基礎
薄弱，顯現於社會普遍對於法律和道德的思辨不夠重視。如導

43　法治的一些基本原則，為的就是防止政府濫用權力，造成法治的混亂；但
　　在民主選舉和公民投票的制度下，卻可能衍生人民濫用權利的現象，例如
　　透過公投提案，將「超越國家憲法」的人權或環境權當作投票的客體，如
　　此將使公投制度反成為侵害權利的設計，因此，依照現代的自然權利論及
　　法治原則，這類公投提案應只是「諮詢性的公投」，僅提供公民意見為政
　　策參考，而不具備實質法律的效力。相對的，針對憲法層次的人民權利進
　　行公投的提案，因不損及基本權利與平等自由的保障，其公投結論具有一
　　定的法律效力，由上述公投的法理和實例，亦可見採取柔性的法治觀點，
　　具有兼容自然法論及實證主義的優點。

論中一開始提到的，在欠缺自然法思想背景的社會文化中，人們的法治觀念最初源於繼受歐陸法制，並無行之久遠的法哲學思辨傳統，因此，法治的「文化」轉型與哲學有著密切的關係。簡要地說，法治的哲學就是「依法治理」的哲學，而什麼才是法律？政府該如何治理？人民為何守法？法律與道德有什麼關係？為何現代「主體」哲學創造了法治與人權的概念？如今哲學思辨受到語言轉向的影響多大？哲學語言是否愈來愈專業化或精緻化？急於從威權文化中重生的民主化社會，需要什麼樣的法治的哲學？對這些問題的論辯從未停頓，但語言愈趨專業化和精緻化，使得哲學不易走入社會。

由於注意到「文化」與哲學的關係，自2003年開始，長期在聯合國組織中處於較邊緣的教科文組織（UNESCO），開始嘗試積極地與哲學家合作。大約在2003年左右，先是一些當時在巴黎的哲學家參與聯合國教科文組織，共同發起了「哲學月」的活動，當時他們的動機，主要是使倫理學能融入世界及社會各種急迫議題。一些著名哲學家，包括前面提到的哲學詮釋學大師呂格爾，都參與其中。「哲學月」後來演變為聯合國正式訂立的「世界哲學日」，根據當時討論發起的緣由，就是要將「人權的哲學」帶入社會。[44]

法治的混亂與轉型，讓人重新思考如何將「哲學的法」（自然法）帶入現實的討論。從各個時代的自然法論到當代轉

---

[44] 相關討論詳見Patrice Vermeren, La Philosophie Saisie Par L'UNESCO. Publié en 2003 par : Organisation des Nations Unies pour l'éducation, la science et la culture（UNESCO）。

型正義理論，裡面許多法哲學論證至今不廢，有的雖已過時，而有的分析架構依然受用，重新檢視它們、加以研究，納入社會對話當中，或能激勵對切身議題的思考，帶來一絲改變的微光。

第九章

結論

　　自然法又稱為「哲學的法」，研究它的歷史大概也是一部哲學史，各家自然法論的思辨熱情，引領各時代的法律、政治和道德實踐。在圖書館裡，當我們打開自然法論的文獻時，就好像走進一座深邃遼闊的森林，有紛歧的爭鳴與辯論，更有許多連貫的思想脈絡。

　　本書導論一開始提到，自然法並無固定不變的內容，而且研究方法亦有轉變，自近代哲學人性論的興起，以至現代美學分析「主體」（subject）與「判斷力」（the power of judgment, Urteilskraft），連帶地影響自然法研究。從霍布斯、洛克到盧梭與康德時期的法哲學，謹慎觀察而循序論證，終至肯定人有自然的判斷力——藉此進行認知（cognition）及反思（reflection），逐步將過去被視為客觀知識的自然法，加以翻轉——即把客體（客觀自然法）翻轉為主體的自然權利。這個轉變被後人用以建構許多重要理論，包括正義理論、多元文化及文化權利等，但它在方法上的意義，似乎仍被忽略。為深入其中轉折，有必要了解自然法論的歷史及方法演變。

　　古典的自然法，因年代久遠，又帶有目的論哲學和神學的

色彩，總給人一種超脫世俗的印象，在第二章中，透過阿奎那分析「理性之光」及霍布斯運用「自然理性」的推理，我們得以認識傳說中的古典自然法的內容，只要細心閱讀和思考古典自然法的內容，不難發現它們在現世的法律當中，依然熠熠閃亮，世人皆知民事約定、誠實信用、善良原則等基本法理，超越人訂的法律或命令，違反基本法理和原則的法令在道德上受人唾棄，在法律上亦站不住腳。

但是，基本的「法理」要如何成為可認識的客體（對象）？我們不能背誦或單純複製任何時代的自然法內容，例如把自然法複製、然後貼上學校作業、正式書狀、判決理由書、釋憲宣告或權利宣言裡，這個動作不會產生實際的作用。原因很簡單，因為「自然法」不是一個獨立個體的專名（proper name）──例如「貝多芬」是一個專名，它更不是物質性的客體──例如「建築物」是可以被測量的物質，從本書探討的古代到現代的自然法論，我們看到「自然法」經過不同的詮釋，有的哲學家認為它是人間法律的「完美理型」（柏拉圖），有的認為它是永恆不變的宇宙法則，適用於平等的萬物（斯多亞學派），還有人認為它是造物者給予人類的理性法（阿奎那），或者說它是自然理性的產物（霍布斯），這些不同的理解方式大異其趣，顯示並無一致的及不變的自然法概念。

從古代到近代，自然法的哲學經歷巨大轉變，有關法律形式和本質的論辯，從來不是重複前人的腳步，重要的是立足於自身的思考。因此，在本書第二章的後半部，藉由傅柯在《古典時代瘋狂史》的材料與分析，我們約略了解中世紀末期的社會狀態，也透過德萊爾對自然法內容的深入比較，了解古典自

然法為何無法維持以往的道德象徵。16世紀左右的歐洲，隨之陷入怎樣的信仰與權力爭奪戰爭？似乎理性之光暗沉，懷疑的精神反而大振，笛卡兒代表的理性主義哲學，揭開近代討論主體哲學的序幕，在社會契約論者的一連串思想接力下，造就近代「自然法到理性法的轉折」。

這個轉折，在霍布斯的著作中尤其明顯。霍布斯論著的質量豐盛，本書第三章分析他的形上學的自然主義背景，以「霍布斯命題」凸顯他結合人性、自然權利與國家主權的論證特色，並以「霍布斯難題」指出他的論證中預設了國家目的，「國家」的目的既是維持和平，那麼主要難題在於——若國家的存在和運作，在理論和實際上都與「和平」沒有必然關聯，那他的論證是否顯得一廂情願？當主權國家破壞和平時，又要藉由何種機制來確保和平？在第三章的後半部，藉由霍布斯專家的深入討論，似乎可以確定霍布斯式的「社會契約」，實際上只能是一種「約定俗成」（"convention"），由此推論出的契約效力（即約定的效力），也就不會是必然和永久性的。

如第三章的結論指出，「霍布斯難題」不是致命的、或不可補充的缺陷，我們不妨借助修正的自然主義，調整霍布斯對於「人性」和「自然驅力」的思考模式，就可能保留自然主義論證的優點——人可由自然感官和認知的經驗中，推理得知普遍有效的道德或法律原則。「自然主義」具有結合形上學和倫理學的優點，在盧梭的自然法論中，我們又見到另一個運用自然主義論證的經典。盧梭對霍布斯的人性論做了細緻的修改，提出另一種詮釋「自然狀態」與「自然人」的途徑，在他的重新詮釋下，「社會契約」比人與人之間單純的約定（或慣習）

更為複雜，它是意志的產物，而所謂「意志」，絕不是主觀、恣意和獨斷，「意志」是自由人性的特徵。在盧梭筆下，自由意志有如理性之光，唯有成為自由的人，我們才擁有認識和判斷力，受到盧梭思想的激勵，康德進一步發展了主體性的哲學，還稱自由意志就是「善意志」。

一般通稱現代自然法為「理性自然法」，但盧梭其實走出不一樣的路，在第四章開始，以盧梭著作為核心，探討他論自然權利的背景、假設及獨創性。盧梭的自然法命題（R），可說是自然法論迄今影響最深的主張——主體和權利的連結。為使讀者易於理解，盧梭的自然法命題（R）又可被簡化為命題（R'）：

（R）「盧梭自然法命題」：人（自然人）由理性思慮而認識的自然法，在自然狀態過渡到文化生活的過程中，依舊保存；在文化生活中，源於自然法規範的自然權利也是道德權利，不可被任何人剝奪；因此，擁有自然權利的人才是真正自由的人（自然人/道德主體）。

（R'）「（盧梭自然法）精簡命題」／「自然主義自然法命題」：自然法，就是自然人的天賦權利。

盧梭的自然法論，由許多概念和論證組成，並沒有一套完整的代表性著作，因此留下所謂「盧梭問題」，新康德哲學家卡西勒重組了盧梭的概念，幫助我們區分兩組重要概念——自由和理性，再藉由情感與意志的中介，將這兩組不同概念連

繫起來。卡西勒關於自然人本性（自然）的完整分析，在第五章有詳細探討，並以兩組命題闡述「自然」具有兩層意義，進而說明盧梭自然法論的核心命題：從自然人理性導出的自然權利，根源於人欲求自由的道德意志，無論如何都不能被人為的法律取消。

　　盧梭所說的「理性」（raison），借用康德的話語來說，就是「實踐或批判理性」（praktische Vernunft /kritische Vernunft; practical reason/critical reason）。一般如果只從倫理學來解釋理性，無法了解這些概念之間有何辯證關係，卡西勒從新康德主義的觀點，重新釐清人性的實然與應然之辨，以及情感與意志之間的辯證關係。

　　有趣的是，凡是盧梭用激情和藝術風格寫出的文字，一經康德和他的追隨者引用研究和延伸，就改變了風格，變得嚴謹、清晰和少了許多隨興的趣味感，因此康德及新康德主義哲學的詮釋，能否引起共鳴和接受是極有問題的。卡西勒將盧梭浪漫和康德清晰的兩種風格，融合在一起，完成辯證的詮釋，看這位寫出《人論》（*An Essay on Man*, 1944）和《象徵形式的哲學》（*Philosophie der symbolischen Formen*, 1923-1929）[1]兩部經典的哲學家，以他特有的美學風格完成了康德／盧梭辯證，

1　Ernst Cassier, *An Essay on Man: An introduction to a philosophy of human culture*（New Haven: Yale University Press, 1944）; 德文版*Was ist der Mensch? Versuch einer Philosophie der menschlichen Kultur*（1960）. Cassirer, *Philosophie der symbolischen Formen*（Band 1: Die Sprache, 1923; Band 2: Das mythische Denken, 1925; Band 3: Phänomenologie der Erkenntnis, 1929）, 3 Bde., 1. Aufl.（Berlin: Bruno Cassirer, 1923-1929）.

不僅分析論點極為清晰，還富有新康德主義中價值學派的美學
風格，[2]他的盧梭詮釋因而被譽為「偉大的辯證之作」。

　　前人的努力，留給我們無形的珍貴資產。卡西勒探索盧
梭的天賦人權，取不同文本的連繫，將天賦人權與國家法的關
係，做了脈絡化的解釋，精準詮釋現代自然法的意義：

> 〔盧梭說〕這些是法律所造成的驚奇，只有拜這法律之
> 賜，人們才可能得到正義和自由。這是全體意志的機制健
> 全，在立的法律中恢復人的自然的平等。這神聖的聲音，
> 告訴每個公民遵從公眾理性的規範，教導每個公民去根據
> 自主判斷的原理而行動，且不與自身所為矛盾。[3]（Cassirer
> 2012〔1939〕：118）

　　18世紀至今，自然法的概念一直被批評是抽象的、無法
理解的深奧之物，導致實證主義的各個法學流派，不斷提出抵
制的看法，然而另一方面，自然法的深刻之處，卻是自認清晰
的法理論也無法否定的。解開奧祕的自然法原理，說明自然權
利（天賦人權）的哲學論證，這是卡西勒的盧梭辯證的貢獻。

2　卡西勒是新康德馬堡學派的代表，以研究符號邏輯聞名，對於人文價值科
　　學興趣深厚，他對於象徵哲學的研究，奠立了當代美學方法的基礎。對卡
　　西勒的哲學研究，參考林遠澤，《從赫德到米德：邁向溝通共同體的德國
　　古典語言哲學思路》，第五章〈卡西勒符號形式哲學的文化哲學建構〉
　　（新北：聯經出版公司，2019），頁377-452；原文〈從符號形式到生命現
　　象──論卡西勒符號形式哲學的文化哲學涵義〉，《臺大文史哲學報》，
　　第83期（2015，頁109-150）。
3　盧梭原文翻譯參考Cassirer 2012（1939），S. 118的註解。

卡西勒對於普遍意志的解釋，與普遍的正義原則有相通之處，盧梭辯證詮釋也指出了卡西勒自己關注的問題，並為此找到出路。因此，盧梭問題其實也是卡西勒問題。

現代自然法的原理，經過盧梭辯證，將人性論和自然法論結合，把「理性」與「道德意志」從形而上的抽象觀念，轉化成自然人的能力，同時道德主體的明證性也被轉化為歷史中的行動者、批判者及反抗者。1789年法國《人權宣言》（*Déclaration des droits de l'homme et du citoyen*）及1791年《女性及女性公民權利宣言》（*Déclaration des droits de la femme et de la citoyenne*）中，人人平等的自然權利躍然紙上，留下歷史見證，而自然法與實證法之辯，及盧梭學說引發的疑難考據，也成了歷久不衰的研究課題。

本書第六章的寫作，也反覆推敲卡西勒的兩篇名作——〈盧梭問題〉及〈康德與盧梭〉，從中尋找線索，同時發現他的思考可以作為當代法哲學研究的典範，一方面有廣泛的盧梭文獻閱讀，戮力精準的分析，再加上獨有的詮釋，使盧梭三部著作《論人類不平等的起源與基礎》、《新愛洛伊絲》和《社會契約論》連成一氣，用以證立——盧梭獨立反社會風俗的傾向，出於盧梭對自由的執著，而且一反霍布斯式的假設，盧梭認為自然人並無社會驅力（Sozialtrieb），僅能憑藉人性內含原初社會性（*ursprünglich*-soziale Anlage），人們才可能合作和締造理想社會。

18世紀後的現代自然法論，精確地說，叫做自然權利論。自然權利的概念，並不是現代的發明，但演變為個別主體的自然權利，則是在盧梭與康德美學中發展而成，簡單而言，美

學提供了一個分析主體性的架構，對法哲學有很深的意義，卡西勒研究的獨特貢獻在指出：笛卡兒式的主體性（知識論預設），在盧梭哲學中已轉換成個人的「主體明證性」（les évidences subjectives），這是美學的感性概念，更清楚地表達個人「要求主體性的」感覺（情感、感受），引導意向、思考及分辨等主體能力的建構。第六章第四節小結以「權利主體的感性關係」，說明「要求主體性的」感覺是主體（自由的人）與思辨對象之間的感性關係（the aesthetic relation），使人有反思的能力辨別何時、何地、自己怎樣思考和行動，並承擔好壞後果與責任。

　　針對人性與意志，盧梭的社會契約論有一個易被忽視的重點，必須特別強調，即盧梭區分「普遍意志」與「全民意志」：普遍意志是抽象的，但也是純粹的，把人民的歧見相互抵消之後，留下真正屬於所有人民在「自由理性」的條件下皆同意的約定，這才是政治社會的共同基礎。這個理論傳統，仍為羅爾斯為代表的自由主義哲學延續著，並衍生出對「自由」和「法治」的不同理解模式。

　　本書第七章中，詳盡說明19世紀以來，何以「自然法」和「自然權利」的概念難以繼續沿用，源自邊沁的批判為何如此重要，以致法實證主義大興，即使歷經兩次世界大戰的慘劇和自然法復興，法實證主義仍屹立不搖，深思這些現象背後的原因，羅爾斯重新提出對「自由」的詮釋方法，他將盧梭式的「自然權利論證」轉化為「正義論證」，提出建構法治所需的基本的正義原則，強調平等自由與權利的重要，力抗效益主義的風潮。

　　歷經19世紀至今實證主義的挑戰，二戰後的自然法復興，以及1970年代後的新世代自然法研究，讓人重新注意現代「自然權利論」的精細論證與內容，藉由許多理論補充和詮釋，注入自然法論新的活力。

　　關於法治、自由權利與正義，透過當代法哲學家的辯論，我們發現新的研究自然法的可能性，例如像是德萊爾與阿列克西提出的「安置命題」及相關的抵抗權論證，同時在向來質疑自然法的法實證主義陣營中，亦可見如拉茲提出的「來源命題」和「法治論證」等精巧分析，本書在第八章的後半部，從這些看似對立的理論交鋒之中，嘗試概括地分析三種不同的法治觀點──形式的、實質的，以及柔性的法治觀，釐清這三種觀點的優劣及特色，並且說明柔性的法治觀點需要更多研究關注，它對於公民不服從、抵抗權和轉型正義等炙熱棘手的議題，可發揮極高的想像力和說服力。

　　法治的實踐，最重要是建立一套民主制度，要維持票票等值的選舉和公民投票（創制或複決）制度，但這樣的制度性設計卻常被曲解，以為多數決的民意就代表了「民主」，以過於簡單的推理，遮蔽了民主和自治的前提──人的主體能力與判斷力。例如，以大學自治為名的反民主現象，或是忽略保障少數弱勢的公投民主假象，都讓人深感法哲學思辨的重要。

　　任何社會制度背後必然有權力關係，這是無可避免的，但重點是：權力不能大到足以壓制人性，權力必須向自由低頭，「為權利而抗爭」指的就是為自由而行動，自由與權利為何密切相關？法律權利和道德權利是否有別？關於這些自然法論的未解疑難，或許讀者在書中能發現一些答案線索。

　　社會契約論和理性自然法論，在21世紀仍未過時。隨著文化多元及價值衝突的演變，在尚未成熟的民主制度運作下，警察國家的陰影依然存在，2008到2014年間，全球各地的茉莉花及太陽花運動，就是鮮明的近例，引發一連串有關國家統治正當性、法治及轉型正義的討論，對後來發現前納粹軍事組織成員的集中營罪行，司法追訴也還在進行中。實證法的效力，在極端不義的政權底下，無法不受質疑，研究現代自然法及自然權利的意義，從現代民主憲政原理來看，正可以說明：法律的體系無論如何精巧設計，或者長期發展出如何深邃的解釋工具和學理，法律終究不能脫離人性。

　　自然法論，經久不衰，時刻提醒我們法律是什麼，應該是什麼。自然法研究，亦有助於培養法學和政治學等學科的人文思考，理解一個亙古不變的道理──以法律之名所行的暴力，違反自然人性，永不可能因為現實的強力，就能含混變成合法。

　　在歐陸及英美法系的歷史中，理性自然法論的「自然權利」概念，已被廣泛納入憲法及人權的制度設計中，相對的，其他語言文化對於法律的用語，較難像法文或德文那樣一語雙關：讓人容易理解「法律」有自然權利及正義等多重含義。因此，費希特《自然法的基礎》一書的英文譯者曾坦言：德文"Recht"並沒有對應的單一英文譯法，因"Recht"包含了「正確、法律、正義」（right, law, and justice）[4]等含義。語言的限制，確實造成接近自然法研究的困難，不論是用哪一種語言思考自

4　Johann G. Fichte（2000）, translator's introduction, p. vii.

然法，似乎至少閱讀盧梭和康德等人的著作，是無法省略的過程，因為他們對主體性與自由的討論，承先啟後，如Charles Taylor所言，康德及後繼之人不斷探討現代的主體概念，而盧梭是重要的開頭。[5]

從現代到當代法哲學（法理學）的進展，新康德哲學的自然法研究，引入美學分析與詮釋，扮演舉足輕重的角色，如我們在卡西勒的盧梭詮釋中所見，自然法論涉及的概念運用——自然理性與實踐理性，既是分析性的，也是歷史性的。

從古代到中世紀古典自然法，以及由現代到新世代的自然權利論，本書盡可能做了相關文獻脈絡的處理，希望引發讀者興趣，探究自然法及自然權利論的根源，循序漸進地深入當代議題，或能發現自有哲學以來，研究自然法，從來不是把自然法當成點綴的辭令，或空中樓閣，如導論所言：我們在乎這個世界是否美好，人是否像人的生活。

5　Charles Taylor（1989），p. 368.

參考文獻

一、外文部分

Abel, Olivier. 1986. "Les origines et l'espérance des droits de l'homme（Ⅰ）, en deux parties," *Autres Temps. Les cahiers du christianisme social*, N° 11, Janv. 1986, p. 22-39.

Abel, Olivier. 1987. Les origines et l'espérance des Droits de l'homme（Ⅱ）, en deux parties, *Autres Temps. Les cahiers du christianisme social*, N° 12, Mars 1987, p. 44-51.

Achenwall, Gottfried. 1774. *Ius naturae. In usum auditorum.* Bossigel.

Alexy, Robert. 1986. *Theorie der Grundrechte*, 1. Aufl. Frankfurt/M.: Suhrkamp.

Alexy, Robert. 2008. "On the Concept and the Nature of Law," *Ratio Juris*, Vol. 21, No. 3（September 2008）, pp. 281-299.

Alexy, Robert. 1992. *Begriff und Geltung des Rechts*, 1. Aufl. Verlag Karl Alber.

Alexy, Robert. 2010. "The Dual Nature of Law," *Ratio Juris*, Vol. 23, No. 2（June 2010）, pp. 167-182.

Alexy, Robert. 2012. "Law, Morality, and the Existence of Human Rights," *Ratio Juris*, Vol. 25, No. 1（March 2012）, pp. 2-14.

Alexy, Robert. 2013. "Some Reflections on the Ideal Dimension of Law and on the Legal Philosophy of John Finnis," *The American Journal of Jurisprudence*, Vol. 58, No. 2（2013）, pp. 97-110.

Alexy, Robert. 2015. "Legal Certainty and Correctness," *Ratio Juris*, Vol. 28, No. 4（December 2015）, pp. 441-451.

Almond, Brenda. 2005. "Rights and justice in the environment debate," *Just Environments: Intergenerational, International and Inter-species Issues*, eds. Daivd Cooper and Joy Palmer. Routledge.

Aquinas, Thomas. 1911. *St. Thomas Aquinas Summa Theologica*, translated by the Fathers of the English Dominican Province. Originally published by Burns, Oates, and Washbourne in London in 1911. available from Christian Classics（Westminster, Md., 1981）; this edition on the Internet at:〈http://www.newadvent.org/summa〉.

Aquinas, Thomas. 1951. *Commentary on Aristotle's De Anima*, transl. Kenelm Foster and Silvester Humphries. Yale University Press, 1951.

Aristotle. 1924. *Aristotle's Metaphysics*, translated by W. D. Ross. Oxford: Clarendon Press.

Aristoteles. 1993. *Metaphysik. Schriften zur Ersten Philosophie*, übersetzt und herausgegeben von Franz F. Schwarz. Stuttgart: Reclam.

Aristotle. 1906. *The Nicomachean Ethics*, translated by F. H. Peters, 10. Edition. London: Kegan Paul, Trench, Trübner.

Aristotle. 1926. *The "Art" of Rhetoric*, translated by John Henry Freese. London: The Loeb Classical Library.

Aristotle. 1964. Aristotle's *Rhetoric*, Seminar in Political Philosophy: Aristotle's *Rhetoric*, translated by Leo Strauss, ed. Ronna Burger. The University of Chicago.

Aristotle. 2008. *The Categories*, translated by E. M. Edghill. The Project Gutenberg EBook.

Aubrey, John. 1898. *Aubrey's 'Brief Lives'*, ed. Andrew Clark. Oxford: The Clarendon Press.

Augustinus, Aurelius（Augustine of Hippo）. 2010. *On the Free Choice of the Will, On Grace and Free Choice, and Other Writings*, ed. and translated by Peter King. Cambridge University Press.

Augustinus, A. 354-430. *De Libro Arbitrio libri tres*. Available at http://www. intratext.com/Catalogo/Autori/AUT31.HTM（at "IntraText Digital Library"——texts in several languages, with concordance and frequency list）.

Aurelius, Marcus. 2002. *Meditations*, translated and introduced by Gregory Hays. New York: The Modern Library.

Austin, John. 1861. *Lectures on Jurisprudence*, 1861-1863, 2nd. edition. London.

Ayer, A. J. 1980. *Hume*. Oxford University Press, 1980.

Baumgarten, Alexander Gottlieb. 1750-1758. *Aesthetica*（1750/1758）. Frankfurt/Oder, 1750-1758.

Bennett, Mark J. 2013. "Leaving the Hart-Fuller Debate and Reclaiming Fuller: Form, Agency, and Morality in Kristen Rundle's *Forms Liberate*,"（September 1, 2013）*Victoria University of Wellington Law Review*, Vol. 44（2013）, pp. 461-485.

Bentham, Jeremy. 1843. "Critique of the Doctrine of Inalienable, Natural Rights," *Anarchical Fallacies: Being an Examination of the Declarations of Rights Issued During the French Revolution*, Vol. 2 of Bowring（ed.）, Works, 1843.

Bix, Brian. 2012. *Jurisprudence. Theory and Context*, 6th rev. edition. *Sweet & Maxwell.*

Blake, Nathanael. 2020. "How to Recover Our Lost Understanding of Natural Law," *The Federalist*（March 20, 2020）.

Bobbio, Norberto. 1993. *Thomas Hobbes and the Natural Law Tradition*, translated by Daniela Gobetti. The University of Chicago Press.

Burnet, John. 1920. *Early Greek Philosophy*, 3rd edition（London: A & C Black）.

Canovan, Margaret. 1983. "Arendt, Rousseau, and Human Plurality in Politics," *The Journal of Politics*, Vol. 45, No. 2（May, 1983）, pp. 286-302.

Cassirer, Ernst. 1923-1929. *Philosophie der symbolischen Formen*（Band 1: *Die Sprache*, 1923; Band 2: *Das mythische Denken*, 1925; Band 3: *Phänomenologie der Erkenntnis*, 1929）, 3 Bde., 1. Auflage. Berlin: Bruno Cassirer, 1923-1929.

Cassirer, Ernst. 2012（1932）. "Das Problem Jean-Jacques Rousseau,"（1932） in: *Ernst Cassirer über Rousseau*, hrsg. von Guido Kreis, 1. Auflage. Berlin: Suhrkamp Verlag, S. 7-90.

Cassirer, Ernst. 2012（1939）. "Kant und Rousseau,"（1939）in: *Ernst Cassirer über Rousseau*, hrsg. von Guido Kreis, 1. Auflage. Berlin: Suhrkamp Verlag, S. 91-150.

Cassirer, Ernst. 1944. *An Essay on Man: An introduction to a Philosophy of Human Culture*. New Haven: Yale University Press, 1944.（Deutsche Ausgabe: *Was ist der Mensch? Versuch einer Philosophie der menschlichen Kultur*. W. Kohlhammer, 1960.）

Chang, Ruth. 2017. "Hard Choices," *Journal of the American Philosophical*

Association（2017）, pp. 1-21.

Chang, Wen-Chen. 2019. Back into the political? Rethinking judicial, legal, and transnational constitutionalism, *International Journal of Constitutional Law*, Vol. 17, Issue 2（April 2019）, pp. 453-460.

Chen, Miaofen. 2005. "Zum Begriff der Natur der Sache. Von Ralf Dreiers Begriffsanalyse zu Philippa Foots Normbegründung," in *Integratives Verstehen. Zur Rechtsphilosophie Ralf Dreiers*, hrsg. v. Robert Alexy. Mohr Siebeck, S. 62-80.

Chen, Miaofen. 2015a. "From Class to Freedom: Rosa Luxemburg on Revolutionary Spontaneity and Socialist Democracy," *Archiv für Rechts- und Sozialphilosophie*（ARSP）, Vol. 101. No. 1（January, 2015）, pp. 75-86.

Chen, Miaofen. 2015b. "Bedeutung von Savignys Rechtslehre für die moderne Rechtsreform im chinesischen Sprachraum," in *Savigny International*（*Savignyana*）, hrsg. von Joachim Rückert und Thomas Duve, Savignyana（Schriftenreihe）, Max-Planck-Institut für europäische Rechtsgeschichte, S. 431-440.

Ciceronis, Marcus Tullius. 1874. *Academicorum Posteriorum*, revised and explained by James S. Reid. London: Macmillan and Co., 1874.

Ciceronis, M. T. 1955-1958. *De Natura Deorum*. Cambridge, Mass.: Harvard University Press, 1955-1958.

Ciceronis, M. T. 2006. *De re publica. De legibus. Cato maior de senectute. Laelius de amicitia*, ed. Jonathan G. F. Powell. Oxford.

Cohen, Sheldon. 1984. "Aristotle's Doctrine of the Material Substrate," *The Philosophical Review*, Vol. 93, No. 2（Apr., 1984）, pp. 171-194.

Coleman, Jules and Scott Shapiro.（eds.）2002. *The Oxford Handbook of*

Jurisprudence and Philosophy of Law. Oxford University Press.

Cruysberghs, Paul. 2004. "Zur Rekonstruktion eines Systems der Sittlichkeit im 'Naturrechtsaufsatz'," in Heinz Kimmerle（Hrsg.）, *Die Eigenbedeutung der Jenaer Systemkonzeptionen Hegels*（Berlin: Akademie Verlag, 2004）, S. 61-74.

Davies, Brian. 1992. *The Thought of Thomas Aquinas*. Oxford: Clarendon Press.

Derrida, Jacques. 1963. "Cogito et histoire de la folie," *Revue de Métaphysique et de Morale*, 68e Année, No. 4（Octobre-Décembre 1963）, p. 460-494.

Derrida, Jacques. 1992. "Force of Law. The 'Mystical Foundation of Authority'," in Drucilla Cornell, Michel Rosenfeld, and David Gray Carlson（eds.）, *Deconstruction and the Possibility of Justice*, translated by Mary Quaintance, original lectures in the U.S., 1989-1990（New York/London: Routledge, 1992）, pp. 3-67.

Destrée, Pierre. 2000. "Aristote et la question du droit naturel（Eth. Nic., V, 10, 1134b 18-1135a5）," *Phronesis XLV/3*, 2000, p. 220-239.

Dillon, John. 2003. *The Heirs of Plato: A Study of the Old Academy（347-274 BC）*. Oxford: Clarendon Press.

Donnelly, Bebhinn. 2016. *A Natural Law Approach to Normativity*. Routledge.

Dreier, Ralf. 1965. *Zum Begriff der "Natur der Sache"*, Diss. Betreuer Hans J. Wolff, hrsg. v. Rechts-und Staatswissenschaftlichen Fakultät der Westfälischen Wilhelms-Universität in Münster. Berlin: Walter de Gruyter.

Dreier, Ralf. 1981. *Recht-Moral-Ideologie. Studien zur Rechtstheorie*. 1. Auflage. Frankfurt/M.: Suhrkamp.

Dreier, Ralf. 1991. *Recht-Staat-Vernunft. Studien zur Rechtstheorie 2*, 1. Auflage. Frankfurt/M.: Suhrkamp.

Drury, Shadia B. 1981. "H. L. A. Hart's Minimum Content Theory of Natural Law," *Political Theory*, Vol. 9, No. 4 (Nov., 1981), pp. 533-546.

Dumouchel, Daniel. 1999. *Kant et la Genèse de la Subjectivité Esthétique*. Paris: Librairie Philosophique J. Vrin.

Dunn, John. 1984. *Locke: A Very Short Introduction*, Oxford University Press, 1984.

Dworkin, Ronald. 1973. "The Original Position," *University of Chicago Law Review* (1973). Vol. 40: Iss. 3, Article 4, pp. 500-533.

Dworkin, Ronald. 1989 (1975). "The Original Position", in *Reading Rawls. Critical Studies on Rawls' A Theory of Justice*, Norman Daniels (ed.). Stanford University Press, 1989 (first published in 1975), pp. 16-52.

Dworkin, Ronald. 2013 (1977). *Taking Rights Seriously*. London/New York: Bloomsbury. (first published in 1977 by Gerald Duckworth & Co Ltd., the current new edition first published in 1997).

Dworkin, Ronald. 1982. "'Natural' Law Revisited," *University of Florida Law Review*, Vol. 34, Iss. 2 (1982), pp. 165-188.

Dworkin, Ronald. 2011 (1993). *Life's Dominion. An Argument About Abortion, Euthanasia, and Individual Freedom*. New York: Vintage Books, 2011. (first published in 1993 by Alfred A. Knopf, New York, first Vintage Books edition published in 1994).

Dworkin, Ronald. 2000. *Sovereign Virtue: The Theory and Practice of Equality*. Cambridge, Massachusetts: Harvard University Press.

Dworkin, Ronald. 2011. *Justice for Hedgehogs*, Harvard University Press, 2011.

Eco, Umberto. 1993. *Le problème esthétique chez Thomas d'Aquin*, traduction de Maurice Javion, Presses Universitaires de France.

Elster, Jon. 2004. *Closing the Books. Transitional Justice in Historical Perspective*. Cambridge University Press.

Elster, Jon. 2012. "Justice, Truth, Peace," *Transitional Justice*, eds. Melissa S.Williams, Rosemary Nagy, and Jon Elster. New York/London: NYU Press, pp. 78-97.

Faucher, Nicolas and Magali Roques（eds.）. 2019. *The Ontology, Psychology and Axiology of Habits（Habitus）in Medieval Philosophy*. Springer.

Feldman, Stephen Matthew. 1991. "The New Metaphysics: The Interpretive Turn in Jurisprudence," *Iowa Law Review*, Vol. 76, Issue 4（May, 1991）, pp. 661-700.

Fichte, Johann G. 1796. *Grundlage des Naturrechts. Nach Prinzipien der Wissenschaftslehre*, Erster Teil. Jena und Leipzig: Christian Ernst Gabler.

Fichte, Johann G. 1797. *Grundlage des Naturrechts. Nach Prinzipien der Wissenschaftslehre*, Zweiter Teil. Jena und Leipzig: Christian Ernst Gabler.

Fichte, Johann G. 2000. *Foundations of Natural Right. According to the Principles of the Wissenschaftslehre*, ed. Frederick Neuhouser, translated by Michael Baur. Cambridge University Press.

Finnis, John. 2000. "On the Incoherence of Legal Positivism," *Notre Dame Law Review*, Vol. 75, No. 5（2000）, pp. 1597-1612.

Finnis, John. 2002. "Natural Law: The Classical Tradition," *The Oxford Handbook of Jurisprudence and Philosophy of Law*. eds. Jules Coleman and Scott Shapiro. Oxford University Press.

Finnis, John. 2011（1980）. *Natural Law and Natural Rights*, 2. edition.

Oxford University Press, 2011.（1st edition published 1980）.

Finnis, John. 2014. "Law as Fact and as Reason for Action: A Response to Robert Alexy on Law's 'Ideal Dimension'," *The American Journal of Jurisprudence*, Vol. 59, No. 1（2014）, pp. 85-109.

Flasch, Kurt. 2003. Augustin. *Einführung in sein Denken*, 3. Aufl., Stuttgart: Reclam.

Foisneau, L. et Thouard, D.（Éd.）. 2005. *Kant et Hobbes. De la violence à la politique*. Paris: Vrin.

Foucault, Michel. 1972. *Histoire de la folie* à l'âge classique. Éditions Gallimard.

Foucault, Michel. 2004. *Naissance de la biopolitique : Cours au Collège de France（1978-1979）*, ed. Michel Senellart. Paris: Gallimard, Seuil.

Foucault, Michel. 2008. *The Birth of Biopolitics. Lectures at the Collège de France（1978-1979）*, ed. Michel Senellart, translated by Graham Burchell. New York: Palgrave Macmillan.

Foucault, Michel. 1994（1984）. "Qu'est-ce que les lumières?," *Dits et Écrits*, vol. 4: *1980-1988*. Paris: Gallimard, coll.

Fuller, Lon L. 1949. "The Case of the Speluncean Explorers," *Harvard Law Review*, Vol. 62, No. 4（Feb., 1949）, pp. 616-645.

Fuller, Lon L. 1958. "Positivism and Fidelity to Law: A Reply to Professor Hart," *Harvard Law Review*, Vol. 71, No. 4（Feb., 1958）, pp. 630-672.

Fuller, Lon L. 1964. *The Morality of Law*, revised edition. New Haven/ London: Yale University Press, 1964.

Gadamer, Hans-Georg. 1990（1960）. *Wahrheit und Methode. Grundz*üge einer *philosophischen Hermeneutik*. Gesammelte Werke, Band 1（1. Aufl., 1960）, 6. durchgesehene Auflage. Tübingen: J. C. B. Mohr.

Gaius. 1993. *Institutiones*. In *Corpus Iuris Civilis. Die Institutionen*, Behrends/ Knütel, Kupisch-Seiler. Heidelberg: C. F. Müller, 1993.

Geismann, Georg. 1982. "Kant als Vollender von Hobbes und Rousseau," *Der Staat*, 21（1982）, S. 161-189.

Gilson, Étienne. 1922. *Le Thomisme. Introduction au Systéme de Saint Thomas d'Aquin*, 2. édition. Paris: Vrin.

Gilson, Étienne. 2002. *Le Thomisme. Introduction* à la philosophie de saint *Thomas d'Aquin,*, 6. and final edition; *Thomism. The Philosophy of Thomas Aquinas*, translated by Laurence K. Shook and Armand Maurer, Pontifical Institute of Mediaeval Studies. Toronto.

Giraudoux, Jean. 1994（1935）. *La guerre de Troie n'aura pas lieu*. Larousse, 1994.（first published in 1935）.

Goldsmith, M. M. 1966. *Hobbes's Science of Politics*. Columbia University Press.

Gonzalez, Ana Marta. 2005. "John Rawls and the New Kantian Moral Theory," in Thom Brooks and Fabian Freyenhagen（eds）, *The Legacy of John Rawls*, Chapter 8, Continuum（2005）, pp. 152-176.

Gouges, Olympe de. 1791. Déclaration des droits de la femme et de la citoyenne, https://www.ldh-france.org/1791-DECLARATION-DES-DROITS-DE-LA/.

Green, Leslie. 1996. "The Concept of Law Revisited," *Michigan Law Review*, Vol. 94（May, 1996）, pp. 1687-1717.

Grofman, Bernard and Scott L. Feld. 1988. "Rousseau's General Will: A Condocetian Perspective," *The American Political Science Review*, Vol. 82, No. 2（June, 1988）, pp. 567-576.

Grotius, Hugo 1689. *Hugonis Grotii Jus belli et pacis*. Zentralbibliothek

Zürich, 1689.

Haferkamp, Hans-Peter. 2014. "Naturrecht und Historische Rechtsschule," *Naturrecht in Antike und früher Neuzeit*, Symposion aus Anlass des 75. Geburtstages von Klaus Luig, hrsg. von Matthias Armgardt und Tilman Repgen. Tübingen: Mohr Siebeck, S. 61-95.

Hampton, Jean E.. 1986. *Hobbes and The Social Contract Tradition*. Cambridge: Cambridge University Press.

Hart, H. L. A. 1949. "The Ascription of Responsibility and Rights," *Proceedings of the Aristotelian Society*, New Series, Vol. 49 (1948-1949), pp. 171-194.

Hart, H. L. A. 1955. "Are There Any Natural Rights?," *The Philosophical Review*, Vol. 64, No. 2 (Apr., 1955), pp. 175-191.

Hart, H. L. A. 1958. "Positivism and Separation of Law and Morals," *Harvard Law Review*, Vol. 71, No. 4 (Feb., 1958), pp. 593-629.

Hart, H. L. A. 2012 (1961). *The Concept of Law*. Third Edition, with a Postscript edited by Penelope A. Bulloch and Joseph Raz. And with an Introduction and Notes by Leslie Green. Oxford University Press. (first published in 1961).

Hart, H. L. A. 2008 (1968). *Punishment and Responsibility. Essays in the Philosophy of Law* (1968), 2nd edition, with an Introduction by John Gardner. Oxford University Press.

Hegel, Georg Wilhelm Friedrich. 1832. "Über die wissenschaftlichen Behandlungsarten des Naturrechts, seine Stelle in der praktischen Philosophie, und sein Verhältnis zu den positiven Rechtswissenschaften," (zuerst erschienen im *Kritischen Journal der Philosophie*, 1802-1803) *Philosophische Abhandlungen*, hrsg. von Karl Ludwig Michelet (Berlin:

Verlag von Duncker und Humblot, 1832）, Werke, Band 1, S. 321-423.

Hegel, Georg Wilhelm Friedrich. 1986（1821）. *Grundlinien der Philosophie des Rechts oder Naturrecht und Staatswissenschaft im Grundrisse* （1821）, 1. Auflage. Frankfurt/M.: Suhrkamp Verlag, 1986.

Heidegger, Martin. 1967（1927）. *Sein und Zeit*, 11. unveränderte Aufl. Tübingen: Max Niemeyer Verlag.

Heineccius, Johann Gottlieb. 1738. *Elementa iuris naturae et gentium*. Halae: Impensis Orphanotrophei.

Hettche, Matt. 2019. "Christian Wolff," The Stanford Encyclopedia of Philosophy. substantive revision（Sep. 30, 2019）. At https://plato. stanford.edu/entries/wolff-christian/（last visited Oct. 6, 2021）.

Himma, Kenneth Einar. "Philosophy of Law," Internet Encyclopedia of Philosophy. At https://www.iep.utm.edu/law-phil/（last visited April 5, 2021）.

Hirsch, Philipp-Alexander. 2012. *Kants Einleitung in die Rechtslehre von 1784*. Göttingen: Universitätsverlag, 2012.

Hobbes, Thomas. 1909（1651）. *Leviathan*, reprinted from the edition of 1651. Oxford: Clarendon Press/Oxford University Press, 1909.

Hobbes, Thomas. 1994（1651）. *Leviathan*, 6. Aufl., übersetzt v. Walter Euchner, herausgegeben und eingeleitet v. Iring Fetscher. Frankfurt/M.: Suhrkamp, 1994.

Hobbes, Thomas. 1962. *Leviathan: Or the Matter, Form and Power of a Commonwealth Ecclesiastical and Civil*, ed. by Michael Oakeshott, New York: Collier Books.

Hobbes, Thomas. 1963. *The Metaphysical System of Hobbes*, selected by M. W. Calkins. Chicago: The Open Court Publishing Co., 1963.

Hobbes, Thomas. 1989. *Metaphysical Writings. Elements of Philosophy Concerning Body, Human Nature, Leviathan*, ed. by Mary Whiton Calkins, Illinois（US）: Open Court.

Hobbes, Thomas. 1994a. "The Elements of Law. Natural and Politic," in Hobbes, *Human Nature and De Corpore Politico*, ed. J. C. A. Gaskin. Oxford/New York: Oxford University Press.

Hobbes, Thomas. 1994b. *Human Nature and De Corpore Politico*, ed. by J. C. A. Gaskin. Oxford/New York: Oxford University Press.

Hobbes, Thomas. 2005. *Writings on Common Law and Hereditary Right*, ed. by Alan Cromartie and Quentin Skinner. Oxford: Clarendon Press.

Höffe, Otfried. 1999. *Aristoteles*, 2. überarb. Aufl., München: Beck.

Hofmann, Hasso. 2016. "The Development of German-Language. Legal Philosophy and Legal Theory in the Second Half of the 20th Century," in Enrico Pattaro, Corrado Roversi（eds.）, *A Treatise of Legal Philosophy and General Jurisprudence. Volume 12: Legal Philosophy in the Twentieth Century: The Civil Law World*. Springer.

Hofweber, Thomas. "Logic and Ontology," *Stanford Encyclopedia of Philosophy*, at https://plato.stanford.edu/entries/logic-ontology/（last visited April 5, 2021）.

Honneth, Axel. 1992. *Kampf um Anerkennung. Zur moralischen Grammatik Sozialer Konflikte*. Suhrkamp Verlag, Frankfurt/M..

Horn, Christoph/Rapp, Christof Hrsg. 2008. *Wörterbuch der antiken Philosophie*, 2., überarbeitete Auflage. München: Verlag C. H. Beck.

Horsley, Richard A. 1978. "The Law of Nature in Philo and Cicero," *The Harvard Theological Review*, Vol. 71, No. 1/2（Jan.-Apr., 1978）, pp. 35-59.

Husserl, Edmund. 1913. *Logische Untersuchungen*, Zweiter Band, Erster Teil, Husserliana, Band XIX/1, 2. Aufl., hrsg. v. Ursula Panzer.

James, David. 2007. *Hegel's Philosophy of Right: Subjectivity and Ethical Life*. A&C Black.

James, David. 2011. *Art, Myth and Society in Hegel's Aesthetics*. A&C Black.

Jhering, Rudolf von. 1872/1992. *Der Kampf um's Recht*（1872）, hrsg. v. Felix Ermacora, Propyläen Verlag, 1992.

Jolley, Nicholas. 1984. *Leibniz and Locke: A Study of the 'New Essays on Human Understanding'*, Oxford: Clarendon Press.

Jones, Peter（ed.）. 1989. *The ,Science of Man' in the Scottish Enlightenment Hume, Reid and their Contemporaries*, Edinburgh University Press.

Kant, Immanuel. 1942. "Bemerkungen zu den Beobachtungen über das Gefühl des Schönen und Erhabenen,"in *Gesammelte Schriften*, Akademieausgabe, Berlin 1900ff.（=AA）, Bd. XX. Berlin, 1942.

Kant, Immanuel. 1965. *Grundlegung zur Metaphysik der Sitten*, hrsg. v. Karl Vorländer, 3. Auflage. Hamburg: Meiner.

Kant, Immanuel. 1990a. *Kritik der reinen Vernunft*, hrsg. v. Raymund Schmidt, 3. Auflage. Hamburg: Meiner.

Kant, Immanuel. 1990b. *Kritik der praktischen Vernunft*, hrsg. v. Karl Vorländer, 10. Auflage. Hamburg: Meiner, 1990. Zitiert u.a. nach *Gesammelte Schriften*, Akademieausgabe, Berlin 1900ff.（=AA）, Bd. V.

Kant, Immanuel. 1922. *Kritik der Urteilskraft*, hrsg. v. Karl Vorländer, 5. Auflage. Leipzig: Meiner.

Kaufmann, Arthur. 1997（1994）. *Rechtsphilosophie*（1. Aufl. 1994）, 2., überarbeitete und stark erweiterte Auflage. München: C. H. Beck'sche Verlagsbuchhandlung.

Kelsen, Hans. 1994（1934）. *Reine Rechtslehre. Einleitung in die rechtswissenschaftliche Problematik*, 2. Neudruck der 1. Auflage. Leipzig und Wien（1934）. Scientia Verlag Aalen, 1994.

Knee, Philip. 1987. "Note sur *Le problème Jean-Jacques Rousseau* de Cassirer," *Laval théologique et philosophique*, Vol. 43, N° 2, 1987, p. 235-248.

Korsgaard, Christine M. 1996. "Realism and Constructivism in 20th Century Ethics," in Korsgaard, *The Sources of Normativity*. Cambridge University Press.

Korsgaard, Christine M. 2003. "Realism and Constructivism in Twentieth-Century Moral Philosophy," *Journal of Philosophical Research*, 28（Supplement 2003）, pp. 99-122.

Koskenniemi, Martti. 2019. "Imagining the Rule of Law: Rereading the Grotian 'Tradition'," *European Journal of International Law*, Volume 30, Issue 1（Feb., 2019）, pp. 17-52, https://doi.org/10.1093/ejil/chz017.

Kreis, Guido. 2012. "Cassirer und Rousseau: Das Problem eines universellen Gerechtigkeitsprinzips," in *Ernst Cassirer* über *Rousseau*, hrsg. von Guido Kreis, 1. Auflage. Berlin: Suhrkamp Verlag, pp. 151-174.

Lamb, W. R. M. 1927. "Introduction to the *Minos*," in Plato, Charmides, Alcibiades, Hipparchus, The Lovers, Theages, Minos, Epinomis, Loeb Classical Library Cambridge, MA: Harvard University Press.

Lang, Richard and Mark Bell. 2018. "Michael Walzer and Complex Equality," *Complex Equality and the Court of Justice of the European Union.* Brill, pp. 22-45.

Laplante, Lisa J. 2014（2013）. "The Plural Justice Aims of Reparations,"（New England Law/Boston, 2013）in *Transitional Justice Theories*, eds. Susanne Buckley-Zistel, Teresa Koloma Beck, Christian Braun and Friederike Mieth. New York: Routledge, 2014, pp. 66-67.

Larenz, Karl. 1991. *Methodenlehre der Rechtswissenschaft*, 6., neubearbeitete Auflage. Berlin/Heidelberg/New York: Springer.

Lask, Emil. 1905. *Rechtsphilosophie* (Heidelberg: Carl Winter's Universitätsbuchhandlung.

Lattman, Peter & Lobb, Annelena. 2009. "Victims' Speeches in Court Influenced Judge's Ruling," *Wall Street Journal* (June 30, 2009).

Leiter, Brian and Michael Sevel. "Philosophy of law," Encyclopedia Britannica. at https://www.britannica.com/topic/philosophy-of-law (last visited April 5, 2021).

Locke, John. 1990 (1664). *Questions Concerning the Law of Nature* (1664-1682), ed. Robert H. Horwitz, translated by Robert H. Horwitz, Jenny Strauss Clay, Diskin Clay. Ithaca: Cornell University Press, 1990.

Locke, John. 2002 (1676). *Essays on the Law of Nature and Associated Writings* (1676), first published in 1954, new edition, ed. W. von Leyden. Oxford: Clarendon Press.

Locke, John. 1823. *Two Treatises of Government*, Essay two: Concerning the True Original Extent and End of Civil Government (The Works of John Locke. A New Edition, Corrected, in Ten Volumes), Vol. V. London, 1823.

Loeb, Louis E. 1990. "The Priority of Reason in Descartes," *The Philosophical Review*, Vol. 99, No. 1 (Jan., 1990), pp. 3-43.

MacCormick, Neil. 1981. *H. L. A. Hart.* California: Stanford University Press.

MacIntyre, Alasdair. 2007 (1981). *After Virtue. A Study in Moral Theory*, first published 1981, 3rd. edition. University of Notre Dame Press, 2007.

Manent, Pierre. 2018. *La loi naturelle et les droits de l'homme*. Essai de Philosophie pratique. Presses Universitaires de France.

Manent, Pierre. 2020. *Natural Law and Human Rights. Toward a Recovery of Practical Reason* (Catholic Ideas for a Secular World), translated by Ralph C. Hancock, with Preface by Daniel J. Mahoney, and Foreword by Pierre Manent. University of Notre Dame Press.

Marmor, Andrei and Alexander Sarch. "The Nature of Law," Stanford Encyclopedia of Philosophy. at https://plato.stanford.edu/entries/lawphil-nature/ (last visited April 5, 2021).

Martinich, A. P. 1999. *Hobbes. A Biography*, Cambridge University Press.

Monro, Charles Henry. 1904-1909. Translator. *Digest of Justinian*. New York: Buffalo & Erie County Public Library, 1904-1909.

Moore, G. E. 1993 (1903). *Principia Ethica*, revised edition, ed. T. Baldwin, Cambridge, 1993 (first published 1903).

Morrall, John B. 1971. *Political Thought in Medieval Times*. Hutchinson University Library.

Murphy, Colleen. 2005. "Lon Fuller and the Moral Value of the Rule of Law," *Law and Philosophy*, Vol. 24 (2005), pp. 239-262.

Nida-Rümelin, Julian. 2005. *Über menschliche Freiheit*. Stuttgart: Reclam.

Nietzsche, Friedrich. 1954. *Götzen Dämmerung, Streifzüge eines Unzeitgemässen*, Werke in drei Bänden. München. Band 2.

Nussbaum, Martha C. 2007. *Frontiers of Justice. Disability, Nationality, Species Membership*. Harvard University Press.

Nussbaum, M. C. 2016. *Anger and Forgiveness. Resentment, Generosity, Justice*. Oxford University Press.

Oestreich, Gerhard. 1978. *Geschichte der Menschenrechte und Grundfreiheiten im Umriß*, 2. Aufl., Berlin: Duncker & Humblot.

Orrego, Cristobal. 2004. "H.L.A. Hart's Understanding of Classical Natural Law Theory," *Oxford Journal of Legal Studies*, Vol. 24, No. 2（Summer, 2004）, pp. 287-302.

Pateman, Carole. 1988. *The Sexual Contract*. Oxford: Polity Press, 1988.

Pinto, Henrique. 2003. *Foucault, Christianity and Interfaith Dialogue*, Routledge Studies in Religion. London/New York: Routledge.

Platon. 1990（1971）. *"Politeia"*, Werke Band 4, übersetzt v. Friedrich Schleiermacher, hrsg. v. Gunther Eigler, Wissenschaftliche Buchgesellschaft, Darmstadt, 1990（2., unveränderte Auflage von der Ausgabe Darmstadt 1971）.

Platon. 1990a（1977）. *Nomoi*, Werke Band 8/1 and 8/2, übersetzt v. Klaus Schöpsdau und Hieronymus Müller, hrsg. v. Gunther Eigler, Wissenschaftliche Buchgesellschaft, Darmstadt, 1990（2., unveränderte Auflage von der Ausgabe Darmstadt 1977）.

Platon. 1990b（1977）. *Minos*, Werke Band 8/2, übersetzt v. Klaus Schöpsdau und Hieronymus Müller, hrsg. v. Gunther Eigler, Wissenschaftliche Buchgesellschaft, Darmstadt, 1990（2., unveränderte Auflage von der Ausgabe Darmstadt 1977）.

Pribytkova, Elena. 2013. "'The Minimum Content of Natural Law' —— H. L. A. Hart's Project to Reconcile Natural Law and Legal Positivism?," *Zeitschrift für Rechtsphilosophie*, Vol. 1（2013）, pp. 3-15.

Priel, Dan. 2011. "H. L. A. Hart and the Invention of Legal Philosophy," *Osgoode Hall Law School Research Paper*, Vol. 7, No. 5（2011）, pp. 2-17.

Pufendorf, Samuel von. 1672. *De iure naturae et gentium*. Londini Scanorum:

Sumtibus Adami Junghans iprimebat Vitus Haberegger.

Radbruch, Gustav. 1973（1932）. *Rechtsphilosophie*, 8. Aufl., hrsg. v. Erik Wolf und Hans-Peter Schneider. Stuttgart: K. F. Koehler Verlag, 1973.

Radbruch, Gustav. 2003（1999）. *Rechtsphilosophie*, Studienausgabe（1999）, 2., überarbeitete Aufl., hrsg. v. Ralf Dreier and Stanley L. Paulson（Heidelberg: C. F. Müller, 2003）.

Ratcliffe, M. 2002. "Husserl and Nagel on Subjectivity and the Limits of Physical Objectivity," *Continental Philosophy Review*, Vol. 35（2002）, pp. 353-377.

Rawls, John. 1987. "The Idea of an Overlapping Consensus", *Oxford Journal of Legal Studies*, Vol. 7, No. 1（Spring, 1987）, pp. 1-25.

Rawls, John. 1999（1971）. *A Theory of Justice*, revised edition. Harvard University Press, 1999（first published 1971）.

Rawls, John. 1999（1980）. "Kantian Constructivism in Moral Theory," *The Journal of Philosophy*, Vol. 77, No. 9（Sep. 9, 1980: 515-572）; repr. in Rawls（1999）*Collected Papers*: pp. 303-358.

Raz, Joseph. 1984a. "Rewiew: Hart on Moral Rights and Legal Duties," Reviewed Work: *Essays on Bentham* by Herbert Hart, *Oxford Journal of Legal Studies*, Volume 4, No. 1（Spring, 1984）, pp. 123-131.

Raz, Joseph. 1984b."Legal Rights,"*Oxford Journal of Legal Studies*, Volume 4, No. 1（March, 1984）, pp. 1-21. https://doi.org/10.1093/ojls/4.1.1

Raz, Joseph. 1985. "Authority, Law and Morality," *The Monist*, Vol. 68, No. 3, The Concept of Law（July, 1985）, pp. 295-324.

Raz, Joseph. 1986. *The Morality of Freedom*. Oxford: Clarendon Press, 1986.

Raz, Joseph. 1994. *Ethics in the Public Domain. Essays in the Morality of Law and Politics*. Oxford: Clarendon Press.

Raz, Joseph. 1997. "Incommensubability and Agency," in Ruth Chang（ed.）, *Incommensurability, Incomparability and Practical Reason*. Cambridge, MA: Harvard University Press, pp. 110-128.

Raz, Joseph. 2003. "About Morality and the Nature of Law," *American Journal of Jurisprudence*, Vol. 48（2003）, pp. 1-15.

Raz, Joseph. 2004. "Incorporation by Law," *Legal Theory*, Vol. 10（2004）, pp. 1-17.

Raz, Joseph. 2007. "Human Rights Without Foundations," University of Oxford Faculty of Law Legal Studies Research Paper Series, Working Paper No. 14/2007（March 2007）.

Raz, Joseph. 2013. "On Waldron's Critique of Raz on Human Rights," Columbia Law School Public Law & Legal Theory Working Paper Group, Paper Number 13-359（Aug., 2013）.

Raz, Joseph. 2019. "The Law's Own Virtue," *Oxford Journal of Legal Studies*, Volume 39, Issue 1（Spring 2019）, pp. 1-15, https://doi.org/10.1093/ojls/gqy041.

Reid, James D. 2003. "On the Unity of Theoretical Subjectivity in Kant and Fichte," *The Review of Metaphysics*, Vol. 57, No. 2（Dec., 2003: pp. 243-277）.

Rescher, Nicholas. 1981. "Leibniz on Creation and the Evaluation of Possible Worlds", in Rescher, *Leibniz's Metaphysics of Nature. A Group of Essays*. Holland: Dordrecht.

Ricoeur, Paul. 1991. "Explanation and Understanding," in *From Text to Action*, translated by K. Blamey and J. B. Thompson. Evanston, Illinois: Northwestern University Press, 1991, pp. 125-143.

Ricoeur, Paul. 1995. *Le Juste*. Paris: Éditions Esprit.

Ricoeur, Paul. 2000. *The Just*. Translated by David Pellauer. Chicago and London: The University of Chicago Press.

Ricoeur, Paul. 2005. *The Course of Recognition*, translated by D. Pellauer. Cambridge: Harvard University Press.

Rogers, G. A. J. and Ryan, Alan（eds.）. 1988. *Perspectives on Thomas Hobbes*. Oxford: Clarendon Press.

Rousseau, Jean-Jacques. 2008（1755）. *Discours sur l'origine et les fondements de l'inégalité parmi les hommes*（1755）, présentation et notes par Blaise Bachofen et Bruno Bernardi. Paris: GF Flammarion.

Rousseau, Jean-Jacques. 1994（1755）. *Discourse on the Origin of Inequality*, translated by Franklin Philip, ed. with an introduction by Patrick Coleman. Oxford/New York: Oxford University Press.

Rousseau, Jean-Jacques. 1972（1762）. *Émile ou De l'éducation*, tome 1, II. Paris: Librairie Larousse.

Rousseau, Jean-Jacques. 2012（1762）. *Émile ou De l'éducation*, in Collection complète des œuvres（OC）, Genève, 1780-1789, version 2012.

Rousseau, Jean-Jacques.（1762/?）. *Émile or Education*, translated by Barbara Foxley, London（publishing date unknown）.

Rousseau, Jean-Jacques. 1943（1762）. *Du contrat social ou principes du droit politique*（1762）, Aubier, 1943.

Rousseau, Jean-Jacques. 1977（1762）. *Du contrat social ou principes du droit politique*（1762）; Gesellschaftsvertrag, vom Gesellschaftsvertrag oder Grundsätze des Staatsrechts. In Zusammenarbeit mit Eva Pietzcker, neu übersetzt und herausgegeben v. Hans Brockard, Stuttgart: Reclam, 1977.

Rousseau, Jean-Jacques. 2012（1782）. *Les rêveries du promeneur solitaire*, Paris: GF Flammarion, 2012.

Rousseau, Jean-Jacques. 1956. *The Émile of Jean Jacques Rousseau Selections*, translated and ed. William Boyd, New York: Columbia University Teachers College Press.

Rousseau, Jean-Jacques. 1964. *Jean Jacques Rousseau. His educational Theories Selected from Émile, Julie and other Writings*, ed. R. L. Archer, New York/London: Barron's Educational Series, 1964.

Rundle, Kristen. 2012. *Forms Liberate: Reclaiming the Jurisprudence of Lon L. Fuller*. Oxford: Hart Publishing.

Rundle, Kristen. 2018. "Fuller's Relationships," The 1st Japan-IVR-Conference Keynote Speech, July 7, 2018.

Russell, Bertrand Arthur William. 2009. *The Basic Writings of Bertrand Russell 1903-1959*. Routledge.

Sandel, Michael. 1998（1982）. *Liberalism and the Limits of Justice*, Cambridge University Press, first published 1982. Cambridge University Press.

Savigny, Friedrich Carl von. 1840. *System des heutigen Römischen Rechts*, 8 Bände. Berlin: Veit, Band 1.

Sayer, Andrew. 2005. *The Moral Significance of Class*. Cambridge University Press.

Schofield, Philip. 2003. "Jeremy Bentham, the Principle of Utility, and Legal Positivism," *Current Legal Problems*, Volume 56, Issue 1（1 January 2003）, pp. 1-39.

Schofield, Philip. 2010. "Jeremy Bentham and H. L. A. Hart's 'Utilitarian Tradition in Jurisprudence'," *Jurisprudence*, 1（2）（2010）, pp. 147-

167.

Shapiro, Scott. 2011. *Legality*. The Belknap Press of Harvard University Press.

Shiner, Roger A. 1980. "Hart and Hobbes," *William and Mary Law Review*, 20 (2) , pp. 201-225.

Sibley, Frank Noel. 2001. *Approach to Aesthetics: Collected Papers on Philosophical Aesthetics*, eds. John Benson, Betty Redfern, and Jeremy Roxbee Cox. Oxford University Press.

Skinner, Quentin. 1996. *Reason and Rhetoric in the Philosophy of Hobbes*. Cambridge University Press.

Sloterdijk, Peter. 2011. Berliner Rede "Über die Freiheit," Berlin.

Smith, Brett W. 2015. "Augustine's Natural Law Theory in *De libero arbitrio*," *Irish Theological Quarterly*, Vol. 80, Issue 2 (2015) , pp. 111-135.

Soucek, Brian. 2017. "Aesthetic Judgment in Law," *Alabama Law Review*, Vol. 69:2 (2017) , pp. 381-467.

Spaak, Torben. 2019. "Robert Alexy and the Dual Nature of Law," (March 7, 2019) available at SSRN:https://ssrn.com/abstract=3348272 or http://dx.doi.org/10.2139/ssrn.3348272.

Stammler, Rudolf. 1902. *Die Lehre von dem Richtigen Rechte*. Berlin: J. Guttentag Verlagsbuchhandlung.

Strauss, Leo. 1952 (1936) . *The Political Philosophy of Hobbes. Its Basis and Its Genesis*, first published in 1936 (Oxford: The Clarendon Press) , translated from the German manuscript by Elsa M. Sinclair. Chicago and London: The University of Chicago Press.

Strauss, Leo. 1953. *Natural Right and History*. The University of Chicago Press, 1953.

Strauss, Leo. 1968. "On the *Minos*," in Leo Strauss, *Liberalism Ancient and*

Modern. Chicago/London: The University of Chicago Press, pp. 65-75.

Suber, Peter. 1998. *The Case of the Speluncean Explorers: Nine New Opinions* （Routledge, 1998）.

Taylor, Charles. 1989. *Sources of The Self. The Making of the Modern Identity*. Harvard University Press.

Taylor, Charles. 1995. *Philosophical Arguments*. Harvard University Press.

Tsui, Judy C. 2014. "Breaking Free of the Prison Paradigm: Integrating Restorative Justice Techniques into Chicago's Juvenile Justice System," *Journal of Criminal Law and Criminology* 104（2014）, pp. 635-665.

The United Nations. 1945. *Charter of the United Nations*, 1945. https://www.un.org/en/about-us/un-charter.

The United Nations. 1948. *Universal Declaration of Human Rights*, 1948. https://www.un.org/en/about-us/universal-declaration-of-human-rights.

Vellmer, Anja. 2010. *Religiöse Kindererziehung und religiös begründete Konflikte in der Familie: eine rechtsübergreifende Darstellung familiärer religiöser Konflikte und der staatlichen Instrumentarien zu ihrer Lösung*. Peter Lang.

Vermeren, Patrice. 2003. *La Philosophie Saisie Par L'UNESCO*. Publié en 2003 par: Organisation des Nations Unies pour l'éducation, la science et la culture（UNESCO）.

Voltaire. 1994. *Political Writings*, ed. and translated by David Williams. Cambridge University Press.

Vorländer, Karl. 1965. *Philosophie der Renaissance. Beginn der Naturwissenschaft*, Geschichte der Philosophie III. Hamburg: Rowohlts.

Wacks, Raymond. 2014. *Philosophy of Law. A Very Short Introduction*, 2nd. rev. edition. Oxford University Press.

Waldron, Jeremy. 2013. "Human Rights: A Critique of the Raz/Rawls Approach," New York University Public Law and Legal Theory Working Papers, Paper 405.

Walzer, Michael. 1983. *Spheres of Justice. A Defense of Pluralism and Equality*. Basic Books.

Watkins, John W. N. 1965. *Hobbes's System of Ideas: A Study in the Political Significance of Philosophical Theories*. Hutchinson.

Wenzel, Christian Helmut. 2005. *An Introduction to Kant's Aesthetics. Core Concepts and Problems*. Blackwell Publishing.

Windelband, Wilhelm. 1894. *"Geschichte und Naturwissenschaft."* Rede zum Antritt des Rektorats der Kaiser-Wilhelms-Universität Straßburg, gehalten am 1. Mai 1894.

Wolfe, Christopher. 2006. *Natural Law Liberalism*. Cambridge University Press.

Wolin, Sheldon S. 1960. *Politics and Vision: Continuity and Innovation in Western Political Thought*. Boston: Little, Brown and Company.

Woodfield, Richard. 1980. "Thomas Hobbes and the Formation of Aesthetics in England," *The British Journal of Aesthetics*, Vol. 20, Issue 2（Spring, 1980）, pp. 99-114.

Wright, John P. 2009. *Hume's A Treatise of Human Nature. An Introduction*. Cambridge University Press.

Zehr, Howard. 1990. *The Little Book of Restorative Justice*. Good Books.

Zehr, Howard. 1990. *Changing Lenses: A New Focus for Crime and Justice*. Herald Press.

二、中文部分

Bodenheimer, Edgar.（博登海默）1999（1974）.《法理學：法哲學與法學方法》，鄧正來譯，范建得校閱，台北：漢興出版社。原文出自 *Jurisprudence: The Philosophy and Method of the Law*, 2nd. rev. edition. Harvard University Press, 1974。

Dworkin, Ronald.（德沃金）2013（1977）.《認真看待權利》，孫健智譯，台北：五南出版。原文出自 *Taking Rights Seriously*, first published in 1977, Gerald Duckworth & Co Ltd.。

Foucault, M.（傅柯）2016（1972）.《古典時代瘋狂史》，林志明譯，台北：時報文化出版，2 版。

Hassemer, Winfried.（哈思曼）1996（1987）.〈區分阻卻違法與阻卻責任之法理（下）〉，陳志龍譯，《國立臺灣大學法學論叢》，卷 26，第 1 期（1996 年 10 月），頁 117-153。原文出自 W. Hassemer,"Rechtfertigung und Entschuldigung im Strafrecht. Thesen und Kommentare," Eser/Fletcher（Hrsg.），*Rechtfertigung und Entschuldigung I*（Freiburg, 1987），S. 175ff.。

Hobbes, Thomas.（霍布斯）2017.《利維坦》，黎思復、黎廷弼譯，楊昌裕校（北京：商務印書館，2017）。

Kant, Immanuel.（康德）2004.《實踐理性批判》，鄧曉芒譯，楊祖陶翻譯校訂，新北：聯經出版公司。原文出自 *Kritik der praktischen Vernunft*（1788）。

Kaufmann, Arthur.（考夫曼）2000（1997）.《法律哲學》，德漢對照本，劉幸義等合譯，台北：五南出版。原文出自 *Rechtsphilosophie*, 2., überarbeitete Aufl.（München: Beck'sche Verlagsbuchhandlung, 1997）。

Kaufmann, Arthur.（考夫曼）1999（1982）.《類推與「事物本質」：兼論類型理論》，德漢對照本，吳從周譯，顏厥安審校，台北：學林文化，1999。原文出自 *Analogie und "Natur der Sache." Zugleich ein Beitrag zur Lehre vom Typus*, 2. Auflage. Heidelberg: R. v. Decker & C. F. Müller, 1982。

Nida-Rümelin, Julian.（尼達呂梅林）2018.〈哲學與法中的責任〉，第 24 屆世界哲學大會論文摘選，北京，2018。

Plato（柏拉圖）2009.《理想國篇：譯注與詮釋》，徐學庸譯注，新北：臺灣商務印書館。

Robert, Blanche（al.）（布朗席）多人合著 2017.《法國高中生哲學讀本 III：主體篇》，梁家瑜譯，沈清楷審校，新北：大家出版社。

Rousseau, Jean-Jacques.（盧梭）1984.《論人類不平等的起源和基礎》，李常山譯，台北：唐山出版社。

Rousseau, Jean-Jacques.（盧梭）1987.《社會契約論》，何兆武譯，台北：唐山出版社。

Rousseau, Jean-Jacques.（盧梭）1989.《愛彌兒》，李平漚譯，台北：五南出版。原文出自 Émile ou De *l'éducation*（1762）。

Rousseau, Jean-Jacques.（盧梭）1991.《愛彌兒》，魏肇基譯。新北：臺灣商務印書館（台灣初版，1965），第 22 版，1991 年。原文出自 Émile ou De *l'éducation*（1762）。

Rousseau, Jean-Jacques.（盧梭）1996.《新愛洛伊絲》（上／下），李平漚、何三雅譯，台北：林鬱文化，1996。原文出自 *Julie ou la Nouvelle Héloïse*（1761）。

Rousseau, Jean-Jacques.（盧梭）2015.《德性墮落與不平等的起源》，苑舉正譯注，新北：聯經出版公司。

Sayer, Andrew.（賽爾）2008.《階級的道德意義》，萬毓澤、陳妙芬譯，

新北：巨流圖書公司。原文出自 *The Moral Significance of Class*. Cambridge University Press, 2005。

Strauss, Leo.（史特勞斯）2005.《自然權利與歷史》，彭剛譯，新北：左岸文化。

Taylor, George H.（喬治‧泰勒）2018.〈詮釋學的貢獻：法律詮釋學的觀點〉，陳妙芬譯，《追隨呂格爾閱讀》，黃筱慧主編，台北：東吳哲學系呂格爾研究中心。

Tocqueville, Alexis de（托克維爾）2015.《舊制度與大革命》，李焰明譯，台北：時報文化出版。原文出自 *L'Ancien Régime et la Révolution*。

王鵬翔，2010，〈反對安置命題〉，《中研院法學期刊》，第 7 期（2010 年 9 月），頁 141-208。

朱志榮，2011，《康德美學思想研究》，台北：秀威出版。

吳乃德，2015，〈民主時代的威權遺產──轉型正義的使命與難題〉，《記憶與遺忘的鬥爭：台灣轉型正義階段報告（卷 1）──清理威權遺緒》，台灣民間真相與和解促進會著。新北：衛城出版。

吳經熊，2015（1959），《正義之源泉：自然法研究》。原文出自 *Fountain of Justice*，1959。

李明輝，2004，〈康德的「道德情感」理論──與席勒對康德倫理學的批判〉，《揭諦》，卷 7（2004 年 7 月），頁 37-76。

李明輝，2016，〈康德論德行義務：兼論麥金泰爾對康德倫理學的批評〉，《歐美研究》，卷 46，第 2 期（2016 年 6 月），頁 211-241。

沈清楷，2015，〈不平等的系譜〉，《哲學與文化》，卷 42，第 8 期（2015），頁 1-18。

村上春樹，2017，《刺殺騎士團長》，台北：時報文化出版。

林文雄，2000，〈探討自然法的意義〉，《月旦法學》，第 64 卷（2000），頁 48-54。

林立，1997，〈古典自然法思想〉，《輔仁法學》，第 16 期（1997），頁 1-21。

林植堅，2002，〈柏拉圖的宇宙論與自然法思想〉，《台大法學論叢》，第 31 卷，第 3 期（2002），頁 75-183。

林遠澤，2015，〈從符號形式到生命現象——論卡西勒符號形式哲學的文化哲學涵義〉，《臺大文史哲學報》，第 83 期（2015），頁 109-150。

林遠澤，2019，《從赫德到米德：邁向溝通共同體的德國古典語言哲學思路》，新北：聯經出版公司。

周家瑜，2014，〈霍布斯論自然法與政治義務〉，《政治與社會哲學評論》，第 50 期（2014 年 9 月），頁 59-100。

周家瑜，2017，〈史特勞斯論洛克〉，《人文及社會科學集刊》，卷 29，第 2 期（2017 年 6 月），頁 213-240。

周家瑜，2019，〈論法律與道德的關係：霍布斯之「自然法與實證法相互包含」論題（The Mutual-Containment-Thesis）〉，《政治與社會哲學評論》，第 68 期（2019 年 3 月），頁 107-142。

高文琦，2018，〈論薩拉曼迦學派（Salamanca Schule）——以 Francisco de Vitoria 之法思想為中心〉，《國立中正大學法學集刊》（2018），頁 119-178。

畢小輝，1999，《中江兆民》，台北：三民書局。

黃忠正，2013，〈論 Radbruch 公式〉，《政大法學評論》，第 132 期（2013 年 4 月），頁 115-162。

黃丞儀，2015，〈戒嚴時期法律體制的未解難題與責任追究〉，《記憶與遺忘的鬥爭：台灣轉型正義階段報告（卷 3）——面對未竟之業》，台灣民間真相與和解促進會著，新北：衛城出版，頁 15-70。

黃茂榮，2017，〈論法理〉，《植根雜誌》，卷 33，第 8 期，頁 281-

320。

黃筱慧（主編），2018，《追隨呂格爾閱讀》，台北：東吳大學哲學系呂格爾研究中心。

黃榮堅，2017，《靈魂不歸法律管：給現代公民的第一堂法律思辨課》，台北：商周出版。

莊世同，2018，〈法律、道德與自然必然性：論哈特的自然法最低限度內容〉，《政治與社會哲學評論》，第64期（2018年3月），頁1-47。

葉浩，2008，〈價值多元式轉型正義理論：一個政治哲學進路的嘗試〉，《台灣政治學刊》，卷12，第1期（2008年6月），頁11-51。

張延祥，2016，《邊沁法理學的理論基礎研究》（法律出版社，2016）。

陳俊宏，2015，〈聯合國處理轉型正義的原則〉，《記憶與遺忘的鬥爭：台灣轉型正義階段報告（卷2）——記憶歷史傷痕》，台灣民間真相與和解促進會著，新北：衛城出版，頁143-160。

陳妙芬，2001，〈法律正義的意義——一個思想史的初步嘗試〉，《當代基礎法學理論：林文雄教授祝壽論文集》，台北：學林文化，頁111-129。

陳妙芬，2008，〈由「自然權利」到「國家主權」：霍布斯與自然主義法形上學的兩個難題〉，中央研究院霍布斯學術研討會論文。

陳妙芬，2013，〈從自然人到「道德主體」：Ernst Cassirer的盧梭辯證〉，中央研究院「紀念盧梭誕生300周年」學術研討會。

陳妙芬，2017，〈生命政治與酷兒研究〉，《哲學與文化》，卷44，第10期（2017年10月），頁123-146。

楊崇森，2012，〈英美嘲弄法律人的諺語與笑話給法律人之省思〉，《軍法專刊》，卷58，第1期（2012年2月），頁151-169。

楊崇森，2020a，〈修復式正義理論與運作之再檢討（上）〉，《全國律

師》，卷 24，第 1 期（2020 年 1 月），頁 39-54。

楊崇森，2020b，〈修復式正義理論與運作之再檢討（下）〉，《全國律師》，卷 24，第 2 期（2020 年 2 月），頁 60-75。

鄧衍森，2019，〈自然法傳承中具台灣經驗之「宗教」與「自由」〉，《台灣法學雜誌》，第 366 期（2019 年 4 月），頁 105-108。

鄧衍森，2020，〈自然法學理論〉，《法理學》，鄧衍森、陳清秀等主編，台北：元照出版，第十章。

劉幸義，2017，《法律理念、自由與教育：法理學論文集 3》，台北：翰蘆圖書出版。

蔡維音，2001，〈「擬似權利主體」之法律意涵——重新建構人類基因之法律定位〉，《成大法學》，第 2 期（2001 年 12 月），頁 41-74。

錢永祥，1990，〈從自然法到自由意志：黑格爾意志概念的背景與結構〉，《人文及社會科學集刊》，卷 3，第 1 期（1990 年 11 月），頁 1-15。

錢永祥，2003，〈羅爾斯與自由主義傳統〉，《二十一世紀》（2003 年，2 月號），總第 75 期。

錢永祥，2014，《動情的理性：政治哲學作為道德實踐》。新北：聯經出版公司。

謝世民，2004，〈羅爾斯與社會正義的場域〉，《政治與社會哲學評論》，第 9 期（2004 年 6 月），頁 1-38。

蕭高彥，2020，《探索政治現代性：從馬基維利到嚴復》。新北：聯經出版公司。

薛智仁，2015，〈刑法觀點下的公民不服從〉，《中研院法學期刊》，第 17 期（2015 年 9 月），頁 131-204。

薛智仁，2019，〈溯及既往禁止與轉型正義——以東德邊境守衛射殺案為例〉，《中研院法學期刊》，第 25 期（2019 年 9 月），頁 131-

204。

顏厥安，1999，〈否定性與絕對倫理——由黑格爾之自然法論文談現代
　　　社會之危機〉，《國立政治大學哲學學報》，第 5 期（1999 年 1 月），
　　　頁 235-262。

外文與中文關鍵詞對照索引

六劃

八劃

九劃

十劃

十一劃

十二劃

外文人名索引

法哲學：自然法研究

2021年10月初版　　　　　　　　　　　　　　　定價：新臺幣650元
2022年5月初版第二刷
有著作權・翻印必究
Printed in Taiwan.

著　　　者	陳	妙		芬
叢書主編	沙	淑		芬
校　　　對	陳	佩		伶
內文排版	菩	薩		蠻
封面設計	沈	佳		德

出　版　者	聯經出版事業股份有限公司	副總編輯	陳	逸		華
地　　　址	新北市汐止區大同路一段369號1樓	總編輯	涂	豐		恩
叢書主編電話	(02)86925588轉5310	總經理	陳	芝		宇
台北聯經書房	台北市新生南路三段94號	社　　長	羅	國		俊
電　　　話	(02)23620308	發行人	林	載		爵
台中分公司	台中市北區崇德路一段198號					
暨門市電話	(04)22312023					
台中電子信箱	e-mail：linking2@ms42.hinet.net					
郵政劃撥帳戶第0100559-3號						
郵撥電話	(02)23620308					
印　刷　者	世和印製企業有限公司					
總　經　銷	聯合發行股份有限公司					
發　行　所	新北市新店區寶橋路235巷6弄6號2樓					
電　　　話	(02)29178022					

行政院新聞局出版事業登記證局版臺業字第0130號

本書如有缺頁，破損，倒裝請寄回台北聯經書房更換。　　ISBN 978-957-08-5998-0 (精裝)
聯經網址：www.linkingbooks.com.tw
電子信箱：linking@udngroup.com

國家圖書館出版品預行編目資料

法哲學：自然法研究/陳妙芬著．初版．新北市．聯經．
2021年10月．432面．14.8×21公分
ISBN 978-957-08-5998-0（精裝）
[2022年5月初版第二刷]

1.法律哲學　2.自然法

580.12　　　　　　　　　　　　　　　　　110013960